本书受北京市社会科学基金项目
"基于实验经济学的大学生就业模拟体系研究"（15JGB122）、
北京信息科技大学"学科群"建设项目资助

大学生就业模拟体系研究

RESEARCH ON
EMPLOYMENT
SIMULATION SYSTEM
OF COLLEGE STUDENTS

基于实验经济学的视角
BASED ON EXPERIMENTAL ECONOMICS

刘伟 著

社会科学文献出版社
SOCIAL SCIENCES ACADEMIC PRESS (CHINA)

前　言

根据麦可思数据，2015 年，全国普通高校毕业生 749 万人；2016 年，全国高校毕业生 756 万人；2017 年应届大学毕业生 795 万人，普通本专科招生 748.6 万人；2018 年全国普通高校毕业生人数达到 820 万人，再创历年新高，其就业创业及工作面临复杂严峻的形势。2015 届大学生毕业半年后的就业率为 91.7%。其中，本科院校 2015 届毕业生半年后的就业率为 91.7%。2010~2015 届本科应届毕业生受雇全职工作的比例从 82.6% 下降为 74.2%。2016 届中国大学生毕业半年后的就业率达到 91.6%，与 2015 届（91.7%）基本持平。其中，本科院校 2016 届毕业生半年后的就业率为 91.8%，高职高专院校 2016 届毕业生半年后的就业率为 91.5%。2017 届大学毕业生就业率为 91.6%，就业率、薪资和就业满意度总体较低。

从以上数据可以看出，大学生就业仍然是我国当前非常重要的热点问题，受到全社会的关注。

实验经济学是应用受控实验检验经济学假设或者发现新规律的经济学新分支，是一门集经济学、管理学、社会学、行为学、心理学、计算机科学等之大成的综合性学科，为经济学与管理学的发展开辟了一条全新的途径。2002 年的诺贝尔经济学奖授予美国与以色列心理学家、普林斯顿大学教授 D. 卡尼曼（D. Kahneman）和美国经济学家、乔治·梅森大学教授 V. L. 史密斯（V. L. Smith），标志着实验已成为经济学研究不可替代的方法。

研究大学生就业问题，必须把大学生就业放在社会大环境下进行观察。充分利用计算机这个工具，尽量减少影响大学生就业选择的边缘因素，但又尽量包含最能影响大学生就业的核心因素，本书选取的主要因素包括工作能力，工作经历，学历层次，学校名气、地位，专业是否热门，应聘技巧，学习成绩，就业信息和机会，社会关系，党员、学生干部，往届毕业生的声誉，性别，户口和用人指标拥有就业地户口，家庭背景，学校或教师的评价以及其他技能。

哪些因素最能影响大学生就业？影响大学生就业的各因素权重应该如何分配才能最合理地描述大学生的就业潜能？根据已有自身条件和所处经济环境，大学生应该如何优化自己的就业策略？

本书共分七章，首先，介绍了实验经济学的基本知识；其次，从系统设计入手，逐步分析影响大学生就业的关键心理和行为，结合跟踪访问2015~2016年参试人员的就业状态；最后得出本书的主要结论以及从学生、学校、政府、企业和家长五个视角分别展开提出了对策建议。

感谢家人对我的支持，感谢北京信息科技大学的同事和朋友，同时感谢国内实验经济学领域的专家学者，感谢社会科学文献出版社的编辑老师。

由于我们对实验经济学边探索边研究，在本书写作过程中难免有不妥之处，诚恳地希望得到各位同人的批评指正，并对此深表谢意。

刘　伟
2018年10月29日于北京

目 录

第一章　实验经济学的理论基础 …………………………………… 001
　第一节　实验经济学的产生 ………………………………………… 001
　第二节　实验经济学的思想基础和发展过程 ……………………… 004
　第三节　实验经济学的特点 ………………………………………… 006
　第四节　实验经济学和心理学 ……………………………………… 013

第二章　实验经济学的基本方法 …………………………………… 018
　第一节　经济学实验的基本原则 …………………………………… 018
　第二节　实验设计 …………………………………………………… 023

第三章　大学生就业模拟系统设计 ………………………………… 029
　第一节　系统运行环境 ……………………………………………… 029
　第二节　就业信息系统 ……………………………………………… 031
　第三节　导航菜单模块 ……………………………………………… 040
　第四节　实验系统 …………………………………………………… 045

第四章　大学生就业实验经济学实验结果分析 …………………… 053
　第一节　关于模型的说明 …………………………………………… 053
　第二节　回归分析 …………………………………………………… 055
　第三节　模型检验 …………………………………………………… 063
　第四节　模型分析 …………………………………………………… 065

第五章 2015 年实验与跟踪数据分析 ⋯⋯⋯⋯⋯⋯⋯⋯⋯⋯⋯⋯⋯ 073
第一节 参赛者基本情况介绍 ⋯⋯⋯⋯⋯⋯⋯⋯⋯⋯⋯⋯⋯⋯ 074
第二节 参赛者能力评估 ⋯⋯⋯⋯⋯⋯⋯⋯⋯⋯⋯⋯⋯⋯⋯⋯ 081
第三节 比赛成绩因素分析 ⋯⋯⋯⋯⋯⋯⋯⋯⋯⋯⋯⋯⋯⋯⋯ 100
第四节 参赛者的就业期待 ⋯⋯⋯⋯⋯⋯⋯⋯⋯⋯⋯⋯⋯⋯⋯ 118
第五节 参赛人员后期就业情况分析 ⋯⋯⋯⋯⋯⋯⋯⋯⋯⋯⋯ 126

第六章 2016 年实验及跟踪数据分析 ⋯⋯⋯⋯⋯⋯⋯⋯⋯⋯⋯⋯⋯ 154
第一节 参赛者基本情况介绍 ⋯⋯⋯⋯⋯⋯⋯⋯⋯⋯⋯⋯⋯⋯ 154
第二节 参赛者能力评估 ⋯⋯⋯⋯⋯⋯⋯⋯⋯⋯⋯⋯⋯⋯⋯⋯ 162
第三节 比赛成绩因素分析 ⋯⋯⋯⋯⋯⋯⋯⋯⋯⋯⋯⋯⋯⋯⋯ 181
第四节 参赛者的就业期待 ⋯⋯⋯⋯⋯⋯⋯⋯⋯⋯⋯⋯⋯⋯⋯ 199
第五节 参赛人员后期就业情况分析 ⋯⋯⋯⋯⋯⋯⋯⋯⋯⋯⋯ 207

第七章 结论与建议 ⋯⋯⋯⋯⋯⋯⋯⋯⋯⋯⋯⋯⋯⋯⋯⋯⋯⋯⋯⋯ 230
第一节 主要结论 ⋯⋯⋯⋯⋯⋯⋯⋯⋯⋯⋯⋯⋯⋯⋯⋯⋯⋯⋯ 230
第二节 对策建议 ⋯⋯⋯⋯⋯⋯⋯⋯⋯⋯⋯⋯⋯⋯⋯⋯⋯⋯⋯ 235

参考文献 ⋯⋯⋯⋯⋯⋯⋯⋯⋯⋯⋯⋯⋯⋯⋯⋯⋯⋯⋯⋯⋯⋯⋯⋯⋯ 239

第一章

实验经济学的理论基础

2002年的诺贝尔经济学奖授予了美国与以色列心理学家、普林斯顿大学教授 D. 卡尼曼（D. Kahneman）和美国经济学家、乔治·梅森大学教授 V. L. 史密斯（V. L. Smith），以奖励他们在实验经济学和行为经济学方面的开创性工作。在贺词中，瑞典皇家科学院对他们在行为经济学和实验经济学方面所做的研究给予了高度评价。

史密斯发表了一系列开创性的研究成果，为实验经济学奠定了基础，并确立了实验经济分析所采用的方法、工具和体系。他被誉为实验经济学的奠基人，此次获奖乃众望所归。其实，从严格意义上讲，这次并非第一次将诺贝尔奖授给对实验经济学有突出贡献的人，早在1988年就有先例，当年诺贝尔奖得主阿莱斯就做过大量验证期望效用假说的实验研究。这次直接授奖，不仅肯定了实验经济学在整个经济学领域的地位，而且对其今后的发展将起到推动作用。

第一节 实验经济学的产生

一 产生的背景

实验经济学的渊源可以追溯到1738年尼古拉斯·贝努利提出的圣彼得堡悖论（St. Petersburg Paradox）。但是，经济学家开始认识到实验可以在经济学研究中发挥重要作用，是两百多年后的事了。1984年，著名经济学家 E. 张伯伦（E. Chambelin）在哈佛大学创设了第一个课堂市场实验，用以验证市场的不完全性。不过他对实验结果很悲观,放弃了进一步研究。A.萨缪尔森(A. Samuelson)在其著作《经济学》中有一段代表性的话(张伯伦也表达过类似的意思):"一种发现经济法则的可能的方法就是通过被控制的实验。不幸的是,经济学家不容易控制其他重要因素,因此无法进行类似化学家或生物学家所做的实验。他们一般只能像天文学家或者气象学家一样借助观察的手段。"当时经济学界对借鉴心理学常用的实验方法也普遍持怀疑态度。然而,当时作为哈佛大学经济系研究生的史密斯参加了张伯伦的实验,很受启发,他开始深入思考经济学研究的实验方法。史密斯从市场实验入手,阐述实验方法的意义。他认为实验就是真实的微观经济系统的缩影,所以实验中观察到的行为适于作为经济理论检验的凭证。自史密斯的市场实验之后,实验经济学开始蓬勃发展,逐渐融入主流经济学的研究工作中,在理论界的影响也日渐增强。

1962年,史密斯开始进行市场机理方面的研究。在他的老师张伯伦关于市场课堂实验的启发下,设计了一个许多人参加的市场实验。实验参加者被区分为购买者和销售者,由谁担任购买者还是销售者则是随机指定的。销售者持有一个单位的商品准备出售,对此还有一个底价作为他的私人信息,如果市场价高于底价,那么他就把该商品卖掉,差价就是他的获利。同样,购买者也有一个底价作为私人信息,如果市场价低于底价,那么他就购买商品,并认为自己赚了差价。史密斯基于他对买卖底价分布的选取,画出了供需图表,而交易价格就由供需均衡来得到。使史密斯大感意外的是,他发现实际的交易价格很接近于理论均衡价格。这样,实验就支持了理论。

二 价值诱导理论

后来,史密斯和他的学生又进行了更进一步的实验,其中"市场制度"的变化也被作为一个重要因素来考虑,仍然得到同样的结果。在几乎所有的市场实验中,对一个假说的明确检验都需要控制接受实验的人的偏好,这是一个难题,因为买和卖通常会受到参与人对收益和损失的特殊评价的影响,而研究人员不能直接观察到这种评价。张伯伦首先提出了这个问题以及解决方法,主要是为每个接受实验的人提供一种货币刺激,这就是"价值诱导法"。史密斯进一步发展了这一方法。与真实世界紧密相关的价值通常与实验设置可以提供的奖励存在巨大的数量差距，因此史密斯特别强调金钱激励在实验中的重要性。史密斯开发的实验手段不仅有足够的金钱激励，也注重设计通过激励提高实验结果可应用于真实市场形势的概率。这种方式存在的一个主要问题是，参试人员自己（无法被观察到）的偏好会影响他们在实验中的行为。因此，一个被指派买者角色的受试人，虽然其对产品的需求函数是给定的，但是他并不会依照需求曲线简单地行动。史密斯提出了一种解决方案，即已为人们熟知的"价值诱导法"（Induced-value Method）。该方法通过对参试人员提供激励使之按照实验人的意图行动。通过该方法和其他贡献，以及对实验室合理化程序的一系列实践建议，史密斯为在经济研究中设计出良好的实验建立了方法上的标准。

史密斯在《美国经济评论》上发表的重要文章《实验经济学：价值诱导理论》，为在实验室里设计经济学实验提供了富有实践性的详细指导。近年来，这篇文章已经成为实验经济学研究的范例。由史密斯开发的实验方法不同于心理学中使用的实验方法，为了抵消决策成本带来的扭曲，价值诱导法强调为接受实验的人提供足够货币刺激的重要性。他还着重指出将实验设计成重复实验的重要性，从而使接受实验的人熟悉并理解实验环境。

三　实验经济学的定义

我们知道，实验经济学是经济学领域新产生的一个分支，若想作为一门学科不断发展，必须界定所包含的研究对象、研究内容和研究方法，而这些都可以通过定义简洁地表现出来。

本书采用实验经济学泰斗史密斯对实验经济学的定义：实验经济学是在有显性或隐含规则的社会背景下应用试验方法来研究人类相互作用的决策行为（Smith，1994）。显性规则可以定义为在特定支付矩阵的 $n(n-1)$ 个人博弈的扩展形式中，参试人员控制的行为次序和信息事件。隐含规则是一种被人们视为其文化和生物演化遗产的一部分而带入实验室的规范、传统和习惯，这些一般是不能为参试人员所控制的。通常我们能够把实验结果看作在经济环境的驱动下和制度提供的语言、规则支配下，个人选择行为的结果。通过实验研究，我们可以将实验结果与理论结果进行比较，对理论结果进行检验和修正并发现新的理论。因此，实验经济学的作用可以具体体现在三个方面：第一，当存在多种理论时，通过实验，比较和评估各种相互竞争的理论；第二，当仅存在一种理论时，检验该理论的效力；第三，当不存在任何理论时，发现某些实际规律。

第二节　实验经济学的思想基础和发展过程

要真正了解实验经济学这门学科，就要先了解它的历史和发展过程。实验经济学作为一种检验手段与经济学的发展密不可分，罗斯（Roth，2001）指出，现在浩如烟海的实验经济学文献都可以上溯到20世纪30~60年代的三种思潮，我们将分别对这三种思潮进行介绍。

瑟斯通（Thurstone，1931）对效用函数的实验研究揭开了实验经济学的帷幕，也引领了第一种思潮的兴起。他使用心理学研究中通用的实验技术来探讨关于偏好的无差异曲线是否确切地表现了个人选择行为，最后他的结论是肯定的。瑟斯通关注测试无差异曲线对偏好的代表性，以及用于估计无差异曲线的、通过实验多获得的数据的实用性问题。为此他做了一个实验，在实验中，每一个实验参与者都被要求在一个包含帽子和外套、帽子和鞋子，或者鞋子和外套的商品组合中做出大量的假设性选择。例如，有关帽子和鞋子的选择问题包含在这些类似八顶帽子和八双鞋子的商品组合中。他研究了一个选择主体的详细数据，发现在选择主体对帽子和鞋子、帽子和外套进行相关权衡之后做出选择的数据，是可以据此估计一条误差平方和最小的无差异曲线的。因此，瑟斯通认为这条无差异曲线能够充分代表这类选择数据，并且在由此进行推断的时候也是相当实用的。这就接着引发了瓦尔拉斯和弗里德曼（Wallis and Friedman，1942）的批评，他们批评这一实验的缺点之一，就是包含了错误的分类和假设选择。他们认为，在如此虚伪的实验环境下，一个选择主体能否做出其在现实情况下的真实选择是值得怀疑的。如果不能，那么他会通过给出似乎有理的但又是虚假的回答来系统化他的选择。对一个令人满意的实验来说，选择主体在实际的激励下给出真实的反应是至关重要的。使用调查表或者其他基于对假定的激励做出推测反应的方法都不能满足这一要求。其反应是没有价值的，因为选择主体不知道他应该怎么做出反应。作为瑟斯通的追随者，罗西斯和哈特（Rousseas and Hart，1951）设计了一个无差异曲线的实验以回应瓦尔拉斯和弗里德曼的批评。随后，摩斯特勒和纽吉（Mosteller and Nogee，1951）以及阿莱（Allais，1953）都在这方面做了大量的研究工作，提出了自己的观点和理论。他们成为个人选择理论进行实验检验的先驱。

1944 年冯·诺依曼与摩根斯坦的《博弈论与经济行为》出版了，这对于博弈论与个人选择理论的发展产生了深远的影响。于是，摩斯特勒和纽吉做了首个存在不确定情况下的个人选择实验。之后，阿莱提出了著名的阿莱悖论。他们的工作被卡尼曼和特维尔斯基（Kahneman and Tversky, 1979）继承下来，现在已成为实验经济学的重要理论支柱之一。

第二种思潮以张伯伦为代表。他关心的是产业组织问题，因此他的实验以模拟真实市场交易为目标。张伯伦观察了现实经济生活中的行为，并形成理论，以归纳与解释所观察到的现象。其在 1993 年提出的垄断竞争理论就是因市场不能对经济危机的冲击进行调整激发出来的。张伯伦与其前辈的区别在于，他通过实验方法来评价其理论工作。他的继承者有西格尔和佛雷克（Siegel and Fouraker，1960），到史密斯那里则发扬光大。张伯伦第一个提出，实验经济学的目标就是严格提出无关干扰变量，观察实验参与人在特定环境下的真实经济行为。他设计了模拟市场，给定产品价格和货币，然后记录最后交易的价格，并与标准的局部均衡经济模型做比较。西格尔和佛雷克把张伯伦的实验改进为参与人可以选择交易的数量，更重要的是，他们第一次引入了真实货币激励，使参与人的行为与最后收益挂钩，还比较了不同收益激励下参与人行为的变化。现在，真实货币激励已经成为实验经济学的标准条件。

第三种思潮是伴随博弈论的发展而产生的。弗拉德（Flood，1950）在 20 世纪 50 年代早期发现了囚徒困境，这引起了学者们很大的兴趣。接着，卡里西（Kalisch）、米诺（Milnor）、纳什（Nash）的工作开创了用实验研究博弈行为的范式。早期的博弈实验都是围绕重复的囚徒困境及其变形展开的。纳什等人曾指出实验中的许多局限，例如，很难在零和博弈中将参与人的行为视作重复博弈，此外，不同阶段人的选择也不一致。

这些博弈专家中，谢林（Schelling，1957）的研究尤为引人注目。他为两个参与人准备了 100 元，每个人写一个要求得到的数字。如果两个人的总和小于 100 元，则按个人要求给报酬，如果两个人之和大于 100 元，则双方什么也得不到。这个实验后来被改编成最后通牒博弈实验（Ultimatum Game），成为检验讨价还价理论的最后的实验。

这三种思潮各自有其背后的方法论。个人选择理论的实验是从个体的经济人出发，仅与个人心理有关，实验一般只需要一个实验参与人；而模拟市场的实验是从宏观视角出发，单个人对市场的影响很小，实验需要大量的参与人；基于博弈论的实验则是沟通微观与宏观的桥梁，它主要是研究两个人的讨价还价。

1962年，史密斯将多次实验的结果组织成论文发表在权威杂志《政治经济学》上，如今这篇文章被认为是实验经济学诞生的标志。此后，实验经济学得到了蓬勃发展，实验经济学文献的数量剧增。由此，我们也知道，实验经济学在逐渐走向成熟，并越来越受到人们的认可和重视。

第三节 实验经济学的特点

在了解了实验经济学的起源和发展历史以及定义以后，我们自然而然地就把注意力集中到实验经济学不同于其他种类经济学的特点所在。

一 实践方面的特点

实验经济学的意义是重大的："一项未经实验过的理论仅仅是一种假设，……它被接受或拒绝的基础是权威、习惯，或对于假设的看法，而不是基于概括一个可以重演的严格证明或证伪的过程。而实验经济学可以把可论证的知识引入经济学领域，使人们了解真实的市场运行模式。同时，实验中的可控过程作为生成科学数据的重要来源，其数据采集的严格标准也受到理论经济学家日益重视。"（张跃平，2000）

史密斯认为，每一个实验都应有三大元素组成：环境、制度和行为。环境给定了每位参加者的偏好、初始的货品禀赋和现有的技术水平，而制度则界定了实验术语和游戏规则。环境和制度是可控制变量，它们会影响最终所观察到的行为。但要在实验中控制环境和制度变量，并且确保经济实验的科学性和规范性，从而达到结论的可靠性，必须满足有效可控微观经济实验的若干规定。这些规则包括：①报酬的单调性，报酬对于所有实验参与者的效用都是单调递增的；②显著性，实验规则保证实验参与者的行为和愿望可以不受限制地显示出来；③支配性，报酬决定实验参与者的交易费用；④隐私性，实验参与者仅获得自己报酬的信息；⑤可重复性，在一个实验室里所做的实验适应于其他相似系统。这些具体的规则呈现了实验经济学在实践方面的特点，它与传统经济学相比，具有更强的可操作性和可控性。

二 理论基础

从理论角度看，从古典经济学发展到现代西方主流经济学，逐渐完善了对"经济人"（利己人）的假设。这一假设和理论包含三个基本命题。①经济人是自私的，即追求自身利益是经济人经济行为的根本动机。②经济人在行为上是理性的，具有完备或较完备的知识和计算能力，能视市场和自身状况追求个人利益最大化。③只要有良好的制度保证，个人追求自身利益最大化的自由行动会无意而有效地增进社会公共利益。经济主体终于转变成一个具有完备理性的经济人。

在其后的西方经济学发展中，完备理性的经济人假设受到了质疑。从西蒙的"有限理性"到经济博弈论中的对局人，经济主体开始逐渐回到经济现实中。在质疑中，人们认为完全的信息在信息不完全的场合不是一个有用的假设。假如经常没有办法计算取得额外信息的可能的边际成本和边际收益（没有实际取得），经济行为者怎样合理界定何时停止活动呢？西蒙（Simon，1976）利用这个问题论证了"满足"模型和"程序"的合理性，取代了最大化模型。他提出，理性就是遵循一个可得到好的解答的程序，而不应该用最优解法来定义。经济学家不应当在理想情形中进行分析，而应当把注意力直接指向经济活动和消费者实际遵循的程序上，因此，更应该把经济人看成一个"有组织的人"，而不是抽象的最大化的追求者。

传统经济学理论的"理性人"假设，认为人是自利的，并能做出理性决策。而心理学家和行为经济学家则认为，在现实生活中，人并不总是理性的。他们做了大量实验研究，发现人的实际决策与理性决策理论是不一致的。史密斯认为这两派的观点都失之偏颇，他认为如果人们在某种情境中选择了有较少收益的结果，那么应该问为什么，而不是简单地归为不理性。

实验经济学放弃传统的"经济人行为"假设，将经济参与人定义为可犯错误的、有学习能力的行为者，这种可操作的、实证化的定义更具有理论意义和现实的合理性（显然这个理论观点受到现代认知心理研究的影响）。因为经济当事人解决决策问题时，并不经历与经济学家相同的思考和计算过程，而一些更现实的行为方式并不一定导致市场的失败。实验经济学的研究提出了参与人行为低理性和参与人是认知有限适应学习者的命题。实验经济学的研究也验证了西蒙的思想：有限理性行为可能产生比按逻辑和计算方式行动更合理的结果。

史密斯的实验设计思想有两种理性秩序概念的影响。第一种是当今标准社会经济学模型（Standard Social-economic Model，SSM）的建构主义者理性（Constuctivist Rationality），另一种是生态理性（Ecological Rationality）。这两种理性秩序就是实验经济学的理论基础。

建构主义者理性源于勒内·笛卡尔（Rene Descartes）的思想，他认为所有有价值的社会制度都应该通过人类推理的、有意识的演绎过程创立。笛卡尔的理性概念要求主体拥有完全的信息（这往往是不可能的）。这种理论认为，在社会系统中人总是进行有意识的推理，但实际上人确实有大量的无意识、自动化的活动，这保证了人的有效活动，节省了脑的稀缺资源。于是产生了第二种理性秩序的概念，即理性源于文化和生物进化过程的生态体系。"道德规则不是推理的结果"。史密斯推测人在市场环境中成功操作的能力可能是一种进化给人类解决社会问题的心理模块，这些模块成为我们适应性的一部分，就像我们听和看的能力一样。在这些模块中可能有理性交易和维持合作互惠关系的能力。早在1776年，亚当·斯密也有类似的观点。近期有不少心理学家也支持"生态理性"观点，如Giaerenzer提出"生态智力"概念，认为人在进化过程中发展了适应性的认知和决策工具，人利用长期进化过程中使用的表征可以更容易地解决问题。

以上两种理性秩序在实验经济学设计中都有体现。实验经济学用实验室作为实验场，探测新制度的有效性，根据测验结果修改规则。史密斯认为，最初是衍射解释建构主义的，但当设计根据测验结果修改、再测、再修改时，按照第二种理性秩序概念，这就是利用实验室来进化适应。史密斯与其他合作者近期用脑成像技术对经济行为的研究也支持了第二种理性概念。他认为两种理性秩序都不能忽视。

也有一种观点与这种认为人的理性行为是在市场情境中进化出来的观

点不同。这种观点认为市场结构本身就能产生理性结果,与参与者理性与否无关。在一篇名为《零智力交易者的市场分配有效性:市场部分替代理性》(Allocative Effiency of Markets wifh Zero-intelligence Traders: Market as a Partial Substitute for Rationality)的论文中,戈德和森德(Gode and Sunder, 1993)认为,竞争性市场的结构能产生理性结果,与决策者的理性无关。他们用机器人模拟拍卖过程,结果发现由零智力的交易者组成的市场取得的结果与以人为参试人员取得的结果同样有效率。由此他们认为,拍卖中分配的有效性是由其结构决定的,与交易者的动机、智力都无关。亚当·斯密"看不见的手"不仅能从个体理性中,也能从个体非理性中产生累加的理性。

将实践和理论二者结合,我们可以发现以下三点内容。

第一,实验经济学遵循科学研究的实证主义传统。自约翰·穆勒开始,孔德的实证主义就一直是西方主流经济学研究遵从的一般范式。经济学家希望能继承长期以来自然科学重视经验的实证传统,体现理论解释过程的"确定性"和"实证性"。弗里德曼(Friedman,1953)认为,实证主义的中心任务就是要"提供一个能对环境中任何变化的结果做出正确预见的归纳系统。该系统的运作情况将根据其产生的语言的准确性、影响范围,以及与经验相符合的程度而加以判断"。所以,作为科学而言的经济学的思维结构和分析方式也多遵循经验归纳的逻辑,并强调理论必须具有可检验性,也就是说,经济学家的思考和分析的中心任务是构造各种可伪证的经济理论,进而进行实验。实验方法是理论检验方法中,除经验验证之外最直接、最有效的方法。所以,经济学研究中实验工具的引入可以说从根本上是受经济学方法论的实证主义传统的影响,尤其是波尔伪证主义流行的直接后果。实验经济学派甚至被称为"哈佛实证主义",作为实证主义在现代最主要的继承者之一。

第二,实验经济学强调经济的可实验性。实验经济学一直对"社会科学不可实验"的论断持否定的观点,认为经济理论完全可以具备以实验检验的条件。实验经济学遵循内曼·皮尔逊统计推断理论的思想传统,强调实验在检验理论预期中的实证和伪证作用。实验经济学就是要再造理论的环境和机制基础,得到所需的观察结果来检验理论解释,看理论解释的预言与所观察到的是否一致。实验的观察结果符合理论预测的频率越高,理论预期的可信性就越高。当排除其他因素影响后,理论预测的实证检验仍多次出现与理论预期的背离,就完全有理由怀疑原有理论模型的正确性。

第三,实验经济学试图明确经济理论和经济实验的统一分析结构,以此作为研究工作的共同的基本起点。传统经济分析的结构遵循一种从初始条件,通过契约规则,再到行为结果的逻辑方式。实验经济学对此进行了更加明确的说明。史密斯倡导建立一个与主流经济学研究相衔接的系统,并将这个统一的经济学和经济研究体系总结为:环境、制度和行为(正如我们上面提到过的)。史密斯认为实验经济学主要进行检验和研究的是参与人行为,同时,统一新制度经济学的基本看法,即强调制度的重要性。因为社会和经济系统的规则能影响参与人的信息、观念和受到激励,这些会对参与人的决策产生影响。所以,参与人在不同的机制下,会做出不同的决策行为。因此,对经济系统中不同制度的探讨同样是实验经济学的重要工作之一。

三 实验经济学研究的主要内容

自亚当·斯密开始,西方经济学研究的主题就定义在财富的性质及增长原理的探讨上。市场经济中,不可避免地,经济学家必然把讨论的重点放在财富必经之地——市场机制上。瓦尔拉斯的一般均衡系统和德布鲁对他的完善和证明构成现代主流经济学几乎不可动摇的基础框架。与此同时,在这个我们所处的经济系统内有不可忽视的两个更为基本的前提:参与人的个体决策和由此产生的互动行为模式。所以主流经济的研究找到了其理论构架的两个更为现代的基本理论元素:博弈论和个人选择理论。

伴随主流经济学理论系统架构的完善成型,几个无法逾越的理论界阈逐渐凸显。第一,理论上的竞争结果和市场均衡可否在真实的买卖者参与下获得?也就是说,没有完备的信息和计算能力的条件下均衡到底会向何处去?这个疑问直接决定一般均衡系统的可信性。第二,传统的博弈论理论采取了一种建立在完全理性、期望支付、贝叶斯决策原则之上的模式,这种模式过于僵化和脱离实际,使博弈论的理论预期(纳什均衡及其精炼)并不可靠。第三,作为个人选择理论基础的期望效用(Expected Utility)理论和主观期望效用(Subjective Expected Utility)理论只是经济学家认为的决策过程,并不一定为一般的经济参与人所采纳,这种理论同样缺少现实的检验基础。

这些问题首先为实验经济学的先行者们所洞察。随着研究领域的扩大，经济学实验从最初集中于对市场均衡、博弈均衡结果，以及个人选择理论已有模型的验证，逐渐包容了越来越多的经济学探讨范畴。

实验经济学研究的主要内容就涉及了以下三个方面，这与上文提到的实验经济学发展过程中的三种思潮有些联系。

一是市场实验。最早来自张伯伦，他在《对古典价格理论预测的市场实验》一文中提出了对自然市场的讨论。张伯伦的研究被史密斯继续深入，史密斯在1953年设计了一类与证券市场类似的完全竞争的供求市场，通过买卖者的继续喊价达成交易合同，并重复进行交易过程。实验结果显示，理论预期市场均衡是可以获得的，而且均衡的收敛和稳定并不要求市场信息的完全性，市场是有效作用的。不过，均衡的获取需要参与人在一定的学习和尝试的过程中实现。对这类实验，较有影响的研究还有霍尔特等（Holt et al., 1986）所做的实验，实验通过改变一些市场参数（如部分参与者更有经验）得出结论：市场参数完全有可能影响双向拍卖市场竞争性均衡产出的收敛性。后来的研究工作开始涉足垄断、市场制度、市场进入、价格形成机制等问题，尤其是对拍卖机制进行比较检验，得出了一些有意义的结论。

二是博弈实验。实验经济学将博弈论规则转换为环境和制度，通过观测实验参与人的行为来检验博弈理论均衡预期的正确性。传统的博弈论将参与人看作内省的、有超强计算能力的人，得出各种纳什均衡的结果，存在真实性的进一步精炼的问题。实验结果表明，在个人互动行为的研究中，经典博弈理论对均衡的讨论存在大量可质疑的地方，理论结果远不是最终的结论。实验经济学早期的研究致力于一些博弈模型的理论预期的检验，尤其对两难博弈做了较多的讨论。

显然，对于每一个参与人来说，其占优策略是招供，所以博弈的唯一解是占优策略均衡（c, c），即每个人都招供，而并非帕累托最优解（a, a）。自从左瑟尔（Dresher）和弗拉德（Flood）在1950年进行第一个博弈论实验之后，囚徒困境的各种变形就成为实验经济学的主要研究对象之一。Flood（1958）介绍了他们1950年的实验和分析。他们在这类实验中观察到，经过上百次的重复博弈，参与人支付与衡解相距甚远。Dresher和Flood对此分析，博弈者不一定选择纳什均衡解。纳什的解释是多次博弈与每次博弈之间有相互影响。其他实验还包括雷夫（Lave，1962）进行的研究，他们都提出了有关单时段博弈中存在不同程度合作的事实。

实验经济学对博弈论进行讨论，后来开始设计讨价还价、协调博弈等各类博弈。结果显示，许多经典博弈模型的纳什均衡分析与现实结果相背离，并通过大量实验结果的统计分析建立了许多新的更符合观察到的参与人行为的理论模型，而后加以检验。

三是个人决策实验。对个人决策的研究主要是为了检验期望效用理论的行为内容。经济学家发现，在不同风险程度下，同一个决策人通常会改变其风险承担态度。实验经济学首先在实验中获得了传统的无差异曲线，后来得到与期望效用理论相悖的实验结果——阿莱悖论（Allais Paradox）。瑟斯通（L. Thurston，1931）用实验方法，让参与人在不同数量的可得商品组合间做虚拟的选择，结果得到古典的无差异曲线。后来罗西斯和哈特（Rousseas and Hart，1951）改进了瑟斯通的实验，把实验构造得更加现实，让参与者选择不同的早餐组合，令他们必须将自己选择的早餐吃光，结果同样得到了传统的反映偏好的无差异曲线。

冯·诺依曼和摩根斯坦重要著作《博弈论与经济行为》提出了期望效用理论。由期望效用理论，主流经济学推导出新的无差异曲线，并且得出 EU 下无差异曲线的三种性质：(a) 无差异曲线向上倾斜，(b) 无差异曲线是直线，(c) 无差异曲线之间是平行的。对于这一无差异曲线的形状，阿莱（Allais，1953）首先产生了怀疑。在他 1953 年的实验中，提出了著名的阿莱悖论。

在这三类实验的基础上，实验经济学在公共经济学、信息经济学、产业组织理论、政治科学等诸多方面做出了巨大的理论和政策贡献。首先，实验经济学家试图通过对实验中经济人行为过程的观察和总结，构造微观经济理论的真实动态基础。实验经济学试图从实验中参与人的行为模式入手，构造微观市场理论的动态部分，以弥补主流微观经济学动态基础的缺憾。其次，实验经济学家对政策决策性实验设计的热衷主要体现在普罗特的加州理工学院经济学和政策实验室的出色工作中。最后，实验经济学的发展加速了经济学研究与行为（认知心理学）理论的融合。史密斯认为经济学、认知心理学在三个核心假说上相同：社会经济中的理想结构直接来自个人决策者的个体理性，个体理性是一个自省的认知过程，人类心理可以模型为一个总的目标问题的解决机制。所以，可以将决策描述为（不确定性下的）期望效用最大化决策问题。从这三个基础出发，通过实验经济学家和心理学家的努力，许多心理学的思想（如近视等概念）被引入经济解释理论之中，加强了经济理论的适用性。

第四节　实验经济学和心理学

以上，我们对实验经济学的发展和特点做了一个非常简单的回顾和介绍，主要遵循的是经济学的线索。但是，作为一门交叉性很强的边缘学科，实验经济学家自它诞生的那天起就和心理学结下了不解之缘。

大约半个世纪以前，爱德华兹（Edwards, 1954）引进决策作为心理学研究的主题，同时西蒙也提出了一种基于有限理性的信息可处理和决策方法。然而，认知心理学中的研究并没有将其推而广之，直到丹尼尔·卡尼曼和阿莫斯·特维尔斯基发表了他们关于判断和决策的研究成果。虽然卡尼曼的研究遵循了认知心理学的传统，但对经济学家也具有指导意义。

在经济学和心理学的边缘地带展开的现代研究已经表明，某些概念——如有限理性、有限自利、有限克制是经济现象范畴后面的重要因素。特别地，来自心理学的洞见已经对当代金融经济学产生了强烈冲击。那么，为什么这些思想经过这么长时间才被经济研究重新认识到呢？一个解释是实验方法直到近来才渗入经济学。作为价格形成和市场制度实验研究的结果，越来越多的经济学家开始认为实验方法是一个必要的研究工具。今天，新一代的经济学家是实验经济学和经济心理学的催化剂。卡尼曼和史密斯这两个关键人物，为经济研究的复兴做出了令人振奋的贡献。

经济理论的实验是把社会中的人作为参试人员，所要验证的是人的行为命题，自然就需要借助行为和心理分析的方法。一方面，运用行为理论来完善和改进实验。例如，针对行为人对重复行为有些厌烦的心理，在实验设计中运用价值诱导方法，并把实验时间控制在三个小时内。另一方面，运用行为理论来解释实验结果。许多实验结果与理论预测出现差异。其原因是理论假设行为认识是理性的，而参试人员的行为却是理性和非理性的统一。因此，只有运用了诸如展望理论、后悔和认知失协理论、心理间隔理论等行为理论，来分析参试人员的非理性行为，才能更好地解释实验结果。

一　实验经济学和心理学的区别

经济学通常假定市场行为主要受物质利益的刺激，经济决策主要受利己主义合理性支配。理性意味着决策者为了在一定的目标和可选择方案下做出最优决策，而以一种富有逻辑性和系统化的方式使用现有信息。这些决策是以一种前瞻性的方式做出的，充分考虑了当前决策的未来后果。

在心理学，特别是认知心理学中一个人通常被看作一个系统，以自觉、合理的方式编码、解释现有信息。但是，其他一些不太能意识到的因素也被认为在以系统化的方式支配人类行为，这种更为复杂的观点开始渗透经济学理论近来的发展当中。

传统上，经济学家给定决策者对可用选择的偏好，并使其保持不变，认为决策者对自然状态和自己行为的效果会形成预期，并根据统计原则处理现有信息。在既有的市场条件下（该条件决定了决策者可选择的方案组合），决策者的行为就被假定为：正确地分配相关随机事件的概率，选择一个预期效用价值最大化的行动。

相比之下，认知心理学家考虑的是一个交互作用的过程，几个因素都会对决策产生重要影响，比如知觉、信仰或心智模式。诸如感情、态度等内在动机也会影响一项决策。此外，决策者对以前决策及其后果的记忆是一个至关重要的认知函数。在这种复杂的观点下，人类的行为被认为是局部地适应于一个既定的环境。行为具有适应性，取决于行为人对环境和瞬间的感知状态。

经济研究常常假定人们的行为在根本上受物质激励并采取理性的方式进行决策，这种假定认为人们会按照标准的统计原理处理可取的信息，以评估经济状态和自身行为的后果。这一方法已经被公理般地形式化，称作"预期效用理论"。该理论在不确定性决策的经济理论中占据支配地位。

一般的心理学，特别是认知心理学中，正在流行的观点是把人看作一个在知觉习惯中对可取信息进行编码和解码的系统，但是少数知觉因素也可能在互动过程中支配决策。这些因素包括感觉、理解特定形式的思维模式、情感、态度和对早先的决策及其结果的记忆。

心理学和实验经济学在研究方法上是有不同之处的。心理实验中，参加实验的参试人员一般会得到少量的参试人员费，每个参试人员得到的费用是相同的。经济学实验中，得到的报酬取决于他们在实验中的决策和行为。心理实验中，参试人员经常不知道实验者的真正实验目的，经济学实验中则不然。因此，很多经济学家往往对心理学的实验结果打折扣，他们认为实验经济学的结果更符合人的市场经济决策行为。

在基于调查和实验对人类行为进行的广泛的研究中，卡尼曼和其他心理学家对某些形式决策中的经济理性假设提出了疑问。真实世界的决策制定者常常并不会根据概率法则去评估不确定事件，也不会根据预期效用最大化理论来做出决策。

在一系列研究中，卡尼曼指出，当将来的结果不确定时，人们并不能彻底分析复杂的决策形势。在这样的情况下，他们常转而依赖启迪性的捷径或者拇指规则。卡尼曼和特维尔斯基从个人判断随机事件的方式中得到的实验数据精细地揭示了一个基本的偏见。绝大多数实验参试人员对大样本和小样本持相同的主观概率，而不考虑平均值的不确定性随样本规模急剧下降。因而人们似乎比较拥护"小数法则"，而不是本来应当考虑的概率论中的"大数法则"。在一个著名的实验中，参试人员认为，在一个既定的日期，一个小医院出生的婴儿（数量很少）中60%以上是男婴，同样在大医院（有很多婴儿出生）也是如此。

同样，投资者若发现一个基金管理者的绩效在两年间都高于同行的平均水平，他就可以认为这个基金管理者比一般的要好。但是这个真实统计含义是非常脆弱的。描述数据上的近视可以帮助我们说明金融市场上一些主流模型所不能解释的现象——比如表面上动机不明的大幅震荡，像股票市场经常表现出的那样。在金融经济学中，一个活跃的研究领域就是"行为金融"。这个领域试图运用心理学去解释金融市场的运行。

另一个经验法则是"代表"。卡尼曼和特维尔斯基提出了一个实验，实验要求参试人员根据给定的描述把个体分类为"销售员"和"国会议员"。随机选取一个人，把他描述为喜欢政治活动和参加辩论，绝大多数参试人员认为他是一个议员，事实上由于销售员占总人口的份额较大，他是销售员的可能性更大。甚至当参试人员被告知总人口中议员和销售员的比例发生了充分的变化时，结果似乎也没有受到影响。

卡尼曼因而证明了，在不确定的情形下，人的"判断"常常利用与概率论基本命题相抵触的拇指法则。不过，他最有影响的贡献是涉及不确定性下的"决策制定"。一个惊人的发现是个体对结果派生于参照水平（通常为"现状"）的方式比绝对的结果更为敏感。因而，当面对风险下的序贯决策时，个体似乎把每一个决策建立在得失相互隔绝的基础上，而不是建立在把他们的财富当作整体来进行决策的推论上。此外，与达到同样规模的收益相比较，许多个体似乎更偏向规避与某个参照水平相关的损失。这些结果以及其他的结果与传统的预期效用最大化理论是相抵触的。

卡尼曼和特维尔斯基并不满足于批评不确定性下决策制定的标准理论，他们还发展了一种选择理论，即"前景理论"（Prospect Theory），试图为实证观察提供解释。前景理论及其扩展可以被用来更好地解释行为模仿。行为模仿似乎是传统理论观点的异端：比如人们在购买家用电器时购买昂贵的小规模家用电器保险的倾向；宁愿驾驶数里远寻求少许零售采购折扣，却不愿意在贵重物品上这么做，尽管这样做可以节约同样多的钱；或者，对终身收入减少这一坏消息的响应本应是降低消费，但人们却抵制降低消费。

二 实验经济学和心理学的融合

史密斯和卡尼曼的获奖，表明心理学的研究及其成就对其他学科发展的影响，也表明经济学研究和心理学研究、管理科学研究的相互渗透、相互交叉。心理学的研究推动了经济学的发展，从学科间相互借鉴和相互促进的角度出发，经济学界没有理由不关注卡尼曼以及其他心理学家的研究工作，以便为经济学的研究注入新鲜的成分，不断推动经济学发展。实验经济学原本就是交叉学科，在一些研究领域，如决策研究中，不同学科的界限越来越模糊。

卡尼曼运用认知心理学中关于心理过程的深刻见解，帮助我们更好地理解人们制定经济决策的行为。卡尼曼和特维尔斯基对不确定条件下决策行为的研究最有影响力。卡尼曼还对行为经济学等其他领域做出了开创性的贡献。卡尼曼研究已经成为近期在行为经济学和金融学研究领域所出现的繁荣景象背后的一个主要灵感来源。他的研究对其他领域也产生了重大影响。

从以卡纳曼为代表的心理学对传统理论的挑战，到史密斯等强调的通过制度调节社会关系中个人行为已达到的均衡，进而对经济理论的维护，再到心理学、社会学研究中对史密斯的反驳，我们看到了贝克尔所说的经济学的第三阶段复杂性。

经济学家长期以来对行为假设的检验不感兴趣，导致著名的经济学家和心理学家之间的芝加哥大论战。这在很大程度上与早期实验的不规范导致结果反常有关。无数诺贝尔奖得主如西蒙、阿罗、卢卡斯等都参与了这场讨论，在西格尔、史密斯和普罗特等人的共同努力下，实验的有效性和可行性问题在某种程度上得到了解决，奠定了实验经济学的方法论基础。用实验的方法检验理论也开始得到认可。作为对实验经济学批评的回应，史密斯提出了五条微观经济实验的要求来使所有的实验规范化。

近来的一股研究热潮使用了心理学和实验经济学传统相结合的方法，对经济学和金融学的所有领域意义深远。尽管卡尼曼和史密斯的研究在许多方面不同，但他们的科学贡献联合起来已经改变了经济科学的方向。最初，经济学界对他们的研究持怀疑态度，在经历了长期和进一步的研究工作之后，他们的主要思想开始在这个领域渗透。正是他们的成就使今天的许多经济学家将心理学的见解和实验方法看作现代经济学不可或缺的组成部分。

第二章

实验经济学的基本方法

第一节 经济学实验的基本原则

实验经济学的初学者在开始设计实验之前，总是充满了诸多疑惑，例如，实验条件是需要更接近于真实的市场，还是接近于理论假设？如何诱发参试人员（subject）的真实行为，而不是使他们感觉在做游戏？如何避免实验主持者的语言对参试人员的行为产生额外的影响？通过长期的实践，以史密斯为代表的实验经济学家不断总结有关这些问题的经验，这些经验也成为经济学实验应该遵循的基本原则。戴维斯和查尔斯（Davis and Charles，1994）、霍尔特（Holt，1992）、弗里德曼和森德（Friedman and Sunder，1994）在有关实验经济学的教科书和实验操作指南中对经济学实验的基本原则进行了详细的描述，本章借鉴了其中的一些内容。在进行实验之前，了解这些基本原则，有助于我们建立对实验过程的基本认识，有助于提高经济学实验的效果。

一 实验条件：理论模型与真实世界

讨论的问题是：实验研究者所构建的实验室条件与理论模型的条件，以及与真实世界的经济条件之间应该存在什么样的关系？

在真实世界中，大部分的经济现象和过程都是复杂的，这种复杂性不仅体现在制度因素上，还体现在环境因素上。理论模型是用来分析和解释经济过程的，是对自然经济过程的抽象。一个好的理论往往建立在简单化的假设条件上，抛弃了一些非关键的复杂性，而保持了能影响经济结果的关键性环境和制度要素。图 2-1 中"自然经济过程"和"理论领域"两个区域的位置表示理论模型在制度和环境复杂程度上都低于自然经济过程。需要指出的是，这两个区域的形状、大小以及距离都是不特定的。

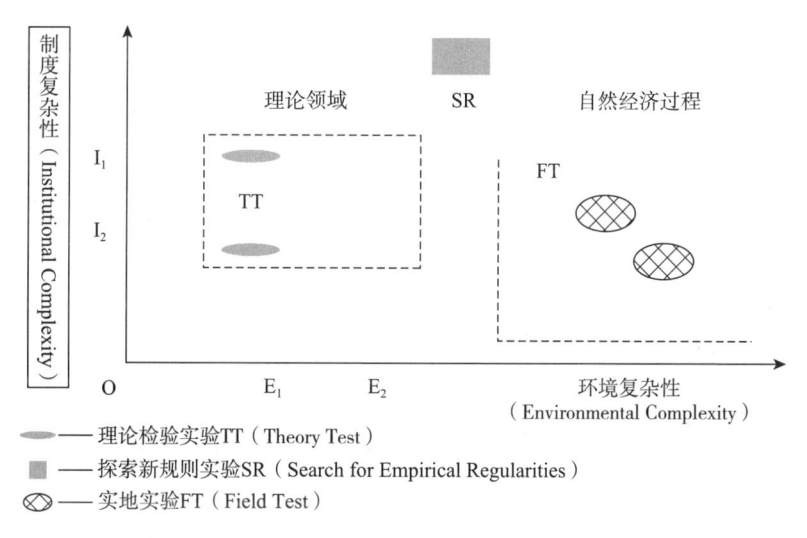

图 2-1　经济学实验的类型

实验研究是在构造实验制度和环境的前提下检验人们的行为，从而得出有关理论和经济过程的数据。那么实验制度和环境应该更接近于真实经济过程，还是接近于理论模型呢？问题的答案取决于我们的研究目的。按照实验目的的不同，可以简单地分为三种类型实验。

第一，理论检验实验（Theory Test），即 TT。理论检验实验以检验某个理论为目的，是在理论领域进行的，如图中标记为 TT 的椭圆圆点，每个圆点都代表了制度和环境变量特定的组合。在实验设计中，我们通常会比较两个或者更多的相关圆点。例如，圆点（E_1，I_1）和圆点（E_1，I_2）是在相同的环境结构 E_1 下，比较 I_1 和 I_2 两种不同的制度对经济结果的影响。理论检验可以用于检验同一个理论中不同的两个点，也可以用来界定两种相互竞争的理论和重叠部分以及它们不同的预测能力。

第二，探索新规则实验（Search for Empirical Regularities，SR）。并非所有的实验都以一个特定的理论为参照。通过观察可供选择的政策或者改变一些特定理论的参数，我们可以找到一些新的经验规则，这就是探索新规则的实验。尽管对这类实验目的还有很大的争议，但这类实验有助于我们开创新的理论，或者帮助我们理解经常偏离均衡状况的动态调整过程。

第三，实地实验（Field Test），即 FT。实验的目的是检验在真实自然经济过程中的人类行为。实验中的变量来自对出现过程的直接控制。一个非常著名的实地实验出现在 20 世纪 70 年代早期，实验者用竞争性、统一价格拍卖来出售美国国库券。实地实验在图 2-1 中是用自然经济过程中的网格部分来表示的。实地实验在研究中应用得很少，源于两方面的原因。首先，增加环境的现实性是需要成本的，实地实验在管理上、计划上通常十分昂贵，而且会因为干扰正常的经济活动，需要付出成本；其次，在实地实验中很多关键的环境变量可能不容易控制，而且这些要素可能会随着时间和地点而改变。

在实验中构造怎样的条件完全取决于我们的研究目的。理论检验实验用于在理论领域评价理论的性能。探索新规则实验可以在缺少相关理论的情况下检验预期的行为规则，能够帮助我们构造新的理论。我们还可以在自然经济过程的领域中进行实地检验，观察自然过程中的人类行为。

从目前来看，理论检验是最常见的实验目的，我们通常会根据理论假设来构造实验条件。在实验设计中，实验经济学家会尽量降低实验条件的复杂性，减少干扰实验结果的因素，突出所需要研究的关键问题。另外需要说明的是，在理论检验实验中，我们是按照理论对制度和环境的假设来构建实验条件，并不是按照理论模型对人的假设来绑定实验参试人员的行为。如果要求实验参试人员按照理论模型的假设进行决策，那么就是一种对理论模型的模拟，而不是实验。实验的目的是检验在与理论模型一致的制度和环境框架下，真实人类的行为是否符合理论预测的行为结果，从而判断理论模型的有效性。

二 有效激励参试人员

在实验的设计中，需要参试人员得到"明显"的报酬激励，而且这种激励要与相关理论假设的激励相配合。"明显"的含义是决策的变化能够对报酬产生显著的影响，这包括两个方面的要求：①参试人员能够预期决策和报酬结果的关系，②报酬要高于参试人员决策或者交易的成本。

调查问卷是我们熟悉的一种获取数据的方法。实验方法与调查问卷方法的一个显著差异是调查问卷的每个被调查者无论做出何种回答，得到的收益是一样的，比如，有一个作为感谢的小礼品；而在实验中，实验参试人员的收益是由他们的选择行为所决定的。例如，在个人风险选择实验中，参试人员被要求在一些彩票中进行选择。实验组织者不能给每个参加实验的人同样的报酬，而是建立参试人员的选择与收益之间的直接联系。

假设实验要求参试人员在以下两种彩票中进行选择：

彩票 A：10% 的机会得到 250 元，90% 的机会什么也得不到。

彩票 B：80% 的机会得到 40 元，20% 的机会什么也得不到。

如果参试人员选择彩票 A，那么，实验组织者要求参试人员在 1~10 随机抽取一个数字，如果抽到 8（或者其他某个由实验组织者自己指定的数字），参试人员可以获得 250 元，如果抽到其他数字则不能得到任何收益。同样，参试人员选择彩票 B 后，如果抽到 1 和 2，不能获得任何收益，抽到其他数字则能够得到 40 元。通过这样的方式就建立起一种实验参试人员决策和报酬结果之间的直接关系。

我们再来看在市场实验中参试人员如何进行交易。我们知道张伯伦的讨价还价市场实验，在实验中作为买主的参试人员得到的信息是每单位商品他最高愿意支付的价格，如果成交价格低于参试人员愿意支付的最高价格，这个差额部分就是他的收益。实验中的卖方得到的信息是每单位商品他最愿意出售的价格，成交价格高于最低意愿出售价格的部分就是他的收益。为了使自己的收益最大化，在实验市场的议价过程中，买方就有动力压低价格，卖方则尽力提高价格，这就与真实市场中买卖双方的行为具有一致性。

弗里德曼和森德（Friedman and Sunder，1994）提出在实验中使用报酬手段诱发经济主体的特征，应当满足三个条件。①单调性（Monotonieity），即参试人员认为报酬量越多越好，而且不存在饱和状态。②突显性（Saliency），参试人员所得到的报酬必须与他以及其他参试人员的行动有关，必须由参试人员所理解的制度所决定。③占优性（Dominance），在实验中参试人员的效用变化来自实验报酬，除此之外的其他原因可以忽略不计。实验经济学家在报酬问题上遵循的原则是为参试人员提供报酬能够减少行为的变化性。基于这样的原因，大部分经济学实验者采用实际的货币报酬，支付给参试人员（也有些实验用咖啡杯、巧克力等商品作为报酬）。货币报酬具有的优势是能够使不同个体对报酬态度的差异最小化，如果是货币以外的其他商品，不同参试人员对这些商品的价值评价是非常不一致的，而且货币支付是高度可分的，具有非饱和性的优势。

除货币之外，课程的学分或者成绩也是一个可行的激励方式，虽然这种方式的效果比货币要差得多。竞赛式的激励方式是某个参试人员的收益多少依赖于同次实验中其他参试人员收益的多少。这类激励方式在应用时需要谨慎，因为研究表明，竞赛式的奖励方式在一些市场实验中可能会产生更高的价格和导致更多的追逐风险的行为。

那么支付给实验参试人员多少报酬才能达到激励的目的呢？事实上，对具体的实验内容来说，任何人都不能确定多少报酬才是合适的。心理学研究表明：一方面，在很多实验中参试人员都会努力做好使报酬最大化，即使这个报酬仅仅是假设的；另一方面，在货币激励不足的情况下，选择不一致的现象会出现，但是即使有很多货币激励，也不可能使参试人员的行为超出其智力水平。从目前情况来看，如果是在校园里进行实验，大部分实验经济学家把每小时报酬的平均水平设定在超过校园每小时平均工资的50%~100%。另外一种常用的方法是在实验结束之后参试人员是否愿意再次参加其他的实验，以判断报酬水平是否合适。如果80%~90%的参试人员选择愿意参加，那么这个报酬水平是比较好的。

在实验过程中，有可能出现参试人员的最终报酬为负的情况。例如，在资本市场实验中，参试人员有可能因为错误判断资本价格的走势而出现亏损。当参试人员的报酬为负值时，实验组织者就推动了引导他们偏好的控制能力，因为负的支付是不可信的，当收益为负时，参试人员的行为就会体现追逐风险的特点，他们知道如果报酬进一步为负，最后也不会真正让他们承担亏损，而报酬若为正，则会得到真正的收入，因此他们只有冒风险这一条路可走。

如何对待这样的情况呢？可行的方法是在实验设计的时候就尽可能减少或者消除参试人员破产的机会，具体方法是：①给予参试人员较多的初始禀赋；②降低支付的显著性，以衬托初始禀赋；③设置一些限定，如不允许亏空或者进行亏损交易等。

三　无偏性（Unbiasedness）

为了达到实验目的，对参试人员的真实行为进行研究，研究者应该在实验过程中持有这样一种态度，那就是不要使参试人员产生哪种行为模式是正确的、是被期望的预期，除非外在的建议也作为一个处理变量。这里的无偏性，不是指研究者不能给出任何明白的行为建议，而是要特别注意避免那些微妙的行为建议。和其他观察实验数据不一样（例如，化学或者物理实验），人作为实验的参试人员能够按照实验者的要求去做，因此，实验者不能通过语言或其他方式暗示什么是好的或者不好的结果。特别是在课堂里进行实验时，有些学生作为实验的参试人员可能会在实验过程中按照老师所期望的方式进行选择，希望能给老师留下好的印象，或者得到较高的考试成绩。在这种情况下，作为实验组织者的老师要尽量避免自己的语言对参试人员的行为产生额外的干扰作用。

另一种偏差来自实验者在解释实验过程时采用的术语。在实验过程中，研究者要尽量避免那些对特定商品的私人厌恶或者偏好影响实验结果。例如，一位实验研究者曾经在向参试人员解释实验且不谈论实验目标的情况下使用了"oligopoly"（供不应求的市场情况）这个词，如果参试人员曾经在经济学课程上学过"oligopoly"这个词，而且记得"oligopoly"通常会导致合谋，那么这些参试人员通常会在实验过程中采用合谋策略，并取得成功。基于这样的原因，通常要想出一个比较好的实验方式来避免涉及任何特定商品。最安全的程序是用标准的、经常性的语言来解释实验说明，并且根据实验目的来修改说明。

第二节　实验设计

在了解实验经济学的基本原则之后，我们进入有关实验设计问题的讨论。实验设计是在实验进行之前，实验组织者根据实验目的，创建实验条件，撰写实验说明，选取参试人员进行测试性实验，并根据测试结果对实验条件进行改进。

一般条件下，在实验设计阶段实验组织者需要完成的工作包括：①确定需要研究的主要问题；②确定实验条件的基本要素；③选择和确定作为处理变量的关键因素和重要的干扰因素；④为参试人员准备"实验说明"；⑤进行测试性实验；⑥根据测试性实验改进或者简化"实验说明"以及实验条件。

随着实验经济学理论和技术的不断发展，实验经济学已经可以应用到经济学研究的多个领域，例如，拍卖理论、博弈理论、产业组织理论、证券市场理论等，实验组织者可以在其中选择自己感兴趣的主题，确定一个具体问题或者理论，展开实验研究。在确定主要问题之后，就进入了实验设计的核心阶段——创建实验条件，这个过程需要确定实验条件的一些基本要素，并且选择和确定哪些因素应作为需要处理的因素，哪些因素会干扰实验结果，如何对其进行控制等。根据实验条件，还需要为参加实验的参试人员准备"实验说明"，使参试人员能够充分理解实验的目的、条件和操作的具体过程。为了对实验设计的有效性进行检验，在进行正式实验之前，要选取一些参试人员进行测试性实验，并根据测试的结果来对实验条件和实验说明做一些必要的改进。在这些程序完成之后，实验组织者才能够开始正式招募实验参试人员，并且展开正式的实验。

在具体介绍这部分内容之前，我们需要了解以下实验经济学术语。

实验局（Session）——一系列的博弈或者其他的决策任务，包括同一天、同一组人进行的实验。

实验（Try）——一局实验通常会重复多次进行，以获取更为可靠的实验数据。

组（Cohort）——参与实验局的一组人。

实验设置（Treatment）——一种独特的环境或者处理变量（Treatment Variable）的构造，例如，信息、经验、动机和规则。

一 创建实验条件

在我们构建的实验条件中，有多种因素会影响实验结果。如何根据实验目的，对这些因素加以区分和控制，是实验结果是否有效的关键。

所有对实验结果可能产生影响的因素可以分为两类：关键因素和干扰因素。在实验中我们感兴趣的是关键因素会产生怎样的效应。一个因素是关键因素还是干扰因素，取决于实验的研究目的。例如，在研究市场结构的实验中，买方的数量是关键因素，然而在研究消费者对新产品反应的实验中，同样的因素就变成了干扰因素。

对于任何一个因素，我们在实验中可以将它作为处理变量，检验由于这个因素的变化对实验结果产生的影响；我们还可以对它进行控制，把它作为常数，也就是在实验过程中保持不变。一个因素作为处理变量还是常数，也是由实验目的决定的。例如，实验组织者在研究涨跌幅限制制度对证券交易价格的影响时，可以设计三组实验。实验组织者将参试人员的数目、参试人员拥有的初始现金、证券的红利分布等都作为常数，在三组实验中保持不变；将涨跌幅限制制度作为处理变量，在三组实验中分别设置没有涨跌幅限制、10%水平的涨跌幅限制以及5%水平的涨跌幅限制。通过计算和比较三组实验市场的成交价格、市场波动性等指标，我们可以判断涨跌幅限制是否有利于稳定市场价格，以及随着涨跌幅限制区间的缩小，市场价格会呈现何种情况。在这三组实验中，除涨跌幅限制因素作为处理变量之外，其他因素都作为常数，只有实现这样的控制性，实验结果才能代表涨跌幅限制制度的效应，而且不会与其他因素产生的效应相混淆。

这里我们需要解释的是如何在实验设计中突出关键因素的效应，如何最大限度地减少干扰因素的影响。此外，还要介绍如何在实验设计中确定处理变量和常数，区分不同变量产生的效应。

1. 如何解决干扰因素问题

区分关键变量和干扰变量完全取决于研究的目的。我们再来看一个例子，如果实验的目的是检验一个静态理论，参试人员的经验和学习都是干扰因素；如果研究目的是检验参试人员的行为特征是否会随着时间变化，那么参试人员的经验和学习都变成了关键变量。在相当多的实验中，参试人员带入实验室的经验背景、情绪和态度都可能成为干扰实验结果的因素，我们这里介绍几种在实验中可能会遇到的典型的干扰变量，并根据弗雷德曼和森德（Friedman and Sunder, 1994）的研究提供一些解决这些问题的方法。

第一，经验和学习。在实验进行过程中，当参试人员逐步理解实验环境时，他们的行为也会逐渐发生变化。当这种经验和学习成为实验过程的干扰变量时，可以通过选择有经验的参试人员使经验变成常量，以达到控制的目的，或者采用平衡交替的设计方法，把经验作为处理变量。

第二，非制度性的相互作用。参试人员的行为之间可能还会相互影响。例如，在实验过程中的休息时间，卖方会聚集在一起讨论，一致同意维持高价格，因而，在休息时间要非常仔细地进行监督，或者在休息之后改变一些参数。

第三，疲劳和厌倦。随着实验的不断进行，参试人员很可能会感到疲劳和厌倦，他们的行为也可能随之发生改变。例如，当一个参试人员在一个有58个周期重复进行的囚徒困境博弈实验中发现选择 A 战略可以获得收益时，他却可能会选择 B 战略，仅仅是为了宣泄自己的厌倦情绪。因此，实验经济学家建议在博弈论实验中偶尔要更换一下支付矩阵，而且对大部分实验而言，实验时间最长不要超过2小时。

第四，参试人员或者参试人员组的特性。一个参试人员的背景或许也会导致缺乏代表性的行为。一个组里，参试人员之间也会互相强化一些行为模式。例如，学习高级金融学的学生参加资本市场实验，就不可避免地存在一定的选择性偏差。解决这个问题的办法就是选择不同背景的参试人员重复进行实验。

2. 如何确定处理变量和常数

在实验设计过程中，把一个因素作为常数还是处理变量是需要平衡的。假设实验组织者的实验目的是检验不同的拍卖制度在不同需求曲线弹性水平下产生的效应，就需要考虑两组因素，一组是拍卖制度——双向拍卖和明码标价拍卖，另一组是弹性水平——有弹性的需求曲线和缺乏弹性的需求曲线。如果两组变量同时变化，所产生的效应就会相互混淆。最符合逻辑的方法是：所有的变量都独立变化，就能清楚地得出各变量所产生的效应。将拍卖制度和需求曲线的弹性这两组变量两两组合，能够得出四种不同的市场条件，分别在这四种条件下进行实验，得出四个实验结果：A、B、C 和 D。如果仅仅观察结果 A 和 D，或者仅观察 B 和 C，对于所要研究的问题，无法得出有效的结论。正确的方法是比较 A 和 C 以及 B 和 D，这样的比较结果表明了在不同弹性水平下，明码标价拍卖和双向拍卖有何效应。

对于如何确定常量和处理变量，弗雷德曼和霍尔特（Friedman and Holt, 1994）也提出了一些建议。

第一，控制所有的可控制变量，否则得出的数据可能会缺乏有效性。

第二，把关键变量作为处理变量，在广泛的、分割的不同水平上构造相反的环境。一般情况下选择两个水平就够了，如果我们刚才提到的需求曲线存在缺乏弹性和富有弹性两种情况，可以忽略中间的状态。

第三，如果你察觉某个干扰变量与关键变量是相互作用的，就可以把这个干扰变量作为处理变量，一般两个水平就足够了。例如，如果发现参试人员的年龄对实验结果产生了干扰，即可以将年龄作为处理变量，分别进行两个年龄组的实验。

第四，尽量保持大部分干扰变量作为不变常数，以降低复杂性，并减少成本。即使一个干扰变量的影响比较大，只要这种影响是无害的，或者一个干扰变量的效应与关键变量的效应是相互独立的，都可以将这些干扰变量设为不变常数。

第五，独立地改变处理变量，以使数据的解释能力最大化，并且能避免变量效应相互混淆的情况。

二　实验说明

实验说明是在实验开始之前向参试人员陈述实验目的，界定参试人员的资源、信息和初始禀赋，解释参试人员要进行的选择和行动以及介绍个体参试人员的奖励支付规则。实验说明还可以包括简单的实验例子，帮助参试人员理解实验环境。在实验条件设计完成之后，实验设计者就需要根据实验条件来撰写实验说明。

1. 目的

对实验目的的陈述有助于参试人员理解为什么有人愿意支付货币让他们来参加这个游戏。例如，菲奥里纳（Fiorina）和普洛特（Plott）在一个交流实验（Full Communication Experiments）的实验说明中写道："本次实验的目的是调查一些复杂的政治过程的某些特征。这个实验说明很简单。如果你认真地按要求来进行好的决策，你可能会得到一笔相当可观的收入，而且是现金收入。"

2. 例子

在实验说明中举一个例子有助于参试人员理解实验环境，但由此可能带来的风险是，参试人员以为这是对他们应该如何行动的暗示。这种风险可以通过改变例子中的一两个参数来防范。

3. 私人信息

实验说明中通常还包括一些私人的信息和数据，例如，个人的初始禀赋、信息和分红。如果使用计算机系统来进行实验，实验说明中还需要写明个人登录实验系统的账号、密码等。

4. 真实世界

实验环境和真实市场的平行性在帮助实验组织者理解真实市场时有非常关键的作用。然而，如果把这种平行性写在实验说明里，并且精确地将其告诉参试人员，那么棘手的问题也会随之而来。例如，在资本市场实验中，如果在实验说明中告诉参试人员这个资本市场就类似于真实世界的资本市场，那么他们会有很多疑问，比如，为什么在实验室中交易的资本是没有特定的公司或者行业背景的，为什么买卖双方的人数这么少等。

5. 实验软件的操作方法

如果实验是通过联网的计算机系统来进行的，则需要在实验说明中向参试人员介绍软件的操作方法。例如，在双向拍卖的市场实验计算机系统中，要介绍如何登录系统，如何发出报价和要价的指令，如何查看拍卖价格、成交结果、个人资产等信息。

对于实验研究的初学者而言，借鉴或者修改其他已有实验的实验说明是一个简单可行的方法，因为实验经济学家都是经过多次修改，才得出了具有精确性、清晰性、明了性的实验说明的。在大部分实验经济学文献中都可以找到与此配套的实验说明，可以作为实验组织者学习的范本。

三　测试性实验

设计和开发新的实验通常需要进行测试性实验。通过测试性实验，可以发现实验说明中是否存在模糊的用语，是否遗漏了一些重要信息，或者实验时间是否过长，以至于参试人员非常厌倦。测试性实验对于我们积累实验知识和技能非常重要。针对测试性实验中出现的问题，需要对实验环境和实验说明进行一些改进和完善。

第三章

大学生就业模拟系统设计

基于实验经济学的就业模拟系统是一套用于实验经济学领域的实际应用软件平台系统,可以满足实验经济学关于当前就业社会现象的分析和研究之用。

允许不同的研究人员根据自己对社会就业的调查和理解,给定就业参数,模拟真实就业环境,对某些特定就业群体做出就业心态的调查和研究。

系统总体上分为三大模块:就业信息系统、就业模拟系统和就业实验基础库系统。

第一节 系统运行环境

为了保证系统正常运行,需要保证一定的硬件和软件环境。

硬件要求不低于以下配置,如表 3-1 所示。

表 3-1 系统硬件环境要求

项目	要求
CPU	Intel 至强 E5400 系列 CPU * 2
RAM	4G 1333MHz 带 ECC DDR2 内存
RAID	256M cache 以上 Raid 卡
DISK	10K,热备冗余,可使用空间不低于 760G

当前运行的就业模拟系统配套软件主要包括以下几种。

1. MS SQL Server 2008

MS SQL Server 2008 基于 SQL Server 2005，并提供了更可靠的加强了数据库镜像的平台，增添页面自动修复、提高性能、热添加 CPU 等多种特性，同时提供强大的客户端数据库。

2. Microsoft.NET Framework 4

Microsoft.NET Framework 4 是支持生成和运行下一代应用程序和 XML Web Services 的内部 Windows 组件，很多基于此架构的程序需要它的支持才能够运行。

3. IE 浏览器（版本 IE6 以上）

Internet Explorer 是微软公司推出的一款网页浏览器。原称 Microsoft Internet Explorer（6 版本以前）和 Windows Internet Explorer（7、8、9、10、11 版本），简称 IE。在 IE7 以前，中文直译为"网络探路者"，但在 IE7 以后官方便直接俗称"IE 浏览器"。

就业模拟系统的安装大致分为以下三个阶段。

1. 操作系统的安装及设置

就业平台选用 Windows Server 2008 作为操作系统平台。Windows Server 2008 发行了多种版本，以支持各种规模的企业对服务器不断变化的需求。Windows Server 2008 有 5 种不同版本，另外还有 3 个不支持 Windows Server Hyper-V 技术的版本，因此总共有 8 种版本。

Windows Server 2008 Standard 是迄今最稳固的 Windows Server 操作系统，其内置的强化 Web 和虚拟化功能，是专为增加服务器基础架构的可靠性和弹性而设计，亦可节省时间及降低成本。其利用功能强大的工具，让客户拥有更好的服务器控制能力，并简化设定和管理工作；而增强的安全性功能则可强化操作系统，以协助保护数据和网络。

2. IIS 等的安装及设置

IIS 是 Internet Information Services 的缩写，意为互联网信息服务，是由微软公司提供的基于运行 Microsoft Windows 的互联网基本服务。最初是 Windows NT 版本的可选包，随后内置在 Windows 2000、Windows XP Professional 和 Windows Server 2003 一起发行，但在 Windows XP Home 版本上并没有 IIS。IIS 是一种 Web（网页）服务组件，其中包括 Web 服务器、FTP 服务器、NNTP 服务器和 SMTP 服务器，分别用于网页浏览、文件传输、新闻服务和邮件发送等方面，它使得在网络（包括互联网和局域网）上发布信息成了一件很容易的事。

3. MS SQL Server 2008 的安装及设置

首先准备好 MS SQL Server 2008 的安装包，对于 Win64 位系统需要安装 Microsoft. NET Framework 4 版本或者以上，并且检查 server. msc 是否正常。更详细的软件安装参考 MS SQL Server 2008 安装手册、IIS 安装手册等。

在就业模拟系统运行前，需要进行数据库初始化操作。

数据库初始化操作方法：打开 MS SQL Server 2008，点击编辑器左上角工具栏中的文件→打开→文件，弹出文件选择框，选择数据库脚本。点击执行，消息窗口出现执行成功，即数据库初始化成功。

第二节 就业信息系统

一 首页

首页见图 3-1，就业信息系统页面结构为：菜单栏目+导航菜单+动态生成栏目列表+动态生成页脚。

图 3-1 首页

首页部分是根据模块动态生成的。选择不同模板，主页页面排版不同。当前模板下，正文部分是根据模板，显示核心的导航菜单的内容。具体如下：

（1）网上业务办理：显示业务办理模块。点击网上业务办理下的链接直接跳转到对应的详细信息。

（2）通知公告：显示最近公告。点击公告链接，直接跳转到详细信息。

（3）常用下载：显示最近下载地址。点击下载链接，调整至详细下载地址。

（4）中心动态：显示最新动态。点击动态链接，直接查看该条动态详细信息。

（5）快速链接：显示其他系统的链接。点击链接，直接跳转到对应系统的登录界面。

二　中心动态

中心动态界面如图 3-2 所示。

图 3-2　中心动态

列表显示各种动态信息，根据时间排序，最新动态位于最上层。点击某条动态标题，页面跳转至该动态的详细内容。例：点击第一条，则显示

第一条链接对应的详细动态信息,如图 3-3 所示。

图 3-3 详细动态信息

三 通知公告

通知公告界面如图 3-4 所示。

列表显示所有公告,按时间排序。点击其中一条公告标题,页面跳转到对应公告的详细内容。例:点击第一条,则显示第一条链接的详细信息,如图 3-5 所示。

四 业务办理

业务办理界面如图 3-6 所示。

列表显示业务办理信息,按时间排序。点击其中的一条业务,页面跳转至该业务详细信息。例:点击第一条,则跳转至第一条链接对应的详细信息,如图 3-7 所示。

图 3-4　通知公告

图 3-5　通知公告详细信息

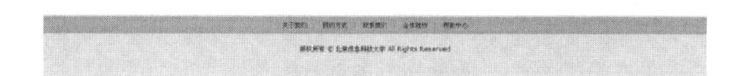

图 3-6　业务办理

图 3-7　业务办理详细信息

五　常用下载

常用下载页面如图 3-8 所示。

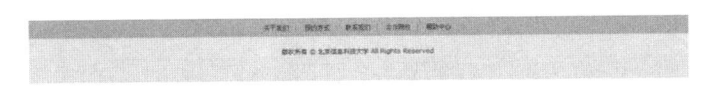

图 3-8　常用下载

列表显示常用下载地址，按时间排序。点击其中一条下载地址，页面跳转到当前下载地址的详细信息。例：点击第一条，则跳转到第一条链接对应的详细信息，如图 3-9 所示。

图 3-9　常用下载详情

六　其他

其他界面如图 3-10 所示。

图 3 – 10　其他

　　列表显示其他内容，按信息记录时间排序。点击其中一条链接，进入对应详细信息。例：点击第一条，则跳转到第一条记录对应的详细信息，如图 3 – 11 所示。

图 3 – 11　其他详情

七　系统框架图

　　系统框架界面如图 3 – 12 所示。

图 3-12　系统框架

列表显示系统框架图。例：点击第一条,则跳转到第一条链接对应的系统框架图,如图 3-13 所示。

图 3-13　系统框架图详情

八 站点导航

1. 校内链接

校内链接界面如图 3-14 所示。

图 3-14 校内链接

列表显示所有的校内链接，按时间排序。点击其中一条，进入对应的详细信息。例：点击第一条，则跳转至第一条链接对应的详细信息，如图 3-15 所示。

图 3-15 校内链接站点

2. 校外链接

校外链接界面如图 3-16 所示。

图 3-16　校外链接

列表显示所有的校外链接，按时间排序。点击其中一条，进入对应的详细信息。例：点击第一条，则跳转到第一条链接对应的详细信息，如图 3-17 所示。

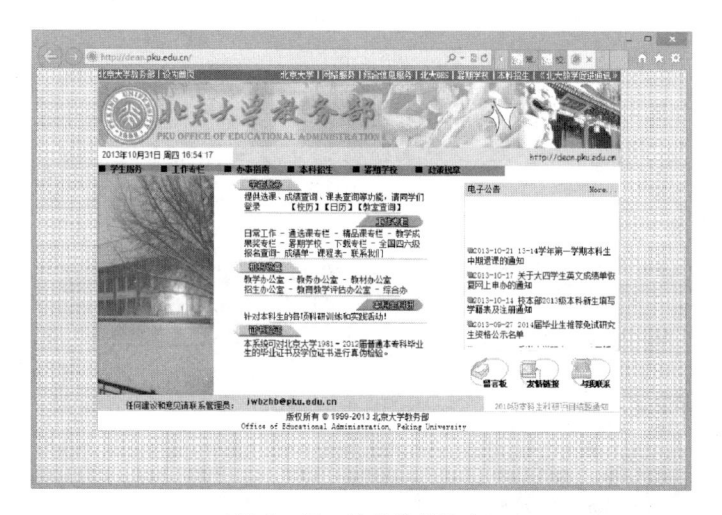

图 3-17　校外链接站点

第三节　导航菜单模块

一　智能题库

进入智能题库个人管理首页，左侧为导航菜单栏，点击可进入子网页，点击大标题可展开或合并，右侧上面为个人基本信息，如图 3-18 所示。

图 3-18　智能题库个人首页

"选择实验"菜单可以列出当前所有可用的实验,如图 3-19 所示。

图 3-19　实验列表

选中自己要参与的实验,从"实验入口"进行"在线实验",就可以见到实验的具体内容,如图 3-20 所示。实验中除了显示实验的基本信息,还可以看到单选题、多选题、判断题、逻辑填空题、富文本填空题以及问答题,另外提供上传附件功能。

二　就业交流系统

为了方便就业信息交流,系统建立了交流模块,大家可以及时将就业信息共享,如图 3-21 所示。

图 3-20　实验内容

图 3-21　就业交流系统

三　SNS 模块

为加强系统黏性，使系统用户有归属感。就业模拟系统提供了 SNS 模块，SNS 模块可以交流、交友，可以填写个人信息，写日志、上传图片，与朋友分享，可以加好友，查看好友的一些信息和动态。SNS 模块界面如图 3-22 所示。

图 3-22　SNS 模块

四　CMS 后台

CMS 后台，用于修改密码和个人信息，首页上显示的动态生成内容都可以在这里编辑修改，如图 3-23 所示。

图 3-23　CMS 后台首页

内容管理显示所有在门户首页上显示的栏目信息，如图 3-24 所示。

图 3-24　内容管理首页

选择某一栏目，实现编辑功能：增加一条新内容，修改已有内容，删除过期消息。其界面如图3-25所示。

图3-25 实现内容管理

五 模块管理

模块管理栏目可以检测系统的状态并能实现管理功能，包括系统状态检测、系统配置管理、个人信息、实验信息管理、实验记录管理以及实验统计功能。其界面如图3-26所示。

图3-26 模块管理

打开系统状态检测栏目，就可以看到详细的系统运行状态，也可以看到在线用户列表、系统异常日志、用户事件日志；在系统配置管理栏目，可以进行系统环境配置、应用系统管理、功能模块管理、用户资料管理、角色资料管理、分类目录管理、数据字典管理以及在线帮助管理，其界面如图3-27所示。

六 企业园区

为了使就业过程的真实感受能在系统中得到再现，系统设计了企业园区栏目。就业学生就可以到企业园区，进入企业自己的主页，查看企业的

图 3 - 27　系统运行状态

需求，必要时可以在线参加企业面试。这大大提高了就业模拟的真实度，其界面如图 3 - 28 所示。

图 3 - 28　企业园区

第四节　实验系统

一　实验系统用户

实验系统用户分为三类角色，分别为管理员（Admin）、教师（Teachers）和学生（Students），不同角色的用户登录系统对应界面和权限各不同

（见表 3 – 2）。

表 3 – 2　实验系统用户

用户	用户名
Admin	管理员用户
Teachers	教师用户
Students	学生用户

注：Students 不能登录后台管理系统。

打开 IE 浏览器，在地址栏输入网址，进入登录界面，如图 3 – 29 所示。

图 3 – 29　用户登录界面

输入账号和密码进入主界面。不同的角色登录系统，对应的界面和权限各不相同。详细信息请查看下面对各角色的具体介绍。

1. 管理员用户

Admin 登录系统后，拥有所有权限。比如系统状态检测、系统配置管理、个人信息、实验信息管理、实验记录管理，并能进行实验统计，如图 3 – 30 所示。

2. 教师用户

Teachers 登录系统后，主要有管理实验等权限，包括系统状态检测、系统配置管理、个人信息、实验信息管理以及实验记录管理等，如图 3 – 31 所示。

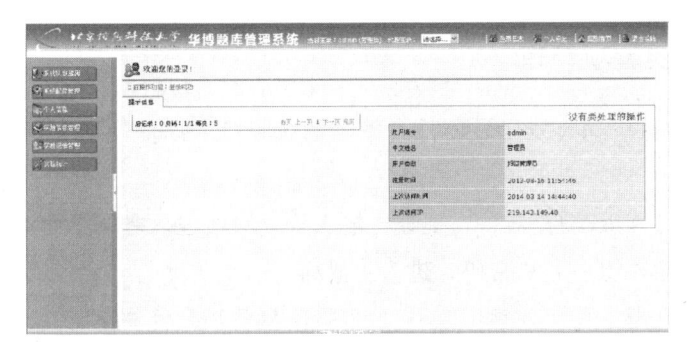

图 3-30　管理员用户

图 3-31　教师用户

3. 学生用户

Students 可从大学生就业平台进入题库前台管理系统，主要权限包括查看和编辑个人信息并参加实验，如图 3-32 所示。

图 3-32　学生用户

二 实验项管理

Admin/Teachers 登录题库后台管理系统，可以添加新的实验内容。具体操作如下。

（1）打开 IE 浏览器，在地址栏输入管理网址进入登录界面。

（2）输入用户名和密码，进入主界面。

（3）点击主界面左侧菜单中"实验信息管理"下的"实验项管理"，进入实验项管理界面，如图 3-33 所示。

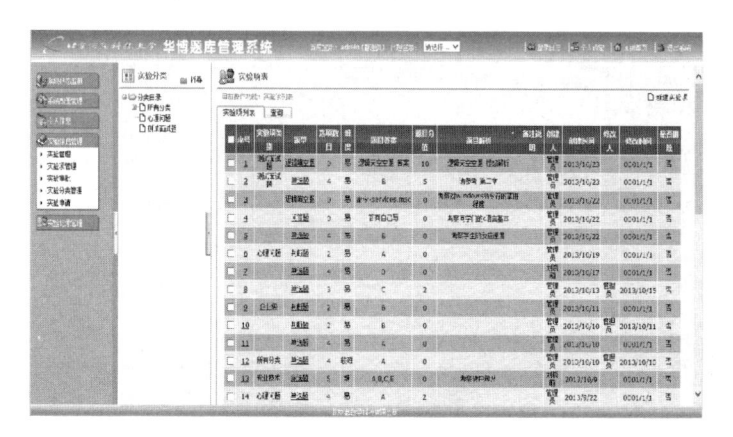

图 3-33 实验项管理

点击实验项管理界面右上角的"新建实验项"，进入新建实验项界面，如图 3-34 所示。

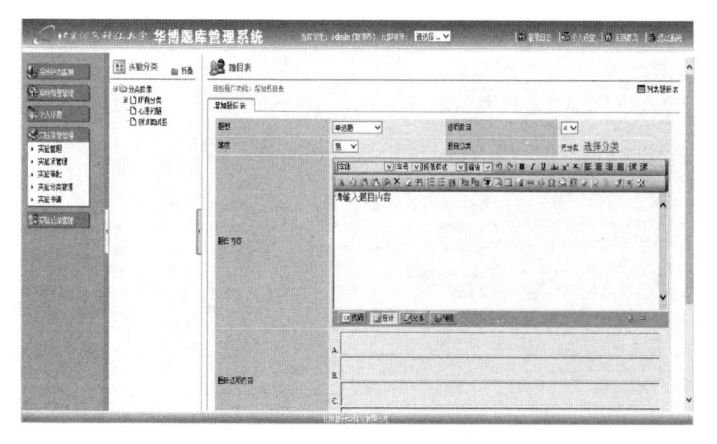

图 3-34 新建实验项

在添加题目界面中,根据界面提示输入要出的题目信息。主要内容包括题型、选项数目、难度、题目分类、题目内容。如果是选择题的话,还会根据"选项数目",出现若干选项内容,如图 3-35 所示。

图 3-35　实验题目

点击"保存",界面跳转到列表页,如图 3-36 所示。

图 3-36　保存成功

三　形成实验

Admin/Teachers 登录系统后,可以添加实验。

(1) 登录智能题库后台管理系统。

(2) 点击主界面左侧菜单中"实验信息管理"下的"实验管理",进入实验项管理界面，如图3-37所示。

图3-37　实验管理

点击实验管理界面右上角的新建实验，进入新建实验界面，如图3-38所示。

图3-38　新建实验

（1）根据提示完成数据的填写：实验名称、实验状态、实验有效时间、实验时长、实验专家、实验要求以及是否需要申请、是否需要计时等。

（2）点击"确定"，进入修改模式。

（3）点击添加实验项到实验中，进入添加界面。

（4）根据要求，选择要添加到实验中的题目。

（5）点击保存，实验设计完成。

四　组织实验

Students 可以登录智能题库前台系统，选择最近的实验，进行实验。具体流程如下。

（1）打开浏览器，在地址栏输入系统地址进入平台。

（2）点击界面右上角的智能题库菜单，进入智能题库的登录界面。

（3）输入用户名和密码，进入智能题库主界面。

（4）点击界面左上角选择实验菜单，界面右边出现实验列表，如图 3 - 39 所示。

图 3 - 39　用户实验列表

（5）在列表中选择要参加的实验，点击参加实验，进入实验。

（6）按照要求完成实验选项内容，最后提交，实验完成。

五　实验结果审阅

专家用户登录智能题库后台管理系统，可以审阅参试人员提交的实验。具体操作如下。

（1）打开 IE 浏览器，输入智能题库后台地址，进入登录界面。

（2）输入用户名和密码，登录系统。

（3）进入系统，如果有待审阅实验或有待审阅的申请，界面将提示消息，如图 3 - 40 所示。

图 3-40　实验专家审阅

点击提示消息，进入实验审批或待审批列表，如图 3-41 所示。

图 3-41　审阅列表

（1）在列表中选择要审批或待审批的记录操作。
（2）操作完后，点击提交。审批完成。

第四章

大学生就业实验经济学实验结果分析

我们首先对实验数据的有效性进行了直观分析，在549个数据中由于a、b、c和liuziyang这4个变量不符合中国人的姓名习惯，属于明显瑕疵数据，被认为是无效变量，因此这4个变量被删除。

在进行户口所在地和学生来源以及月消费的直观数据分析时由于路某某等6人是农村户口，学费来源基本上是贷款，他们的月消费额却达到上千元，我们认为不符合实际情况，因此这6个变量被删除。

在单选题"如求职较为困难，您对去小城镇及乡镇单位就业能否接受？A. 乐于接受；B. 实在没有其他机会时可以接受；C. 坚决不接受"中，这道题每位参与者的答案都是"A. 乐于接受"。我们认为这道题对于区别参与者排名和得分没有任何影响，故在分析中删除。

在单选题"如果是自主创业，你最需要的是什么？A. 资金支持；B. 政策支持；C. 专业技术；D. 其他"中，每位参与者的答案都是"A. 资金支持"。我们认为这道题对于区别参与者排名和得分没有任何影响，故在分析中删除。

在数据录入过程中发现470号和545号参试人员数据不完整，我们认为不完整的数据不能全面地反映对结果的影响，所以删除了这两个变量。

第一节 关于模型的说明

为了便于分析，研究就业模拟大赛成绩与实验经济学采集的各信息关系时，模型设计可将采集信息中的因素作为外生变量来看待；因为现在还不能确定具体有几个影响因素，可以将模型暂时设计为：

$$y_t = \beta_0 + \beta_1 x_1 + \beta_2 x_2 + \cdots + u_t \qquad (4-1)$$

其中，β_1 和 β_2 为偏回归系数，β_0 为截距项，u_t 为随机干扰项。

下面研究人员将利用多元线性回归方法对北京部分高校就业模拟大赛成绩与其对应实验经济学模型采集的信息进行分析，并据此初步判断采集的各种信息对就业能力（在本模型中即比赛得分，下面简称得分）的影响。这些信息要素包括性别、学校来源、学年、学费来源、本科费用、月生活费、其他费用、学生期间收入、收回年限、户口所在地、自信心、能力，以及在就业率分别为 80%、70%、60% 时的回收年限、竞争力、财富和诚信的状况，心理底薪、期望起薪以及乐观起薪，另外还有一些选择题，研究人员想通过对参赛者选择题选项的统计进行得分的回归分析，以求深度挖掘就业的影响因素。事实上，社会系统是动态的，各影响要素都处于不断地变化发展过程中，这些因素的变化发展又最终推动了社会经济系统的发展和变化。由此，上述模型适合在其他变量保持不变的情况下对各因素的变化得分的影响进行描述。一旦这些要素发生了变化，该模型就不能很好地对现实进行拟合。得出回归方程之后，再对回归拟合的显著性进行检验，以剔除不显著的变量，使因素分析更具说服力。

一 绘制散点图

散点图（Scatterplots）又称散布图或相关图，它是以点的分布反映变量之间相关情况的统计图形，根据图中各点的分布走向和密集程度，大致可以判断变量之间协变关系的类型。

在分析各个自变量对总体（得分）的影响前，先做每个单变量与总体（得分）的散点图，直观地判断变量之间协变关系的类型。

二 回归分析

回归分析是在自然科学、社会科学等领域中具有广泛应用的统计方法。
变量与变量之间的关系分为确定性关系和非确定性关系两类。用函数表达确定性关系。研究变量间的非确定性关系，构造变量间经验公式的梳理统计方法称为回归分析。

第二节 回归分析

由于研究人员很难通过散点图判断自变量和因变量的关系，所以选择进行回归分析。由于变量较多，下面仅列举分析其中几个变量加以说明。

一 得分与性别回归分析

得分与性别回归分析见表 4 – 1。

表 4 – 1 得分与性别回归分析

		输入/移去的变量[b]		
模型	输入的变量		移去的变量	方法
1	性别[a]		0.000	输入

a. 已输入所有请求的变量
b. 因变量：得分

		模型汇总		
模型	R	R^2	Adj. R^2	标准误
1	0.083[a]	0.007	0.005	17.78968

a. 估计因子：(常数)，性别

			方差分析[b]			
模型		平方和	df	均方	F	Sig.
1	回归	1171.057	1	1171.057	3.700	0.055[a]
	残差	168996.351	534	316.473		
	总计	170167.407	535			

a. 估计因子：(常数)，性别
b. 因变量：得分

系数^a

模型		非标准化系数 B	标准误	标准系数 试用版	t	Sig.
1	（常数）	54.932	2.422		22.682	0.000
	性别	-2.956	1.537	-0.083	-1.924	0.055

a. 因变量：得分

二 得分与学生期间收入回归分析

得分与学生期间收入回归分析见表 4-2。

表 4-2 得分与学生期间收入回归分析

输入/移去的变量^b

模型	输入的变量	移去的变量	方法
1	学生期间收入^a	0.000	输入

a. 已输入所有请求的变量
b. 因变量：得分

模型汇总

模型	R	R²	Adj. R²	标准误
1	0.215^a	0.046	0.044	17.43561

a. 估计因子：（常数），学生期间收入

方差分析^b

模型		平方和	df	均方	F	Sig.
1	回归	7831.090	1	7831.090	25.760	0.000^a
	残差	162336.317	534	304.001		
	总计	170167.407	535			

a. 估计因子：（常数），学生期间收入
b. 因变量：得分

系数^a

模型		非标准化系数 B	标准误	标准系数 试用版	t	Sig.
1	（常数）	48.574	0.845		57.513	0.000
	学生期间收入	0.000	0.000	0.215	5.075	0.000

a. 因变量：得分

三 得分与如何提高人际交往能力的回归分析

得分与如何提高人际交往能力的回归分析见表4-3。

表4-3 得分与如何提高人际交往能力的回归分析

输入/移去的变量^b

模型	输入的变量	移去的变量	方法
1	如何提高人际交往能力^a	0.000	输入

a. 已输入所有请求的变量
b. 因变量：得分

模型汇总

模型	R	R^2	Adj. R^2	标准误
1	0.041^a	0.002	0.000	17.83654

a. 估计因子：（常数），如何提高人际交往能力

方差分析^b

模型		平方和	df	均方	F	Sig.
1	回归	279.487	1	279.487	0.087	0.349^a
	残差	169887.921	534	318.142		
	总计	170167.407	535			

a. 估计因子：（常数），如何提高人际交往能力
b. 因变量：得分

系数[a]

模型		非标准化系数 B	标准误	标准系数 试用版	t	Sig.
1	（常数）	51.921	1.688		30.768	0.000
	如何提高人际交往能力	-0.963	1.028	-0.041	-0.937	0.349

a. 因变量：得分

四 得分与父母受教育年限之和的回归分析

得分与父母受教育年限之和的回归分析见表4-4。

表4-4 得分与父母受教育年限之和的回归分析

	输入/移去的变量[b]		
模型	输入的变量	移去的变量	方法
1	父母受教育年限之和[a]	0.000	输入

a. 已输入所有请求的变量
b. 因变量：得分

模型汇总				
模型	R	R²	Adj. R²	标准误
1	0.073[a]	0.005	0.003	17.80413

a. 估计因子：（常数），父母受教育年限之和

方差分析[b]						
模型		平方和	df	均方	F	Sig.
1	回归	896.305	1	896.305	2.828	0.093[a]
	残差	169271.102	534	316.987		
	总计	170167.407	535			

a. 估计因子：（常数），父母受教育年限之和
b. 因变量：得分

系数[a]

模型		非标准化系数		标准系数	t	Sig.
		B	标准误	试用版		
1	（常数）	46.895	2.285		20.521	0.000
	父母受教育年限之和	1.428	0.849	0.073	1.682	0.093

a. 因变量：得分

五 得分与父母工作状况的回归分析

得分与父母工作状况的回归分析见表4-5。

表4-5 得分与父母工作状况的回归分析

输入/移去的变量[b]

模型	输入的变量	移去的变量	方法
1	父母的工作状况[a]	0.000	输入

a. 已输入所有请求的变量
b. 因变量：得分

模型汇总

模型	R	R²	Adj. R²	标准误
1	0.064[a]	0.004	0.002	17.81508

a. 估计因子：（常数），父母的工作状况

方差分析[b]

模型		平方和	df	均方	F	Sig.
1	回归回归	688.022	1	688.022	2.168	0.142a
	残差	169479.386	534	317.377		
	总计	170167.407	535			

a. 估计因子：（常数），父母的工作状况
a. 因变量：得分

系数[a]

模型		非标准化系数		标准系数	t	Sig.
		B	标准误	试用版		
1	（常数）	44.690	4.030		11.091	0.000
	父母的工作状况	1.382	0.939	0.064	1.472	0.142

a. 因变量：得分

六　平均竞争力得分

平均竞争力得分见表 4-6。

表 4-6　平均竞争力得分

模型汇总				
模型	R	R^2	Adj. R^2	标准误
1	0.629[a]	0.396	0.395	13.87337

a. 估计因子：（常数），VAR00001

系数[a]

模型		非标准化系数		标准系数	t	Sig.
		B	标准误	试用版		
1	常数	-40.352	4.893		-8.247	0.000
	VAR00001	0.053	0.003	0.629	18.712	0.000

a. 因变量：得分

七　平均财富得分

平均财富得分见表 4-7。

表 4-7　平均财富得分

模型汇总				
模型	R	R^2	Adj. R^2	标准误
1	0.379[a]	0.144	0.142	16.51640

a. 估计因子：（常数），VAR00004

系数 a

模型		非标准化系数		标准系数	t	Sig.
		B	标准误	试用版		
1	（常数）	53.102	0.764		69.514	0.000
	VAR00004	0.001	0.000	0.379	9.476	0.000

a. 因变量：得分

八　平均诚信得分

平均诚信得分见表4-8。

表4-8　平均诚信得分

模型汇总

模型	R	R^2	Adj. R^2	标准误
1	0.090[a]	0.008	0.006	17.77875

a. 估计因子：（常数），VAR00005

系数 a

模型		非标准化系数		标准系数	t	Sig.
		B	标准误	试用版		
1	（常数）	50.652	0.771		65.717	0.000
	VAR00005	-0.002	0.001	-0.090	-2.088	0.037

a. 因变量：得分

九　平均心理底薪得分

平均心理底薪得分见表4-9。

表4-9　平均心理底薪得分

模型汇总

模型	R	R^2	Adj. R^2	标准误
1	0.206[a]	0.042	0.041	17.46832

a. 估计因子：（常数），VAR00006

模型		非标准化系数		标准系数	t	Sig.
		B	标准误	试用版		
1	（常数）	43.393	1.647		26.351	0.000
	VAR00006	0.006	0.001	0.206	4.865	0.000

a. 因变量：得分

十 平均期望起薪得分

平均期望起薪得分见表 4-10。

表 4-10 平均期望起薪得分

模型汇总				
模型	R	R^2	Adj. R^2	标准误
1	0.212ª	0.045	0.043	17.44603

a. 估计因子：（常数），VAR00007

模型		非标准化系数		标准系数	t	Sig.
		B	标准误	试用版		
1	（常数）	40.455	2.145		18.862	0.000
	VAR00007	0.006	0.001	0.212	5.009	0.000

a. 因变量：得分

按照这个思路，最后可以建立方程：

$Y = -41.249 + 0.052X_1 + 0X_2 + 0X_3 + 0.003X_4 + 0.002X_5 - 0.7X_6 - 3.109X_7 + 1.712X_8$

Se = (4.880) (0.002) (0.000) (0.000) (0.001) (0.001) (0.389)
    (1.003) (0.985)

T = (-8.453) (21.886) (10.006) (6.006) (2.274) (1.729) (-1.798)
    (-3.098) (1.737)

P = (0.000) (0.000) (0.000) (0.000) (0.023) (0.084) (0.073)
    (0.002) (0.083)

$R^2 = 0.587$

df = 8

其中：

Y——得分

X_1——平均竞争力

X_2——平均财富

X_3——学生期间收入

X_4——平均期望起薪

X_5——平均心理底薪

X_6——是否参加过就业培训

X_7——性别

X_8——学费来源

第三节 模型检验

一 自相关检验（DW 检验）

自相关检验（DW 检验）见表 4-11。

表 4-11 自相关检验（DW 检验）

模型	输入的变量	移去的变量	方法
1	学费来源、平均财富、平均竞争力、性别、你参加过何种就业培训、平均心理底薪、学生期间收入、平均期望起薪[a]	0.000	输入

a. 已输入所有请求的变量
b. 因变量：得分

模型汇总[b]

模型	R	R^2	Adj. R^2	标准误	DW
1	0.766[a]	0.587	0.580	11.55188	2.030

a. 估计因子：(常数)、学费来源、平均财富、平均竞争力、性别、你参加过何种就业培训、平均心理底薪、学生期间收入、平均期望起薪
b. 因变量：得分

方差分析[b]

模型		平方和	df	均方	F	Sig.
1	回归	99841.345	8	12480.168	93.522	0.000a
	残差	70326.062	527	133.446		
	合计	170167.407	535			

a. 估计因子：(常数)、学费来源、平均财富、平均竞争力、性别、你参加过何种就业培训、平均心理底薪、学生期间收入、平均期望起薪

b. 因变量：得分

系数[a]

模型		非标准化系数		标准系数	t	Sig.
		B	标准误	试用版		
1	(常数)	-41.249	4.880		-8.453	0.000
	平均竞争力	0.052	0.002	0.614	21.886	0.000
	平均财富	0.000	0.000	0.290	10.006	0.000
	学生期间收入	0.000	0.000	0.173	6.066	0.000
	平均期望起薪	0.003	0.001	0.104	2.274	0.023
	平均心理底薪	0.002	0.001	0.079	1.729	0.084
	你参加过何种就业培训	-0.700	0.389	-0.051	-1.798	0.073
	性别	-3.109	1.003	-0.087	-3.098	0.002
	学费来源	1.712	0.985	0.049	1.737	0.083

a. 因变量：得分

残差统计[a]

	最小值	最大值	平均值	标准偏差	N
预测值	-11.7229	118.8988	50.5138	13.66087	536
残差	-5.46188E1	28.14288	0.00000	11.46519	536
标准预测值	-4.556	5.006	0.000	1.000	536
标准化残差	-4.728	2.436	0.000	0.992	536

a. 因变量：得分

DW 检验，是 J. Durbin 和 G. S. Watson 于 1950 年和 1951 年提出的。它是利用残差 e_t 构成的统计量推断误差项 u_t 是否存在自相关。DW 检验与其

他统计检验不同，它没有唯一的临界值来制定判别规则。然而 DW 检验根据样本容量和被估参数个数，在给定的显著性水平下，给出了检验的上、下两个临界值 dU 和 dL，此时的 DW 值为 2.030，所以不存在自相关。

二 关于多重共线性的检验

计算多重判定系数 R^2 及解释变量间的简单相关系数 r_{X_i,X_j}。若有某个 $|r_{X_i,X_j}| > R^2$，则 X_i，X_j 间存在多重共线性。本书研究内容的 R^2 为 0.587，而平均竞争力的 R^2 为 0.396，平均财富的 R^2 为 0.144，学生期间收入的 R^2 为 0.046，平均期望起薪的 R^2 为 0.045，平均心理底薪的 R^2 为 0.042，是否参加过就业培训的 R^2 为 0.007，性别的 R^2 为 0.007，学费来源的 R^2 为 0.005，均小于 0.587，因此这 8 个自变量之间不存在多重共线性。

第四节　模型分析

在实验之前我们要强调关于实验的可靠性和真实性，对关于大学生就业的模拟，如果实验组织者不加以限制和说明，那么每个参赛者都希望自己的得分更高，所以得到的数据不一定能准确地说明问题。在实验之前如果想让参与者的数据更真实更可靠，实验组织者应该对参与者采取自愿参与原则，而非强迫。对于确定的参与者，为了避免他们"无意"的设置，这些设置可能会"污染"我们对结果的最终分析，可以向参与者透露参与实验有一定数额的奖励（比如是 10000 元），但是这一定数额的现金不是平均分配给每一个参与者，而是告知他们奖金的发放方式是通过他们对提供实验数据的可靠性和真实性程度进行分配，灌输他们有一套检验他们数据可靠性和真实性的方法，提供的数据越是可靠和真实，得到的奖金越高，根据冷静原则（Sobering Principle，即如果没有更多的奖金可以分配，则没有人可以得到更多）使各个参与者之间形成"博弈"的情况。同时实验组织者要规定答题的时间，让参试人员没有充分的时间考虑每道题的设置应该怎样回答才能得到更高的奖金。

实验组织者根据数据建立的模型最终的自变量为平均竞争力、平均财富、学生期间收入、平均期望起薪、平均心理底薪、是否参加过就业培训、性别和学费来源。

一　平均竞争力

怎样衡量一个人的竞争力是实验组织者所研究的。个人竞争力，是个人的社会适应和社会生存能力，以及个人的创造能力和发展能力，是个人能否在社会中安身立命的根本。就个人而言，通俗地说，就是这个人有什么发展的资本，如工作能力，以及由包括个人工作能力在内的各种综合要素组合形成的特定个体的特别概念被社会所认同的情况等。[1]

实验组织者研究的个人竞争力的各种构成要素，一般仅限于通过个人的努力和个人的自我修养而形成的竞争能力，不包括他人因素而形成或具备的竞争力，如由他人的原因而获得的机会，由他人所创造的条件，或上一代留下来的财产等，这些非个人本身创造的竞争力。

个人竞争力的来源很广泛，不仅在于其本身的资质和天赋，同时也受到政治经济环境、生活环境、家人习惯思想等的影响。个人竞争力是一个既包括素质，也包括能力，还包括环境的综合体，三者缺一不可。素质的高低影响着能力的强弱，没有能力，聚集的个人素质就不可能有效地转化为竞争力，一旦离开赖以生存的环境，再高的素质，再强的能力也都毫无用武之地。个人竞争力是素质、能力、环境三大因素相互作用的结果。所以个人竞争力的确定和衡量是很复杂的。平均竞争力是就业率分别在60%、70%和80%情况下的平均数值，平均竞争力变动1个百分点，就业率将变动5.2个百分点。两者是正相关的关系。

二　平均财富

对于财富这个概念，我们系统中是这样计算的：

$$财富指数 = \begin{cases} 竞争力/实际回收年限 > 0时（当回收年限 > 0时）\\ 竞争力 \times 实际回收年限 > 0时（当回收年限 \leq 0时）\end{cases}$$

---

[1] 百度百科，https://baike.baidu.com/item/个人竞争力/1121709？fr=aladdin。

平均财富是就业率分别在 60%、70% 和 80% 情况下的平均数值。

三 学生期间收入

对于学生期间收入，系统中主要考虑的是参赛者自己填写的学生期间收入，但对于学生期间收入情况是否属实，实验组织者目前无从考证。

四 平均期望起薪

所谓的期望起薪就是参与者对工作刚刚开始时的期望工资值。期望起薪这个因素对总体的影响不能单纯地理解为越低越好或者越高越好。2010年2月3日英才网联旗下建筑英才网开展了"建筑行业大学生就业起薪调查"活动。在为期四周的调查中，共有8000余名应届生和职场人参与了此次调查。调查结果显示，近40%的建筑类应届生期望起薪在1000~2000元，而具有工作经验的建筑类职场人有41%在毕业时第一份工作的起薪不到1000元（见图4-1）。

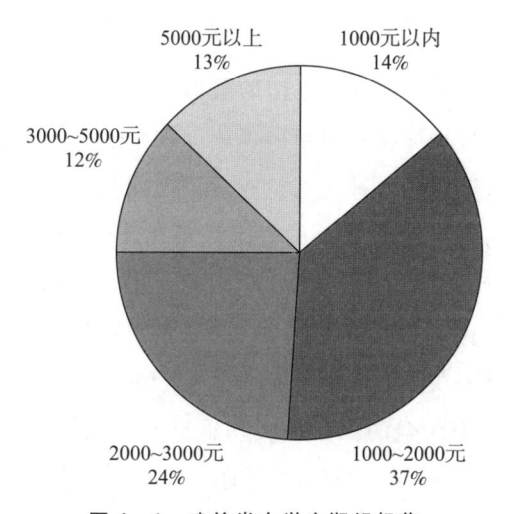

图 4-1 建筑类大学生期望起薪

调查数据显示，27%的职场人在刚毕业时第一份工作的期望起薪在1000元以内，实际上，有41%的职场人在毕业时第一份工作的起薪不到1000元；36%的职场人期望起薪在1000~2000元，实际上只有30%的人在此类期望起薪之中；对于期望起薪在2000~3000元和3000~5000元的职场人，调查数据显示，其起薪的期望值都有所下降。从职场调查分布图来看，70%以上的职场人第一份工作的起薪在 2000 元以下（见图 4-2）。

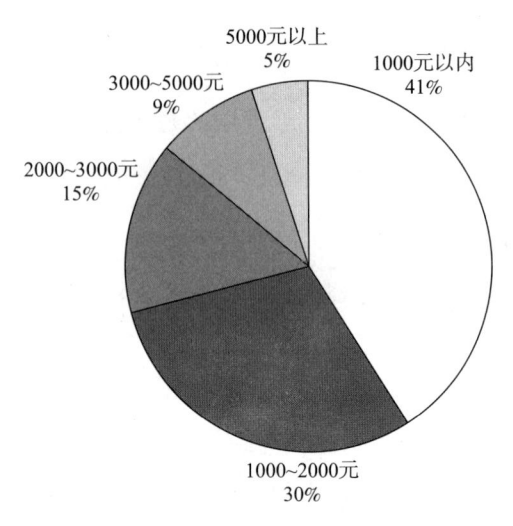

图 4-2　建筑类大学生实际得到的第一笔薪资

五　平均心理底薪

心理底薪即参与者能够为其工作的最低底薪。不是心理底薪越低越占优势，同时也不是心理底薪越高越占优势。这个主要不是看个人的底薪价格，而是看这个人应聘到哪种公司，或者说公司需要哪种人。实验组织者假设只有两个应聘者，应聘者 A 的心理底薪是 1000 元，应聘者 B 在知道 A 报价的情况下应该考虑的是这么几个问题：①自己真正能接受的最低价格是多少；②自己比 A 报价高占优势，还是低更占优势。关于 B 应该考虑的第二个问题应该取决于这么几个因素：自己的能力与 A 比有什么差别，也就是从根本上决定薪金的因素；B 应征的公司职位处于什么样的状态。情况一是当 B 的能力和 A 一样时，他的心理底薪如果能接受比 A 低的价格，那他报 1000 元以下的价格则被录取的机会更大一些；也就是说在两个人的能力相同时，B 报低价格他的机会高于 A。情况二是当 B 的能力比 A 高时，如果他所应聘的公司是小型公司（我们所说的小型公司是指那些资金周转不是特别灵活的公司），那么不管他的报价和 A 相同还是低于 A 他都是肯定被录取的；如果他应聘的是大型公司（我们所说的大型公司是指资金融通灵活并且公司定位于更少的雇员流失量、更高的劳动生产率以及雇员本身的绩效而制定的高福利和薪金的公司），那么他可以报比 A 高的价格（这个价格和他的能力是成正比的），此时他的机会依然比 A 高。也就是说在应征大型公司的情况下 B 报任何价格，他的机会都是多于 A 的。情况三是当 B 的能力低于 A，在他知道 A 的报价后，他报的薪金应该在和自己的能力成正比的条件下再低一点，同时建议他去小型公司应聘，这样就业的概率更大一些。实验组织者的模型分析，平均心理底薪变动 1 个百分点，就业率将变动 0.2 个百分点。

六　是否参加过就业培训

高校开设就业指导和培训课程，引导学生转变就业观念，提高综合素质，健康成长成才，帮助学生熟悉国家就业政策，了解社会职业信息，掌握求职技巧，使其正确地实现自己的人生价值和社会价值。

在对学生的调查中了解到，学生对学校的就业指导和培训持一种迷茫的态度。大部分学生承认，目前他们最关心的的确是找工作的事。他们对就业指导和培训提出"三多"和"三少"，即多支招，少解惑；多信息，少观念；多就业，少敬业。他们认为这些更直接、更适用。反映出大学生对就业指导和培训工作存在认识不足、理解不透、操作不灵的问题，正是由于这些问题的存在，学生在就业过程中遇到许多难以应付的状况，过多地强调技巧性的东西，对学生的就业是很不利的。学生初入社会，本来就带着原始的纯朴，过分修饰会给人一种不相称的感觉。再有，学生对求职中面临的困难估计不足，在找不到满意的工作或找到的工作不满意时，往往不能用一种正确的心态去面对。在这种新的形势下，学校开设就业指导课程，引导学生转变就业观念，不断提升职场竞争力和主动适应社会的能力，是非常及时和必要的。大学生的就业指导是广义上的就业指导，是为了帮助大学生根据自身特点和社会职业需要，选择并确定有利于发挥个人才能和实现个人理想的职业。从根本上说，就业指导就是要帮助大学生树立正确的世界观、人生观、价值观，增强毕业生适应经济建设和社会发展的能力。一方面要为全面提高学生的素质和顺利就业提供多方面的服务；另一方面则要帮助和引导学生根据自身特点和社会职业的需要，选择最能发挥自己才能的职业，全面、迅速、有效地与工作岗位结合，实现其人生价值和社会价值。无论是对社会和用人单位，还是对高等学校和毕业生个人，都具有十分重要的现实意义和深远的历史意义。

七　性别

受教育程度在高中及以下者和大学本科及以上者，有过被拒经历的多于中间学历者。其中研究生以上学历的女性，有被拒经历的比例最高，达19.2%。这意味着，平均每5位研究生以上学历的女性就有1位，曾在应聘中遭遇因自己是女性而被拒绝录用的经历。在求职过程中，女性往往面临着比男性更为苛刻的选择条件。调查显示，有23.6%的被调查者表示在应聘过程中有过因为自己是女性而被拒绝的经历，有16%的被调查者有过自己成绩明显优于男性却被拒绝录用的经历，有近20%的高学历女性有过被拒绝的经历。

尽管在2008年1月《中华人民共和国就业促进法》（简称《就业促进法》）颁布实施后，用人单位明目张胆地对女性进行歧视的行为已有所收敛，但调查中仍然发现不少被调查者曾经被迫签订禁婚、禁孕条款。调查显示，有4.1%和3.4%的被调查者被迫签订过禁婚、禁孕条款，私营企业存在这种情况的居多，其次是事业单位、国有企业、政府机关、合资和外资企业；有21.5%的被调查者表示其所在单位不愿招聘育龄尚未生育的女性，这种状况在合资和外资企业中最多。

"从用人单位对在职女性的薪酬待遇上，人们也可以看到女性不被录用的一个最根本的原因，即一些用人单位在女性'三期'内为节省用人成本，想方设法逃避责任。"北京大学法学院妇女法律研究与服务中心副主任李莹介绍。调查显示，被调查者所在单位女职工在怀孕、产假及哺乳期内被单位强行调岗降薪的占20.9%；被单位强行解雇的占11.2%。职场中的女性受歧视还表现在晋升上，人们常用"玻璃天花板"来形容女性在职场上的晋升难度。

调查显示，有36%的被调查者认为单位存在"女职工在高薪岗位或管理层数量明显偏少"现象。被调查者中国有企业职工对此认识最为深刻，占55.4%，合资和外资企业为48.7%，行政机关为45%，私营企业为30.2%。另外，在工资、福利待遇方面，有64.6%的女性认为性别会影响自己的工资待遇，66.2%的女性认为自己所在单位女职工比男职工更难获得购买单位集资建房资格。这说明存在一定的职场歧视现象。

女性就业歧视更加隐蔽。据介绍，很多招聘单位并不会直接以求职者是女性为由而拒绝录用。尤其是在《就业促进法》实施后，绝大多数用人单位已经不在招聘过程中直接提出明显的歧视性要求，而是在录用阶段进行有针对性的筛选。一些用人单位在招聘时已经确定了男性候选人，但在最后面试阶段仍然让女性候选人参加竞争，浪费了女性候选人的宝贵时间和精力。

北京某餐饮行业人事经理小倩在接受访谈时认为，让她最难以忍受的歧视形式是：女员工怀孕后被施加压力逼迫主动辞职。

调查显示，绝大多数用人单位在对处于"三期"中的女职工采取调岗降薪或解雇时，不会以她们处于女性的特殊生理状况为由，而是以各种理由和借口迫使她们主动辞职，或者以貌似合法的理由给这些女职工调岗降薪，如"照顾""明升暗降""给予培训学习机会"等。

在遭遇职场性别歧视后，被调查女性选择无奈忍受的占25.6%，选择与单位据理力争的占26.5%，选择向有关部门投诉的占32.4%，而选择向法院提起诉讼的仅占16.9%，还有一些被调查者会选择离开单位。

即使受到歧视的女性选择了维权，在现实环境下也是困难重重。北京某公司业务主管王某曾因怀孕遭到单位解聘，她曾向劳动监察大队等部门进行求助，但由于拿不出证据而未被支持。

由于法律本身的不完善，即使走法律途径，被歧视者的权益也很难得到维护。尽管我国的《宪法》、《劳动合同法》、《就业促进法》、《妇女权益保障法》以及《女职工劳动保护特别规定》，都规定了男女享有平等的就业权利，并对女性"三期"的劳动保护做出专门规定。但在实践中因为缺少可操作性，法律责任不够明确，实施效果并不理想。

据了解，《就业促进法》还首次明确，劳动者可以直接向人民法院提起诉讼，以保护自己的合法权益，但并未对具体处罚标准做出规定。

在我国目前市场经济有待完善的条件下，女大学生就业困难是一个普遍现象。大量的招聘会上，一些用人单位公开明确申明"限招男生"，也有部分用人单位委婉地以男生优先为理由将女生拒之门外，因为在当前劳动力市场供给远远大于需求的情况下，招聘不到合适的男雇员的概率微乎其微，女生想递补基本是不可能的。还有很多用人单位在招聘广告中对性别不做公开要求，但具体考察上则有目的地挑选男性雇员，这是一种更为隐蔽的性别歧视。在2006年10月上海浦东举办的一场人才招聘会上，三百余家企业提供了三千多个职位，但80%的用人单位只聘用男生，而应聘者中2/3是女生。其中一家企业招聘八种岗位，需要20多名员工，也不招聘一个女生，甚至一些像会计、贸易、人事等比较适合女性的工作，如今也明确只招聘男生。随着普通高校的扩招，女大学生在其中所占比例也在逐年上升。2005年全国女大学生已占毕业生总数的44%，2006年高校毕业生激增至413万，比2005年增长75万人，女性比例更是居高不下，而2006年全国对毕业生需求约为166.5万人，比2005年实际就业减少22%。需求和供给的严重失调，使女大学生面临就业与性别的双重压力。

怎样解决"女大学生就业难"这一普遍现象呢？一些人士主张靠市场来调节。市场机制虽然能在资源配置中充分发挥基础性作用，但它不是万能的，它有自身的缺陷，有时也会导致市场失灵。女大学生遭受就业性别歧视就是市场失灵（未能体现社会公平）的表现，是市场机制自身无法解决的问题。就业不仅是经济问题，而且是重要的社会问题，关系到社会的公平与稳定。就业是最大民生，因此在充分发挥市场作用的同时，在市场缺陷或失灵的地方，政府就要发挥宏观调控作用来解决问题。具体可通过制定公平合理的公共政策、法律法规对市场自发行为进行有力的干预和调节，以克服市场的消极作用。

第五章
2015年实验与跟踪数据分析

结合当前就业形势，为提高中国大学毕业生的就业能力，优化他们的就业策略，进一步扩大实验经济学研究的影响，将研究成果应用于实践，培养具有一定创新能力的应用性人才，由全国博弈论与实验经济学研究会和北京信息科技大学联合主办的"中国大学生就业模拟大赛"每年都在全国举行。此次跟踪访问的参赛人员共553人，最终整理后，完整有效数据为539人，比赛结果采用百分制。平均分为49.93分，最高分为97.61分，最低分为5.98分，分数的总体分布服从均值为49.93，方差为17.998的正态分布，如图5-1所示。

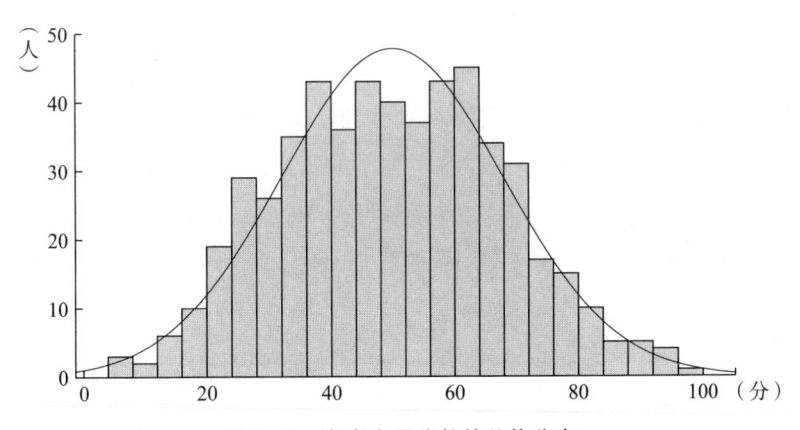

图5-1 参赛人员分数的总体分布

对于参赛人员，后期进行了跟踪访问，成功访问260人，回访率达48.24%，其中成功就业199人，就业率达76.54%。

第一节　参赛者基本情况介绍

一　参赛者背景分析

1. 男生人数略高于女生人数

参赛人员中男生 319 人，占 59.2%，女生 220 人，占 40.8%（见图 5-2）。

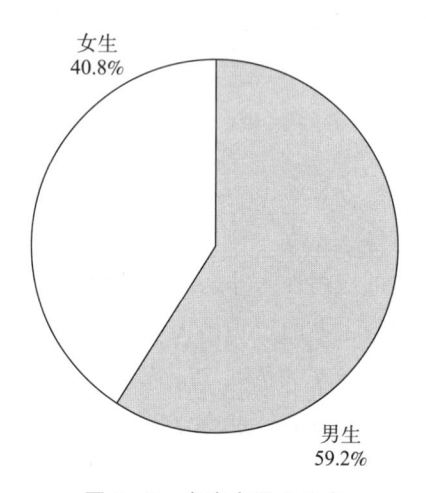

图 5-2　参赛者男女分布

2. 北京、上海高校参赛人数居多

本次比赛学生来自全国 13 所高校，分别是北京财贸职业学院、北京农学院、北京物资学院、北京信息科技大学、东北林业大学、河北工业大学、华北水利水电学院、华南理工大学、山东大学、山西财经大学、山西农业大学、上海商学院和延边大学，学校类型分布均匀。其中 5 所高校为 211 学校，参赛人数占总人数的 18.4%，具体见表 5-1。

表 5-1　参赛人数高校分布

学校	频数（人）	百分比（%）	是否为211	频数（人）	百分比（%）
北京财贸职业学院	35	6.5	否	440	81.6
北京农学院	4	0.7			
北京物资学院	1	0.2			

续表

学校	频数（人）	百分比（%）	是否为211	频数（人）	百分比（%）
北京信息科技大学	273	50.6	否	440	81.6
华北水利水电学院	82	15.2			
山西财经大学	1	0.2			
山西农业大学	4	0.7			
上海商学院	40	7.4			
东北林业大学	5	0.9	是	99	18.4
河北工业大学	73	13.5			
华南理工大学	6	1.1			
山东大学	7	1.3			
延边大学	8	1.5			

参赛高校当中，北京、上海学校居多，参赛人数占总人数的65.5%，其他东部沿海高校占16.0%，中部内陆地区占18.6%。基本符合我国现在高校的分布结构，见图5-3。

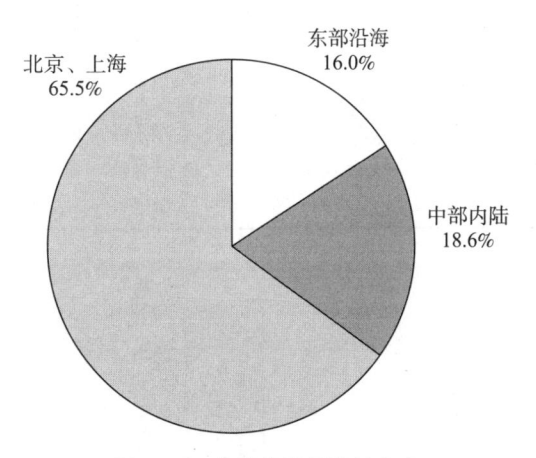

图5-3 参赛者所属高校分布

3. 经济、管理专业人数最多

参赛学生经济、管理专业居多，其中属于经济学专业的占25.8%，管理学的占46.6%，经济、管理专业占总参赛人数的72.4%，高于2/3。仅次于经济、管理专业的就是工学专业，共130人，占24.1%（见表5-2）。

表 5-2 参赛者专业分布

专业	频数（人）	百分比（%）	累计百分比（%）
经济学	139	25.8	25.8
管理学	251	46.6	72.4
法学	6	1.1	73.5
文学	3	0.6	74.0
工学	130	24.1	98.1
农学	10	1.9	100.0

4. 农村、城市学生平分秋色

参赛者 50% 以上来自北京、上海等大中城市，北上广学生占到 58.1%。但就户口所属地来看，城市和农村基本各占 1/2，农村学生占 49.2%，城市学生占 50.8%（见表 5-3、图 5-4）。

表 5-3 部分参赛者户口所属地分布

户口所属地	频数（人）	百分比（%）	累计百分比（%）
北京	272	50.5	50.5
上海	38	7.1	57.5
广州、深圳	3	0.6	58.1
东部沿海经济发达地区	47	8.7	66.8
西部大中城市	9	1.7	68.5
中部大中城市	44	8.2	76.6

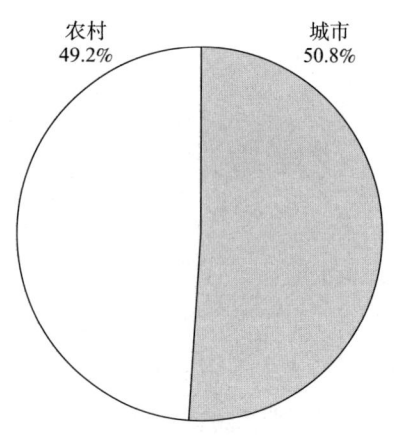

图 5-4 参赛者农村、城市分布

5. 本科生为比赛主力大军

此次比赛旨在研究大学生就业模拟情况，故参赛者92%为本科生，另外还有1名硕士研究生和42名其他学历参赛者，仅占8%。从学生学习的学制也基本能够看出，四年制的占93.1%，三年制和五年制的占不到7%（见表5-4）。

表5-4 参赛者学历、学制分布

学历	频数（人）	百分比（%）	学制（年）	频数（人）	百分比（%）
大中专及其他	42	7.8	三	35	6.5
学士	496	92.0	四	502	93.1
硕士	1	0.2	五	2	0.4

6. 经济来源靠家庭，月均消费800元

参赛者均为在校学生，经济来源主要还是靠家庭，占比达86.3%。家庭情况较差的学生，主要依靠国家助学贷款和个人勤工俭学获得收入，其中，8.5%依靠助学贷款，3.5%依靠勤工俭学。大学生的学费平均为4586.1元，其中最低为1200元，最高为8000元。月生活费为120~5000元，平均629元，除了生活费以外每月还有其他的一些支出，比如旅游、聚餐、购物等，平均174元，即大学生的每月生活费大概800元，基本符合现在的消费水平。学生大学期间的收入差距较大，可能与学生对收入的理解有误，也可能是输入误差引起（见表5-5、图5-5）。

表5-5 大学生收支统计分析

单位：元

收支情况	最小值	最大值	均值
学费	1200	8000	4586.1
月生活费	120	5000	629.0
月其他支出	0	2880	174.0
学生期间收入	0	500000	8457.0

二 参赛者自我认知分析

1. 自我评价较高，对未来充满信心

参赛者对自己充满信心，认为自己自信心较强的达82%，能力较强的

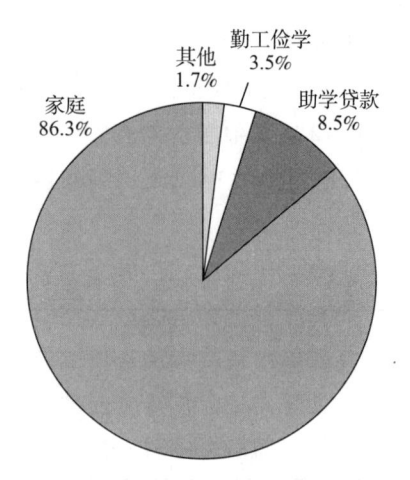

其他 1.7%
勤工俭学 3.5%
助学贷款 8.5%
家庭 86.3%

图 5-5 学生收入来源分布

达 81.3%，反映了现在大学生对未来充满信心，积极向上，只有 1.3% 的参赛者认为自己信心不足，0.6% 的认为自己能力不足（见表 5-6）。从参赛者对支出回收年限的估量也可以看出，除去离群值 1000 以后，平均回收年限是 2.75 年，即参赛者认为自己毕业两三年就可以将上学时期的支出回收，对自己的就业前景还是很乐观的。

表 5-6 参赛者自我评价分析

自信心	频数（人）	百分比（%）	累计百分比（%）	能力	频数（人）	百分比（%）	累计百分比（%）
强	172	31.9	31.9	强	110	20.4	20.4
较强	270	50.1	82.0	较强	328	60.9	81.3
一般	90	16.7	98.7	一般	98	18.2	99.4
不足	7	1.3	100.0	不足	3	0.6	100.0

2. 智商中等，情商占优，胆商不足

现代社会就业竞争日益激烈，许多外资企业更看重人才的"三商"，即智商、情商和胆商，学历等已经不占绝对优势。专家认为，在成功商数中，智商是成功的必要而非充分条件，情商是成功的心理基础，胆商是成功的前提。要想事业有成，三者一个不能少。

根据参赛者对自己个人优势的陈述，将个人能力和优势分为情商、智商和胆商三大类。智商，是一种表示人的智力高低的数量指标，也可以表现为对知识的掌握程度，反映人的观察力、记忆力、思维力、想象力、创造力以及分析问题和解决问题的能力，主要包括 6 类，分别是英语水平、专业知识掌握、实践实习经验、学习思维能力、文字语言表达能力和计算机软件水平。情商，就是管理自己的情绪和处理人际关系的能力，主要包括 8 类，分别是适应新环境能力、人际沟通能力、勤奋上进心理、组织领导能力、团结合作意识、认真负责敬业、积极乐观心态和爱好兴趣广泛。胆商，则是一个人胆量、胆识、胆略的度量，体现了一种冒险精神，主要包括 3 类，分别是开拓挑战、创新思维、探索求知。

从表 5-7 可以看出，参赛者情商明显占优，首先是人际沟通能力，61.41% 的学生认为自己人际关系不错，能很好地处理人与人之间的关系。其次就是勤奋上进心理、认真负责敬业和积极乐观心态，反映了现在大学生的精神风貌，同时也是一个就业者需要具备的基本能力和素质。54.17% 的学生认为自己能吃苦耐劳，努力刻苦，尤其是来自农村的学生；46.94% 的学生认为自己有责任心，学习认真，工作敬业；44.90% 的学生认为自己性格乐观，积极向上，对生活和社会充满热情。再次就是组织领导能力和团结合作意识，这两项能力主要表现在学生干部身上，大学期间担任学生干部或社团组织的负责人，最能提高学生的组织领导能力和团结合作意识，为日后工作打下基础。最后稍微差一点的就是适应新环境能力和爱好兴趣广泛，仅 23.19% 的学生认为自己对新环境的适应能力比较强，24.68% 的学生认为自己有广泛的兴趣爱好并认为这是自己的优势，拥有广泛的兴趣爱好可以陶冶自己的情操，工作之余缓解自己的压力。

表 5-7 参赛者个人优势分析

三大能力	具体优势	人数（人）	百分比（%）
智商	英语水平	94	17.44
	专业知识掌握	167	30.98
	实践实习经验	167	30.98
	学习思维能力	236	43.78
	文字语言表达能力	39	7.24
	计算机软件水平	125	23.19
情商	适应新环境能力	125	23.19
	人际沟通能力	331	61.41

续表

三大能力	具体优势	人数（人）	百分比（%）
情商	勤奋上进心理	292	54.17
	组织领导能力	208	38.59
	团结合作意识	206	38.22
	认真负责敬业	253	46.94
	积极乐观心态	242	44.90
	爱好兴趣广泛	133	24.68
胆商	开拓挑战	47	8.72
	创新思维	67	12.43
	探索求知	25	4.64
总人数		539	—

在智商上，最强的是学习思维能力，43.78%的参赛者认为自己学习能力强，逻辑思维清晰，现在知识更新迅速，毕业以后还需要不断地学习，在大学期间培养较强的学习能力比学习专业知识更重要。其次是专业知识掌握和实践实习经验，均有30.98%的参赛者认为自己在这两方面有优势，通过掌握专业知识，明确了自己的专业方向和从事领域，通过实践和实习可以更好地巩固自己的专业知识。从就业竞争力上讲，最有优势的应该是熟练的英语水平、精湛的计算机软件水平、过硬的文字语言表达能力，相反的是在这三方面占优的学生并不是很多，最差的就是文字语言表达能力，仅有7.24%的学生觉得自己的文字功底不错，表达能力很好。

在胆商方面，参赛者存在明显不足，也仅仅只有12.43%的学生认为自己拥有创新思想，对新事物感兴趣，这也仅仅表现在一部分在校就创办社团、开始创业的学生身上。高智商是一种优势，高情商也利于拓展空间，但是许多高智商、高情商的人，往往不能充分发挥潜能，把握机会，就是因为缺少胆商。胆商对于成功的重要性，在某种意义上说超过智商和情商。

智商、情商、胆商，一个不能少，这是一种全新的人才理念。所以对现在大学生的培养要充分注重学生的胆商培养。

另外还有部分学生表示自己的优势还包括优越的家庭环境、较好的形象外表、户口优势和来自父母朋友的支持，以及自己所在学校在国内知名度比较高，比如是211学校。当然这些客观因素在找工作和就业上有很大的优势，但是很多时候这不是由个人意志所转移的，是不能通过后天培养提高的，在此不做分析。

第二节 参赛者能力评估

一 就业能力分析

根据参赛者所填信息，系统对参赛者的就业能力进行了分析，主要分为四个方面，分别是大学期间花费的实际回收年限、竞争力得分、财富得分（未来赚钱的能力）和诚信得分。系统计算的就业能力指标与实际情况不太相符，分析结果仅供参考。

1. 实际回收年限60%为负数，消费大于工资水平

实际回收年限是根据参赛者的期望起薪减去当地最低消费支出计算的上学期间投入的回收年限。通过表5-8可以看出实际回收年限跨度很大，从 -9692.01年到114.27年。在不同就业率假设下，60%以上的回收年限都是负值，而且主要集中在 -5年到 -1年，说明参赛者的期望起薪远小于当地的最低消费支出。如图5-6所示，不同就业率下实际回收年限的中位数基本在 -2年，92%就业率下为 -1.91年，85%就业率下为 -2.06年，75%就业率下为 -2.03年。在10年内能够回收上学投入成本的人数占总人数的比例还不到30%，不同就业率下分别为28.39%、28.76%、28.39%。

表5-8 不同就业率下实际回收年限的分组统计分析

分组（年）	92% 频数（人）	92% 累计百分比（%）	85% 频数（人）	85% 累计百分比（%）	75% 频数（人）	75% 累计百分比（%）
(-∞, -50]	8	1.48	7	1.30	5	0.93
(-50, -20]	3	2.04	4	2.04	5	1.86
(-20, -10]	14	4.64	12	4.27	16	4.82
(-10, -5]	41	12.24	60	15.40	52	14.47
(-5, -3]	111	32.84	111	35.99	115	35.81
(-3, -1]	137	58.26	118	57.88	125	59.00
(-1, 0]	26	63.08	21	61.78	22	63.08
(0, 1]	9	64.75	10	63.64	11	65.12

续表

分组（年）	92% 频数（人）	92% 累计百分比（%）	85% 频数（人）	85% 累计百分比（%）	75% 频数（人）	75% 累计百分比（%）
(1, 3]	40	72.17	43	71.61	37	71.99
(3, 5]	41	79.78	51	81.08	51	81.45
(5, 10]	63	91.47	51	90.54	54	91.47
(10, 20]	20	95.18	23	94.81	20	95.18
(20, 50]	17	98.33	18	98.14	16	98.14
(50, +∞)	9	100.00	10	100.00	10	100.00
中位数		-1.91		-2.06		-2.03
均值		-17.91		-16.12		-15.73
最大数		114.27		107.62		109.67
最小数		-9692.01		-8974.09		-8974.09

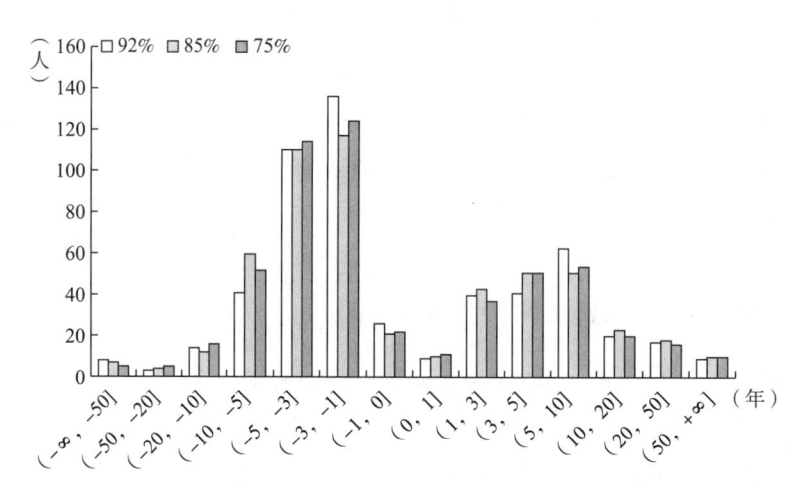

图 5-6　不同就业率下实际回收年限的分组对比

2. 竞争力得分随就业率变化不明显，主要集中在 1100~1300 分

所谓竞争力得分衡量的是参赛者就业的竞争能力，通过分析数据可知不同就业率下竞争力得分差异性不大，539 人中只有 12 人在不同就业率下的竞争力得分不同，而且差异也在 3 分以内，基本可以忽略不计，不同就业率下的竞争力得分均值均为 1202 分，最高分为 1568 分，最低分为 829 分。通过图 5-7 可以看出，竞争力得分主要集中 1100~1300 分，占比达 74.95%，说明在竞争力上不同参赛者差异性不是很显著，得分比较集中。

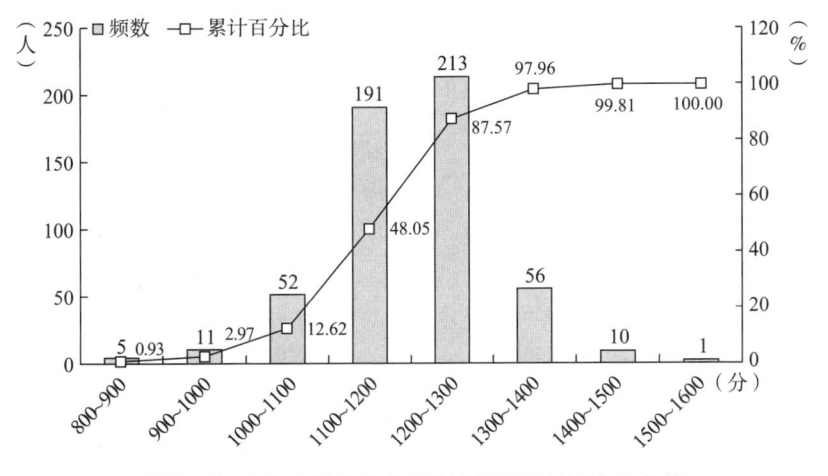

图 5-7 竞争力得分的分组柱形图及累计百分比曲线

3. 财富得分60%为负数,未来赚钱能力不佳

所谓财富得分指的是参赛者未来赚钱的能力,分值越高,未来赚钱的能力越强。通过表5-9可以看出,财富得分从-9304329.60分到9720分,跨度很大,离群值较多,不同就业率下-10000分以下的分别为4.45%、3.71%和3.71%,1000分以上的分别为4.08%、4.64%和4.64%。约60%的参赛者财富得分为负数,不同就业率下的中位数分别为-1652.08分、-1731.66分和-1761.20分,说明大多数人未来的赚钱能力不佳。

表 5-9 财富得分的分组统计

分组（分）	92% 频数（人）	92% 累计百分比（%）	85% 频数（人）	85% 累计百分比（%）	75% 频数（人）	75% 累计百分比（%）
(-∞, -10000]	24	4.45	20	3.71	20	3.71
(-10000, -5000]	25	9.09	44	11.87	41	11.32
(-5000, -3000]	97	27.09	99	30.24	101	30.06
(-3000, -2000]	92	44.16	91	47.12	84	45.64
(-2000, -1000]	71	57.33	52	56.77	66	57.88
(-1000, 0]	15	60.11	11	58.81	12	60.11
(0, 100]	59	71.06	55	69.02	52	69.76
(100, 200]	58	81.82	62	80.52	61	81.08
(200, 300]	35	88.31	38	87.57	39	88.31

续表

分组（分）	92% 频数（人）	92% 累计百分比（%）	85% 频数（人）	85% 累计百分比（%）	75% 频数（人）	75% 累计百分比（%）
(300, 500]	25	92.95	28	92.76	24	92.76
(500, 1000]	16	95.92	14	95.36	14	95.36
(1000, +∞)	22	100.00	25	100.00	25	100.00
中位数		-1652.08		-1731.66		-1761.20
均值		-20456.02		-18969.21		-18452.55
最大数		9720.00		9720.00		9720.00
最小数		-9304329.60		-8615126.40		-8615126.40

通过图 5-8 可以看出，不同就业率下参赛者的财富得分负值主要集中在 -5000~-1000 分，分别占总人数的 48.24%、44.90% 和 46.57%，正值主要集中在 0~300 分，分别占总人数的 28.20%、28.76% 和 28.20%。

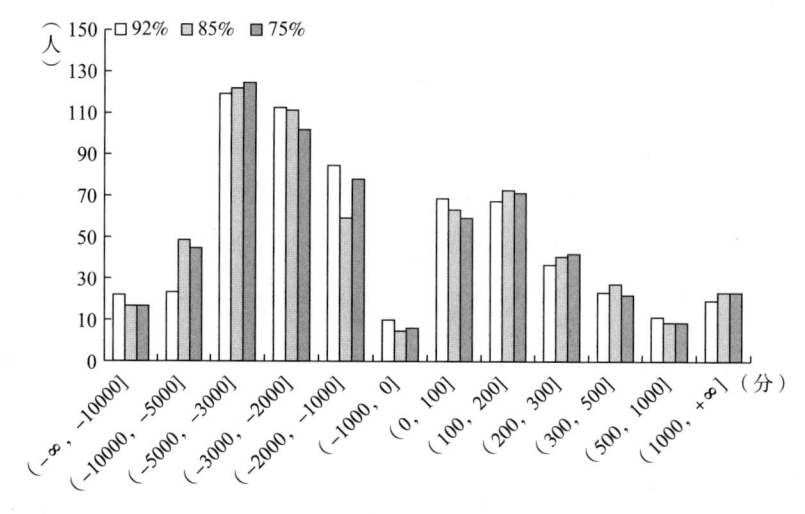

图 5-8　不同就业率下财富得分的分组对比

4. 诚信得分基本在 10 分以内，预估较为准确。

所谓诚信得分主要是对参赛者的就业能力进行预估，预估结果越接近 0，说明预估结果越准确。

通过表 5-10 可以看出，诚信得分基本在 10 分以内，不同就业率下分别达到 83.30%、81.82% 和 82.0%；5 分以内的约占 1/2，分别为 48.24%、45.08% 和 46.57%。中位数在 5 分左右，92% 就业率下为 5.09 分，85% 就业率下为 5.33 分，75% 就业率下为 5.25 分，说明预估结果还是比较准确的。当然也有个别离群值，100 分以上的分别占 2.23%、2.23% 和 1.86%，最高分分别达 9693.01 分、8975.09 分和 8975.09 分，由于离群值的影响，平均数明显高于中位数，没有代表意义。

表 5-10 诚信得分的分组统计

分组（分）	频数（人） 92%	累计百分比（%）	频数（人） 85%	累计百分比（%）	频数（人） 75%	累计百分比（%）
(0, 1]	50	9.28	52	9.65	54	10.02
(1, 2]	44	17.44	45	18.00	41	17.63
(2, 3]	27	22.45	34	24.30	32	23.56
(3, 4]	73	35.99	54	34.32	62	35.06
(4, 5]	66	48.24	58	45.08	62	46.57
(5, 7]	108	68.27	111	65.68	111	67.16
(7, 10]	81	83.30	87	81.82	80	82.00
(10, 20]	50	92.58	56	92.21	56	92.39
(20, 100]	28	97.77	30	97.77	31	98.14
(100, +∞)	12	100.00	12	100.00	10	100.00
中位数		5.09		5.33		5.25
均值		39.72		38.54		37.93
最大数		9693.01		8975.09		8975.09
最小数		0.03		0.01		0.00

通过图 5-9 可以看出，不同就业率之间的诚信得分没有太大差异，从平均数上看，就业率高的平均值略高。

二 六大工作能力分析

社交合作能力较强，竞争就业心理有待提高。通过表 5-11、图 5-10 可以看出，参赛者的合作能力最强，最低分 42 分，平均分达 81.3 分；其次是社交能力，平均分达 70.8 分；竞争能力最差，且相对集中，平均分不足 50 分，仅 43.0 分；就业心理仅次于竞争能力，平均分 54.3 分，不足 60 分，说明参赛者对就业还没有准备好，心理上还是有一定的障碍；创新能力参差不齐，离散程度较大，最低分 13 分，最高分 105 分，平均分 59.0 分；综合能力各参赛者差距较大,最低分仅 4 分,最高分达 110 分,平均成绩 63.0 分,总体还不错。

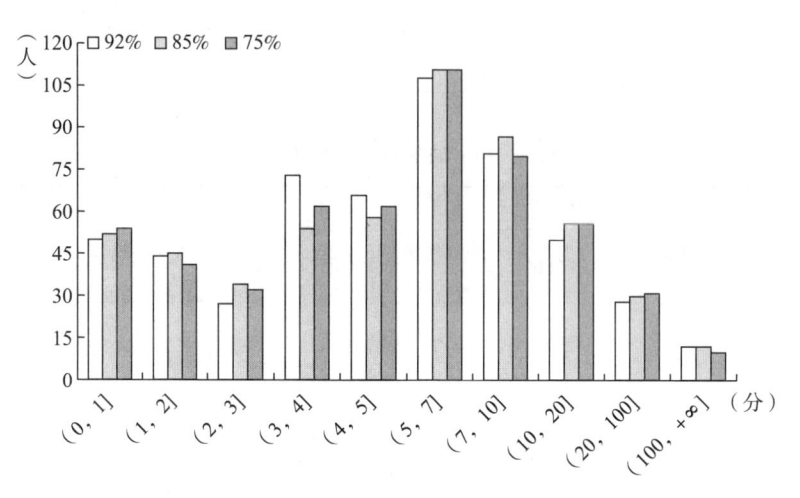

图 5-9 不同就业率下诚信得分的分组对比

表 5-11 参赛者六大能力分析

单位:分

个人能力	最小值	最大值	均值	标准差
合作能力	42	100	81.3	10.8
社交能力	25	100	70.8	12.3
创新能力	13	105	59.0	14.3
竞争能力	14	69	43.0	9.9
就业心理	15	85	54.3	11.2
综合能力	4	110	63.0	16.0

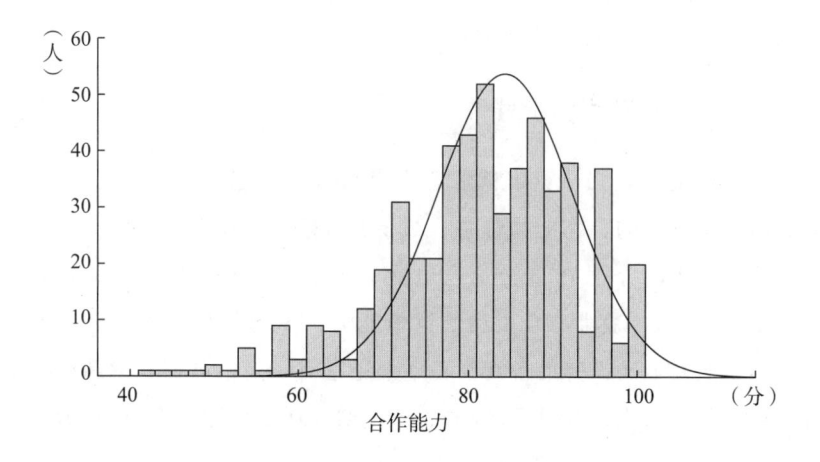

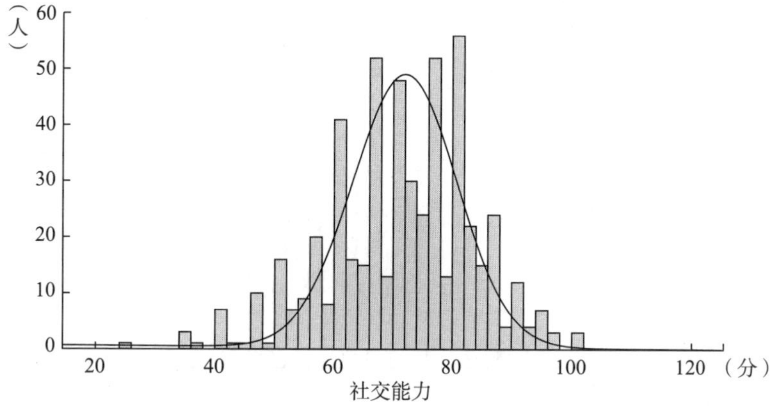
（人）
60
50
40
30
20
10
0
20
40
60
80
100
120（分）
社交能力

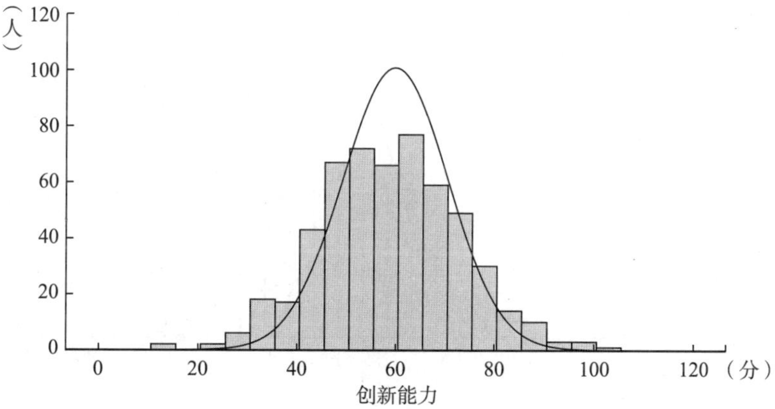
（人）
120
100
80
60
40
20
0
0
20
40
60
80
100
120（分）
创新能力

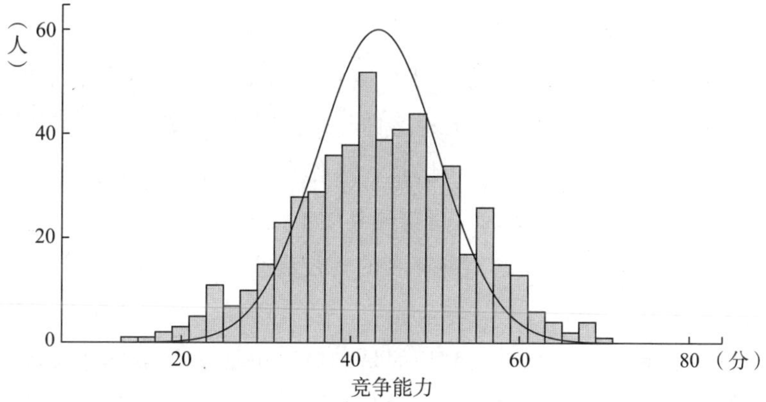
（人）
60
40
20
0
20
40
60
80（分）
竞争能力

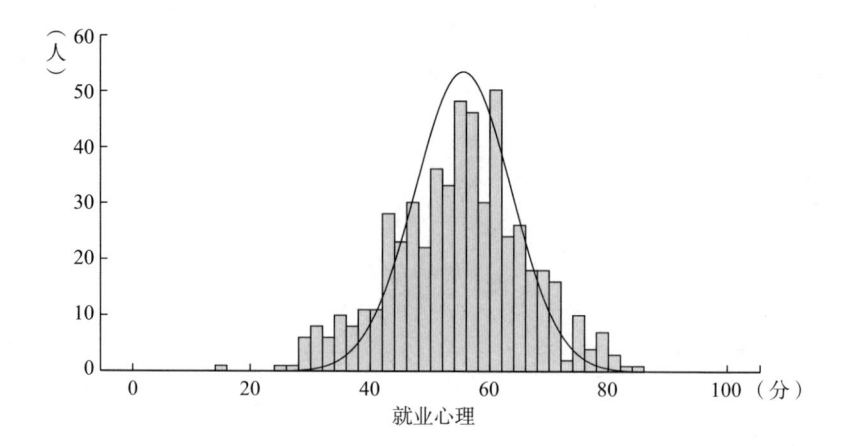

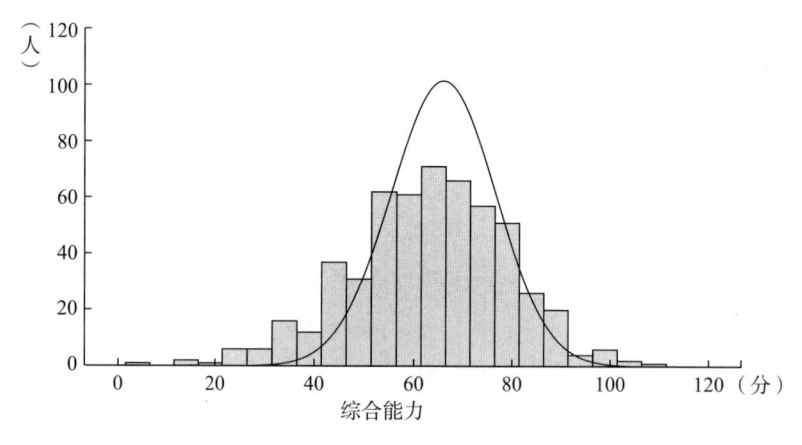

图 5-10　参赛者 6 大能力分布直方图

1. 合作能力分析

题目描述：①你参加过哪些社会实践，如果可能，请列举至少三个，并说明参加这些实践活动的目的；②你与一位同事（或同学）需共同完成一项任务，由于某种原因他有些情绪，工作积极性不高，你会怎样对待这种情况呢？（如果有实际案例，请描述具体情况）。

（1）针对社会实践问题，参赛者的在校社会实践比较丰富，归纳汇总主要有六个方面：兼职打工、专业实习、公益活动、社会调研、校园活动和自主创业。其中兼职打工主要目的是赚钱，包括学生课余时间做的小时工、家教、促销员和寒暑假期间做的收银员、农民工等；专业实习主要包括在学校安排的课程实习和寒暑假期间学生自己找的企事业单位进行的实习，有从事文员、人力、财务、销售的，还有从事施工管理、质量检测、软件调试的，基本都是与本专业相关的实习；公益活动指的是不以赚钱为目的参加的社会活动，包括义务支教、奥运世博志愿者、国庆队伍游行、敬老院福利院帮忙等；社会调研包括学校组织的寒暑假社会调研和学生自发组织的社会调查，同时也包括企事业单位的参观；校园活动包括各种校园社团活动、比赛等；自主创业不言而喻就是自己做点生意、开网店或办培训班等。

从图5-11可以看出，参赛者539人中仅有10人未参加过任何社会实践，60.48%的学生兼过职，打过工，说明大学生空闲时间还是比较多的，多半（53.25%）学生参加过专业实习，参加公益活动的占43.23%，自主创业的只有小部分人，约占2.23%，有创业头脑并付诸实践的毕竟是少数。

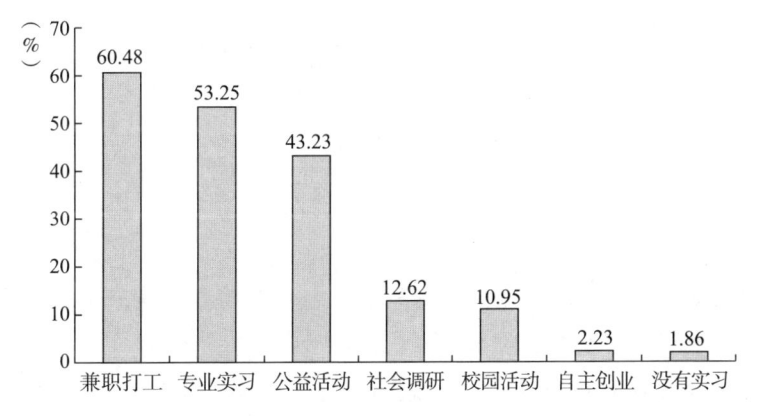

图 5-11　参赛者在校参加社会实践情况

（2）为考察参赛者的合作能力，题目设定了一种假设，即同事工作积极性不高。针对该问题，有534人做出了相应回答，归纳汇总所有解决方案，基本分为五类：第一类是跟同事沟通，了解同事积极性不高的原因，然后进行疏导，比如强调合作的重要性、公私分明或提出一些建设性的意见等，主要方向是调动同事的积极性，鼓励其工作；第二类也是先沟通疏导，但是在工作时会给予同事帮助，协助他完成工作或是给他分配一些比较轻松简单的工作；第三类则做了两手准备，先沟通疏导，鼓励同事完成任务，如果同事还是不能提高积极性则独立完成；第四类是不去了解情况，同事积极性不高自己则承担大部分任务或全部承担；第五类是其他意见，主要包括给同事放假去调节心情，或对同事不管不顾，任务分工，各干各的，或直接辞退等。

从图5-12可以看出多数人还是比较顾忌与同事的合作关系的，73.60%的人会选择先沟通疏导后鼓励其完成任务这种解决方案，仅有5.43%的人会选择独立完成或大部分自己完成。

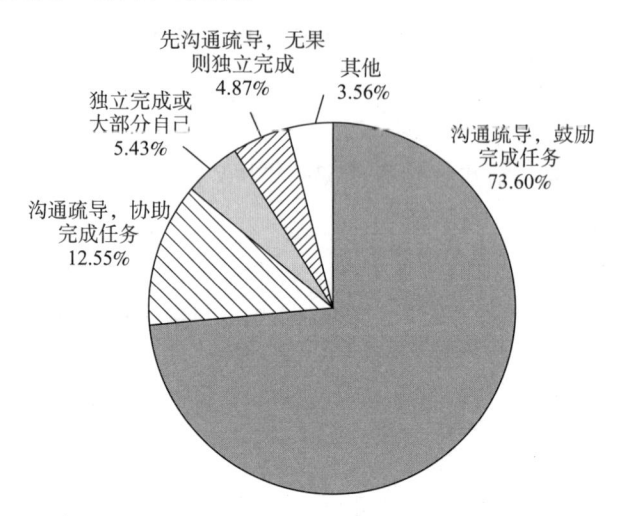

图5-12 参赛者合作能力方面不同处理方式分布

2. 社交能力分析

题目描述：你邀请了上司到家里做客，可在晚宴的前一天突然发生意外，不能继续举行宴会，你会怎样？

为考察参赛者的社交能力，题目设定了一种假设：邀请上司参加晚宴，但晚宴不能继续举行。针对该问题，有536人做出了相应回答，归纳汇总所有解决方案，基本分为三类：第一类是马上给领导打电话表示歉意，说明晚宴不能举行的原因，希望上司理解；第二类也是打电话向上司致歉，同时也和领导约了下次举行晚宴的时间；第三类最懂社交之道，先向上司表示歉意，然后把晚宴换成其他方式进行弥补，比如去高级餐厅会餐或小型聚会。另外还有其他处理方式的，这些人主要是没有明白题目，把自己当成领导去参加别人家的晚宴，另外还有请同事办晚宴的等。

从图5-13可以看出，69.03%的参赛者面对晚宴不能如期举行的状况会跟上司再约时间，这种处理方式比较中庸，不会得罪上司，但是上司也没有跟你关系更亲近；最笨的处理方式是只表示歉意，而没有另约时间，这类选择占到21.64%，这样一般会让上司觉得你没有充分重视他，会给上司留下不好的印象；最好的处理方式是不仅要表示歉意还要做出弥补，也许上司不一定接受你的弥补，但是至少上司觉得你很重视他，会给你的印象加分，这类人仅有7.28%。这说明多数在校生还是不善社交之道，处理方式比较中庸，有待进一步到社会上历练。

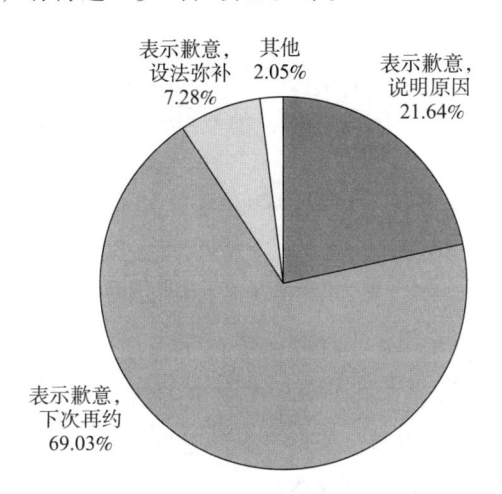

图 5-13 参赛者社交能力方面不同处理方式分布

3. 创新能力分析

题目描述：毕业后你会选择个人创业吗？如果会，请简单描述创业设想。你觉得为了提高大学生创新能力，学校更应该注重哪方面？

（1）针对该问题共有517位参赛者做出了回答，多数学生毕业后不会选择创业，此类占比达44.10%，究其原因有三点：第一，个性不适合；第二，没有好的创业点子；第三，创业环境不适合。29.59%的学生表示毕业后有创业打算，但需要先积累几年经验、人脉和资金等，等时机成熟了再创业。9.48%的学生表示是否创业看情况而定，如果条件允许，比如国家政策支持大学生创业，大学生创业无息贷款等。16.83%的学生表示会选择创业，这个比例还是相当高的（见图5-14）。

参赛者的创业点子五花八门，基本都属于第三产业，有些人只想开一个小店，比如婚纱店、连锁花店、超市、连锁快餐店、服装店、饮品店、租书屋、复印店等，有些人则想开个有规模一点的公司，比如建筑公司、投资公司、税务所、家政公司、汽车文化产业公司、管理咨询公司、外贸公司、装饰公司、服装设计公司等。也有些参赛者们的创业点子比较新颖

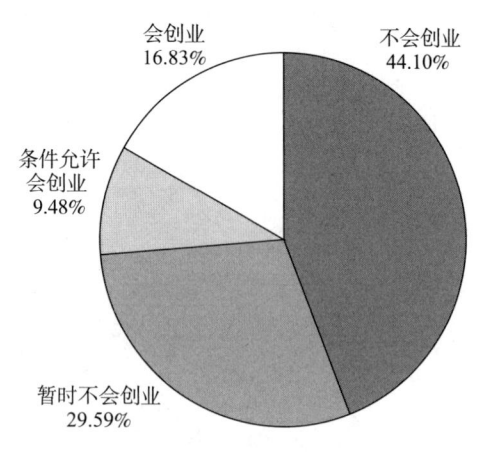

会创业 16.83%
不会创业 44.10%
条件允许会创业 9.48%
暂时不会创业 29.59%

图 5-14 参赛者毕业后创业情况分布

奇特、紧跟时代，比如网店、燃气改造公司、特色琴行、创意物品屋、农村信息化培训机构、手工制作坊、宠物美容店、环保装修公司、情侣餐厅、主题咖啡店、动漫店等，值得一提的是联合物流公司、易物网站、梦幻庄园、形象体验馆和欢乐快递公司。

国内物流公司鱼龙混杂，而且彼此没有互相利用资源的战略关系，造成资本、时间、人力的严重浪费，建立一个联合物流公司，联合所有的物流企业，可以大大减少这些资源的浪费。易物网站的构想是人们可以在网上进行同城内以物易物的活动。用户首先在网站上注册，然后将自己物品的实物照片放在网上，供其他用户浏览，如果有想要换的东西，交易双方可以通过网站进行联系，然后交换物品。网站收入来源主要是每个用户提交一个物品的资料和图片时需要缴纳一定的费用，交易双方在交换时则不需要再有金钱交易。但是，每个用户一定要保证自己上传的物品资料是真实的，想要交换的物品是可以使用的，不能是残次品或者已经坏了的物品，一旦出现这种状况，网站会对这种用户进行处罚和账号注销。梦幻庄园的设想是，通过庄园把中国从过去到现在的生活状态真实地展现出来，从原始社会到奴隶社会的夏商周，再到封建社会的汉唐，然后到近现代，一直延伸到现在和未来。选取每个时期的典型人物、风景、事迹、娱乐设施等，让人们不仅可以开心度假，也可以更多地了解人文历史。不过这个项目耗资巨大，短期不可能完成。形象体验馆的具体业务就是针对不同人的相貌、体型以及个人意愿来设计顾客形象，包括发型和服装，另外还有社交礼仪培训等一系列服务。公司采用终身会员制，随时满足顾客对时尚和改变的需求。快乐快递公司旨在将各种新奇古怪的快乐包装成商品，将其推销给不快乐的人。快乐是一种创意，也是一种体验，边际产值较大而边际成本几乎为零，能获得较好经济效益。同时由于产品的新颖性，能较好地吸引人们的好奇心，引起人们的关注。随着互联网的发展，能让更多的宅男宅女在网上直接购买快乐产品，在现实中体验快乐。

这些创业点子都很好，说明现在大学生不是没有创意，而是缺乏实践。

（2）对于学校应该注重哪方面来提高大学生创新能力这个问题，参赛者们提出了很多宝贵的意见，归纳起来主要有以下几方面。

第一，树立创新教育的理念。创新教育是全面素质教育的具体化和深入化，是以加强学生的创新精神、创新能力、创新人格的培养为基本价值取向的教育。在注重学生的个性和兴趣的前提下培养学生的观察、思考、想象、设计能力，加强学生的探索、质疑、创新精神。

第二，改革课程体系。本着"厚基础、宽口径""淡化专业，强化课程"的改革目标，打破以专业设置课程的传统体系，将相近专业合并，共同构建新的课程体系，这样通过各学科知识的融合、渗透、转化，使学生形成多学科、多视角的创造思维能力，为其个性发展、创新能力的提升提供更大的空间。同时要多开设一些创新课程，提供创业理论指导。

第三，调整教学内容，改革教学的方式方法。学校应构建一个创新型的教学内容体系，将最新的科学研究成果和科学概念及时地融入教学实践中，有意识地培养学生，以发展的观点看待客观物质世界，引导他们去探索新的知识。改变传统的"填鸭式"教学，以启发式教学为主线鼓励学生发散思维，亲自动手，积极实践，以最新时事为导向鼓励学生发现商机。

第四，提供创新展示平台。多举办一些类似模拟沙盘、创意展览、创业大赛等活动，不要只注重形式，充分发挥学生的创造性和积极性；同时还应该多邀请一些校外成功人士为学生们做讲座，讲述他们的成功之道；如果可能，可以成立一个学校和企业的校企就职联盟，让学生们在上学期间就能了解企业的运作模式，使理论和实践知识充分结合，为学生们创新思想拓展思路。

第五，合理的评价和激励机制。合理的评价和激励机制是培养学生创新能力的制度保障。学生们能力的表现不仅仅体现在课本知识的理解和掌握上，更重要的是运用这些知识。在学生考评中增加创新贡献这一科目，纳入学分考核制度，鼓励学生创新，同时对于有突出创新贡献的学生应该给予奖励，这样才能充分发挥学生创新的积极性。

第六，提供资金和技术支持。大学生创新少、创业难，最终原因是缺乏理论指导、技术和资金支持，好的创意都夭折了，所以从学校角度来讲应该成立一个创新指导中心，对于学生的创意给予可行性分析，提出理论建议，并且给予技术和资金支持，使创意转化为现实。

提高大学生的创新能力需要学校多管齐下，但仅仅依靠学校的力量是不够的，还需要父母的教育、社会的影响以及政府的导向，参赛者中有人指出现在大学生创新能力应该从高中、初中的时候就开始培养。

4. 竞争能力分析

题目描述：如果每次考试或者比赛后必将成绩公布于众，你对此的看法是？试提出更好的解决方案，并说明理由。

对于每次考试或者比赛后必将成绩公布于众，参赛者们的意见主要有三种：赞同、比较赞同和完全不赞同，而且持三种态度的人比例基本相当，基本各占1/3（见图5-15）。持赞同态度的人主要是从公平和激励的角度来看的，考试或比赛为了体现其公平性就应该将成绩公之于众，同时对于成绩偏低的会是一种激励，增强竞争，促进进步；持比较赞同态度的人主要是从维护考试者或参赛者自尊心角度来讲的，成绩差的学生在成绩公布之后自尊心会受到伤害，严重的可能导致积极性受挫，不思进取，同时成绩比较好的人也会形成骄傲心理，反而不利于进步；持反对态度的人是从隐私角度来讲的，个人考试或比赛成绩属于个人隐私，应该予以保密，未经成绩所属者同意就公布从某种意义上讲是侵权行为。

针对考试和比赛成绩是否应该公布的解决方案，参赛者们也积极献策，归纳总结后主要有以下几类。第一类是公布部分成绩，经成绩所属者同意可以公布前几名成绩，而且不针对成绩进行排名。第二类是不公布成绩，建立成绩查询系统，学生可以自助查询，自己只能看见自己的成绩，保护个人隐私。第三类是灵活公布成绩，可以将成绩转化为等级，比如优秀、良好、进步等；或是分组公布成绩，学习好的和学习差的分为一组，按组排名，可以促进学生之间的合作，也可以不伤害某个人的自尊心；还可以选择晚公布成绩，比如这学期公布上学期成绩，大家对成绩已经看淡或是无所谓的时候公布，对学生的冲击力小一点。

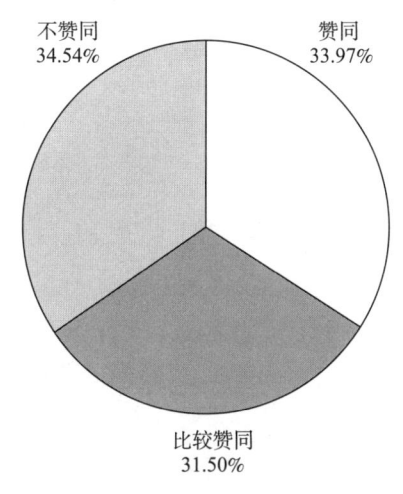

图 5-15　参赛者竞争能力的不同态度分布

5. 就业心理分析

题目描述：假如领导每天都让你加班，你不遵循领导的安排就很有可能面临被解聘的危险，而你的父亲却又生病需要你早点回家照顾，此时你会如何处理？

自古忠孝难两全，参加工作以后我们经常会面临工作和家庭之间进行取舍的问题，该题目给出的假设就是加班和照顾生病父亲之间如何取舍的问题。参赛者没有参加过工作，只能以假想的方式决定自己的处理方式，主要可以分为四类。第一类是向领导说明情况，希望领导理解，争取不加班回去照顾父亲，或是提高工作效率，在工作时间内完成应该完成的任务，不做辞职的打算；第二类也是先征求领导同意，如果领导不同意，宁愿辞职也要回去照顾父亲，工作可以再找，但是父亲只有一个；第三类是直接辞职，这种人虽然孝心可嘉，但是过于冲动，感情用事；第四类是不做辞职打算，如果领导不能同意，考虑雇人照顾父亲，保全工作。另外还有少数其他处理方式，包括通过法律手段仲裁或是不管不顾父亲，只保全工作等。

采取第一种和第二种处理方式的人占多数，43.68%的人会向领导说明情况，但不做辞职打算，41.08%的人会先向领导说明情况，并做辞职打算。只有不到10%的人会选择直接辞职，仅有6.51%的人会做雇人照顾父亲的打算。大部分人还是希望可以忠孝两全，工作和家庭同时兼顾（见图 5-16）。

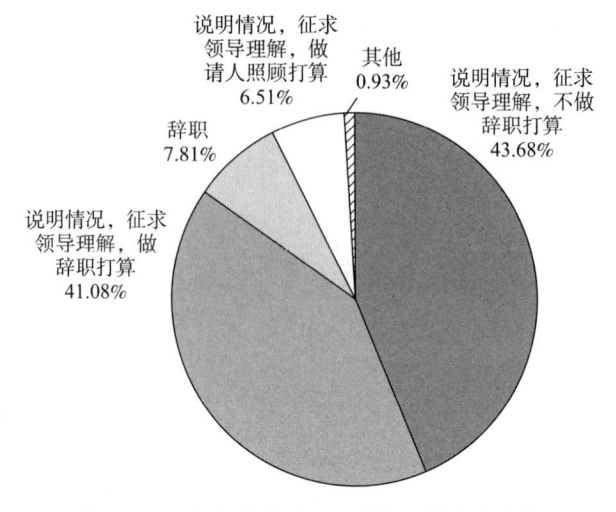

图 5-16　参赛者就业心理方面不同态度分布

6. 综合能力分析

题目描述：试谈你自己的就业计划（包括就业目标、手段、策略、就业后的发展方式等）。如果有创业设想的话，请简单描述创业计划（包括项目内容、团队组织、营销手段、盈利预期、企业中长期发展规划等）。

在考察参赛者综合能力方面设置一个关于就业计划或创业计划的题目。针对这个问题仅有 22 人没有作答，暂时没有就业或创业计划。87.2% 的人有就业计划，11.8% 的人有创业计划，仅 3.4% 的人就业和创业计划都有。通过分析参赛者们的就业计划，53.62% 的人有明确的就业目标，包括就业地域、就业方向、就业职业、工作就业等，并且对自己未来 5~10 年的工作计划和升迁做了详细的规划。比如，其中一个参赛者希望毕业后去外企的行政部门或者人力资源部门工作。外企对英语水平要求比较高，所以会努力先把英语练好，尤其是口语，得到相关证书；其次，多参加企业实习，积累经验，即使实习期间没有工资，只要能够提升自己就去实习。就业后努力熟悉业务，发展客户，3 年内做到中层管理者，10 年内做到高层的管理者。10 年后，如果对所在的领域已经很熟悉了，会考虑自己创业。另外 46.38% 的人没有明确的目标，找到什么工作算什么工作，比如"通过投简历找工作"等没有详细的就业计划（见图 5-17）。

模糊 53.62%
明确 46.38%

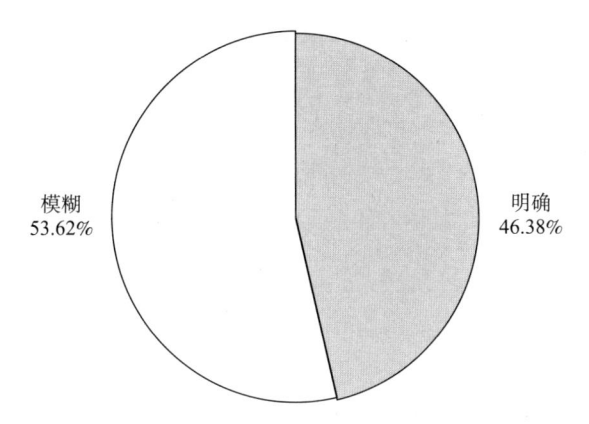

图 5-17　参赛者就业计划制定对比

创业计划上，70.31%的人只有创业意向，至于从事哪方面创业还没有详细的计划，仅29.69%的人有详细的创业计划（见图5-18），值得一提的是燃气改造、人力资源管理咨询和大学餐饮联盟创业计划。

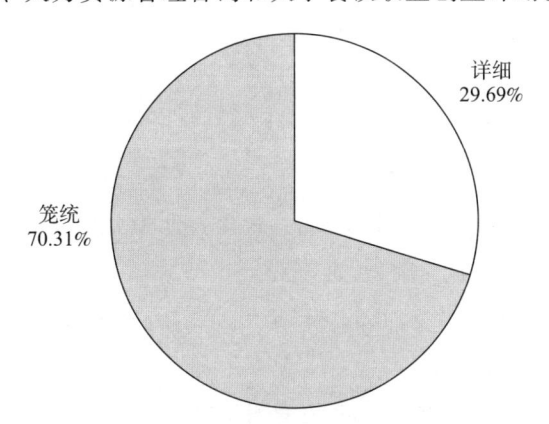

详细 29.69%
笼统 70.31%

图 5-18　参赛者创业计划制定对比

燃气改造公司

内容：在中小城市，该技术未被完全开发利用的情况下抢占先机。

团队组织：本人，燃气专业的几个朋友，还有大学时期一直在做兼职的、一个对社会事务比较了解的朋友，一个学法律的朋友，一个学会计的朋友，以及学管理和市场营销的两个朋友，再招募两三个业务员。最终要的还有我们的父母亲，在关键的时候能为我们提供资金的支持，甚至担保贷款。

营销手段：①进行广告宣传并低价为顾客安装出租车燃气改造装置，

进行让利加气；②活动期过后燃气改造装置进行原价出售，仍然进行让利加气；③装置及燃气均恢复原价后进行会员活动，一个月加多少气的给予每立方百分之几的折扣，每新带来一位顾客，给予百分之几的折扣。注重服务质量及信誉，让口碑成为重头戏。

盈利预期：第一年税后利润在 50 万元左右，然后逐步提升盈利，当更多的人进行装置转换后，第二年贷款增设加气点，抢占一个市的市场，应该有几百万的盈利。

企业中长期发展规划：稳定一个市的市场以后，逐步扩展到县、其他的省市县。将中小城市的业务做好，再和大公司合作，让其入股，将它们的资金注入，去开拓西部地区的市场。

人力资源管理咨询公司

团队管理：根据企业发展，建立秘书处、财务部、培训服务部、网络部，以此来适应企业发展的需要。

营销手段：网络＋校园营销＋平面媒体宣传＋年会＋外围媒体营销。

前期投入：注册资金 50 万元，宣传费用 22.8 万元，代理人员劳务费用 28.0 万元，培训费用 254.55 万元，日常开销 4 万元，实践园区费用 30 万元。

前期收益：培训收入 340.95 万元，流动资金 265 万元，盈利 86.4 万元。

中期投入：宣传费用 87.3 万元，代理人员劳务费用 100 万元，培训费用 1471.23 万元，日常开销 28.5 万元。

中期收益：培训收入 1850.43 万元，流动资金 2208.008 万元，盈利 379.2 万元。

长期投入：公司分支机构建设费用 2000 万元，广告宣传费用 500 万元，人力资源费用 1000 万元，培训费用 5426.08 万元，日常开销 150 万元，实践园区建设费用 3000 万元。

长期收益：培训收入 8246.28 万元，流动资金 1.0 亿元，企业所付外包费用 2000 万元，其他收入 2000 万元，盈利 6820.40 万元。

短期目标：前期 3～5 年通过团队内部成员集资入股，成立创业人才管理咨询有限公司，以培训业务为基础并逐步展开外包业务，建立科学系统流程，打造营销网络，以山西为据点，向华北省份全面铺开，建立以北京为中心，辐射华北的业务体系。展开实践园区初期工程，进行基础设施建设，开展初期业务，以提升人才实践能力，提高外包人才质量服务。

中长期目标：5~10年建立以北京为中心，遍布全国的外包管理咨询服务公司，建立涵盖人才资源外包、劳务派遣、传媒及咨询网络体系，形成以培训为基础，依托实践园区，通过外包人员押金筹集资本，以企业外包费为主要盈利点的培训集团。全面展开实践园区项目，完善园区建设，引进大型项目工程，开展精英比赛、模拟公司、开办公司自办杂志，增进人才对企业的了解，对企业进行综合评估和排名，形成排行榜式权威企业杂志，使公司成为人才就业摇篮、企业招聘中心，成为中国人才交流中心。

大学餐饮联盟

创业项目缘由：大学校园一直被诟病的就是大学食堂的饮食问题，大学的餐饮质量不高已成为公认的问题，仅仅满足了学生们的温饱，质量却远远没有达到学生们的要求。部分大学的餐饮状况令人担忧，甚至有的大学食堂发生了集体中毒事件。

本企划就是根据这一点，为了保障大学生的饮食安全，提高大学生的餐饮质量，成立大学餐饮联盟，旨在为大学生提供价格低廉、安全高质并富有特色的食品，同时为各高校提供一定的勤工助学岗位，帮助贫困生更好地完成学业。

创业机构设置如下。

大学餐饮联盟为总部，在高校通过考核招收大学毕业生并且与其签订一年劳动合同，须培训后，在其所在高校设立高校餐饮分部。

大学餐饮联盟在各地适当选址，建立蔬菜种植基地、水果种植基地以及牲畜养殖场，建立配送车队，为各高校分部统一生产配送蔬菜水果等食品原料，并且和农业研究机构合作通过高科技不断提高所生产原料的质量，降低成本。

大学餐饮联盟总部设立管理培训部门，各高校餐饮分部在所在高校选择招收大四非考研大学生为管理人员，并送培训部门培训。

大学餐饮联盟从厨师培训学校招收厨师，进行适当培训后送各高校餐饮分部担任厨师，同时各高校餐饮分部自行招收学生或者社会下岗人员作为窗口服务员。

大学餐饮联盟总部不定时到各高校进行质量抽查，保证大学餐饮联盟提供保质保量的服务。

创业细节如下。

(1) 大学餐饮联盟的经营范围是特色食品,如鲁菜、川菜、粤菜等以及地方名吃,并且进行学生生源地调查,根据高校地理位置适当调整各菜系以及地方名吃的搭配,使来自不同地方的学生都能吃到适合自己口味的饭菜。

(2) 大学餐饮联盟的经营理念:一切为了大学生吃得更好。

(3) 大学餐饮联盟以提供助学岗位,缴纳一定食堂租金为条件同各高校进行洽谈,为大学餐饮联盟的发展壮大铺平道路。食品原料由大学餐饮联盟负责统一生产配送,在降低食品原料成本的同时保证食品原料的高质安全。

(4) 大学餐饮联盟招收的管理人员为所在高校大四非考研学生,切实保证大学餐饮联盟所提供食品的安全与质量。

第三节　比赛成绩因素分析

为了解参赛者的自身情况对于比赛成绩有没有影响,需要分别对各个因素进行分析。对于名义变量和顺序变量,采用均值比较(Compare Means)的方法检验不同组之间是否存在显著性差异,进而判断该因素对比赛成绩是否有影响;对于数值变量,采用肯德尔秩相关分析或斯皮尔曼等级相关分析,分析成绩与因素之间的相关关系,并进行检验(检验均采用 0.05 显著水平)。

一　背景因素对比赛成绩的相关分析

1. 男生成绩比女生成绩高,性别因素有一定影响

通过表 5-12 可以看出,方差分析的显著性检验 P 值 <0.05,说明不同性别之间成绩差异显著,男生平均成绩(51.58 分)比女生平均成绩(47.54 分)高 4.04 分,而且比女生成绩相对集中,最高分(97.61 分)和最低分(5.98 分)均出现在女生中。从关联度上看,性别因素和比赛成绩之间的关系不是很密切,也就是性别因素对比赛成绩有一定影响,但影响不大。

表 5-12　不同性别的均值比较分析结果

性别	均值（分）	人数（人）	标准差（分）	最小值（分）	最大值（分）
男	51.58	319	17.65382	10.96	94.24
女	47.54	220	18.26119	5.98	97.61
方差分析	F　　6.634		关联度测度	Eta（η）　　0.110	
	Sig.　　0.010			Eta（η^2）　　0.012	

注：关联度 Eta（η）测度的是因变量与自变量之间的紧密联系程度，越接近 1，表示因变量与控制变量之间关系越密切，如果 Eta（η）= 0，表示两个变量无关；Eta（η^2）表示组间偏差平方和与总偏差平方和之比。以下各表类同。

2. "211"学生成绩明显居高，北京、上海成绩偏低

通过表 5-13 可以看出，方差分析的显著性检验 P 值 < 0.05，说明不同学校的参赛学生成绩差异显著，"211"学校的参赛学生平均成绩（62.79 分）比非"211"学校的参赛学生平均成绩（47.03 分）高 15.76 分，比平均成绩（49.93 分）高 12.86 分，而且"211"学校的参赛学生成绩相对集中，最高分（97.61 分）和最低分（5.98 分）均出现在非"211"学校参赛学生中。充分说明学校是否为"211"影响的是整体学生水平，对于个人来说，学校因素是次要的，非"211"学校也可以培养出人才。从关联度上看，学校是否为"211"和比赛成绩之间关系比较密切，Eta（η）= 0.339，能够解释 11.5% 的成绩差异，也就是学校是否为"211"对比赛成绩有一定影响。

表 5-13　不同学校的均值比较分析结果

是否为"211"	均值（分）	人数（人）	标准差（分）	最小值（分）	最大值（分）
否	47.03	440	17.26413	5.98	97.61
是	62.79	99	15.43688	18.89	94.85
方差分析	F　　69.883		关联度测度	Eta（η）　　0.339	
	Sig.　　0.000			Eta（η^2）　　0.115	

通过表 5-14 可以看出，方差分析的显著性检验 P 值 < 0.05，说明不同地域学校的参赛学生成绩差异显著，东部沿海学校的参赛学生平均成绩（64.01 分）比北京、上海学校的参赛学生平均成绩（44.71 分）高 19.3 分，比平均成绩（49.93 分）高 14.08 分，中部内陆学校的参赛学生成绩居中，平均成绩为 56.23 分。从关联度上看，Eta（η）= 0.419，说明学校地域

与比赛成绩之间关系比较密切，学校地域对于比赛成绩还是有影响的。

表 5 - 14　不同学校的均值比较分析结果

学校地域	均值（分）	人数（人）	标准差（分）	最小值（分）	最大值（分）
东部沿海	64.01	86	15.53694	18.89	94.85
中部内陆	56.23	100	15.44256	14.07	83.79
北京、上海	44.71	353	16.81163	5.98	97.61
方差分析	F	57.197	关联度测度	Eta（η）	0.419
	Sig.	0.000		Eta（η^2）	0.176

这与我们普遍形成的观点相悖，我们一般认为北京、上海的学生比较优秀，比赛成绩也应该最高，但是实际的比赛结果并非如此，为什么会出现这种结果呢？究其原因主要是北京、上海的参赛学校是非"211"学校，通过表5-1可以看出，北京、上海的参赛院校是北京财贸职业学院、北京农学院、北京物资学院、北京信息科技大学和上海商学院，北大、清华、人大、复旦这样的一流院校学生并没有参赛，代表性差，不能代表北京、上海学生的总体水平。而东部沿海地区的参赛院校主要是当地比较好的学校，大多数为"211"学校。这说明，高校对于参赛者的成绩影响主要还是学校的水平，也就是说学校是否为"211"对于参赛者的影响较大，而高校所处地域对于参赛者的影响不能通过所取得的数据得出有效论证，进一步扩大比赛影响力，扩大参赛学校的范围是必需的。

3. 工科学生成绩居高，专业对成绩有一定影响

通过表5-15可以看出，方差分析的显著性检验 P 值 < 0.05，说明不同专业的参赛学生成绩差异显著，工科参赛学生平均成绩（56.99分）比管理学参赛学生平均成绩（46.06分）高10.93分，比经济学参赛学生平均成绩（49.92分）高7.07分，比平均成绩（49.93分）高7.06分。但工科参赛学生最高成绩仅为85.93分，最低分为14.07，相对成绩比较集中，充分说明工科学生相比经济、管理专业学生，在比赛成绩上还是有一定优势的。法学、文学和农学的学生参赛人数比较少，代表性就差，分析结果有失偏颇，不做说明。从关联度上看，专业和比赛成绩之间关系不太密切，Eta（η）= 0.246，仅能够解释6.1%的成绩差异，也就是说专业对比赛成绩有一定影响，但影响有限。

表 5-15 不同专业的均值比较分析结果

专业	均值（分）	人数（人）	标准差（分）	最小值（分）	最大值（分）
经济学	49.92	139	16.93548	17.98	97.61
法学	49.75	6	12.74959	37.01	71.80
文学	48.10	3	27.25541	18.14	71.43
工科	56.99	130	16.44678	14.07	85.93
农学	55.75	10	22.55077	7.83	78.61
管理学	46.06	251	18.14705	5.98	94.85
方差分析	F	6.894	关联度测度	Eta（η）	0.246
	Sig.	0.000		Eta（η^2）	0.061

4. 农村学生成绩较城市学生高，户口对比赛成绩有影响

通过表 5-16 可以看出，方差分析的显著性检验 P 值 < 0.05，说明不同生源的参赛学生成绩差异显著，农村参赛学生的平均成绩（53.86 分）比城市参赛学生的平均成绩（46.12 分）高 7.74 分，比平均成绩（49.93 分）高 3.93 分。农村学生吃苦耐劳，勤奋刻苦，体现在就业模拟大赛上，即比赛成绩相对较高。从关联度上看，学生生源和比赛成绩之间关系并不十分密切，Eta（η）= 0.215，能够解释 4.6% 的成绩差异，也就是说学生生源因素对比赛成绩有一定影响，但影响有限。

表 5-16 不同生源的均值比较分析结果

学生来源	均值（分）	人数（人）	标准差（分）	最小值（分）	最大值（分）
城市	46.12	274	17.79555	5.98	97.61
农村	53.86	265	17.38022	11.85	94.24
方差分析	F	26.050	关联度测度	Eta（η）	0.215
	Sig.	0.000		Eta（η^2）	0.046

通过表 5-17 可以看出，方差分析的显著性检验 P 值 < 0.05，说明不同户口所在地的参赛学生成绩差异显著，中东部大中城市的参赛学生比北京、上海和西部大中城市学生成绩明显高。东部沿海经济发达地区的参赛学生平均成绩为 60.68 分，中部大中城市参赛学生平均成绩为 60.45 分，广州、深圳参赛学生平均成绩为 59.08 分，而北京参赛学生仅为 44.75 分，

上海学生为 46.87 分，西部大中城市参赛学生的平均成绩为 49.00 分。现在大学生上学基本会将户口迁至学校，所以这与我们刚才分析的高校所处地域得出的结论具有相似性。分析结论与我们认为的常理相悖，原因除了地区参赛院校的区别外，还有样本在各地区分布不均，广州、深圳只有 3 个参赛学生，西部大中城市只有 9 个参赛学生，样本量少的地区，样本的代表性差，说服力不强。从关联度上看，学生户口因素和比赛成绩之间关系比较密切，Eta（η）= 0.343，能够解释 11.8% 的成绩差异，也就是说学生户口因素对比赛成绩有一定影响。

表 5 – 17 不同生源的均值比较分析结果

户口	均值（分）	人数（人）	标准差（分）	最小值（分）	最大值（分）
北京	44.75	272	15.19602	5.98	90.54
上海	46.87	38	19.06387	7.83	97.61
广州、深圳	59.08	3	22.07201	42.79	84.20
东部沿海经济发达地区	60.68	47	18.69710	18.89	94.85
西部大中城市	49.00	9	24.20829	11.85	74.55
中部大中城市	60.45	44	17.78444	12.60	88.58
其他	54.19	126	18.41201	6.91	94.24
方差分析	F	11.833	关联度测度	Eta（η）	0.343
	Sig.	0.000		Eta（η^2）	0.118

5. 高学历学生比赛成绩更高，全日制本科生成绩占优

通过表 5 – 18 可以看出，方差分析的显著性检验 P 值 < 0.05，说明不同学历的参赛学生成绩差异显著，学士参赛学生平均成绩（51.24 分）比大中专及其他学历的参赛学生平均成绩（35.01 分）高 16.23 分，比平均成绩（49.93 分）高 1.31 分，只有一名硕士研究生参赛且成绩仅有 25.19 分，不具有代表性。从学士和大中专及其他学历的参赛学生来看，基本是高学历学生比赛成绩更高。从关联度上看，学历和比赛成绩之间关系并不十分密切，Eta（η）= 0.249，能够解释 6.2% 的成绩差异，也就是说学历因素对比赛成绩有一定影响，但影响有限。

表 5-18 不同学历的均值比较分析结果

学历	均值（分）	人数（人）	标准差（分）	最小值（分）	最大值（分）
大中专及其他	35.01	42	14.85887	10.96	97.61
学士	51.24	496	17.66135	5.98	94.85
硕士	25.19	1	—	25.19	25.19
方差分析	F	17.723	关联度测度	Eta（η）	0.249
	Sig.	0.000		Eta（η^2）	0.062

通过表 5-19 也可以看出，方差分析的显著性检验 P 值 < 0.05，说明不同学制的参赛学生成绩差异显著，四年制参赛学生平均成绩（51.06 分）比三年制的参赛学生平均成绩（34.23 分）高 16.83 分，比平均成绩（49.93 分）高 1.13 分，还有 2 名五年制的学生，应该是专升本学生，比赛成绩不到 60 分，说明全日制本科生比赛成绩还是占优的。从关联度上看，学历和比赛成绩之间关系并不十分密切，Eta（η）= 0.233，能够解释 5.4% 的成绩差异，也就是说学制因素对比赛成绩有一定影响，但影响有限。

表 5-19 不同学制的均值比较分析结果

学制（年）	均值（分）	人数（人）	标准差（分）	最小值（分）	最大值（分）
三	34.23	35	10.63082	14.03	67.35
四	51.06	502	17.90795	5.98	97.61
五	39.80	2	16.80793	27.91	51.68
方差分析	F	15.402	关联度测度	Eta（η）	0.233
	Sig.	0.000		Eta（η^2）	0.054

6. 支出与比赛成绩负相关，收入与比赛成绩正相关

为了解比赛成绩与参赛学生的收支之间的相关关系，利用 SPSS 进行相关分析，虽然比赛成绩服从正态分布，但是对于相关变量的分布未知，此时采用肯德尔秩相关和斯皮尔曼等级相关进行相关分析。通过分析表 5-20 可知，比赛成绩与学费的肯德尔秩相关系数为 -0.074，不相关的假设成立的概率为 Sig. = 0.017 < 0.05，斯皮尔曼等级相关系数为 -0.102，不相关的假设成立的概率为 Sig. = 0.018 < 0.05，可得结论，两种分析方法等级相关系数有显著意义，比赛成绩与学费之间存在负相关关系，但相关系数很小。同理可

得，比赛成绩与参赛者月生活费和月其他支出之间也存在负相关关系，但相关系数都很小，其中比赛成绩与月生活费之间的相关系数较月其他支出大，达到-0.306（斯皮尔曼等级相关系数）；比赛成绩与参赛者学生期间收入（去除3个离群值，故样本量为536人）存在正相关关系且相关系数也很小。

表 5-20 比赛成绩与收支之间的相关分析结果

			比赛成绩	学费	月生活费	月其他支出	学生期间收入
肯德尔秩相关系数	比赛成绩	相关性	1.000	-0.074*	-0.220**	-0.063*	0.163**
		Sig.（双侧）	—	0.017	0.000	0.044	0.000
		N	539	539	539	539	536
斯皮尔曼等级相关系数	比赛成绩	相关性	1.000	-0.102*	-0.306**	-0.092*	0.233**
		Sig.（双侧）	—	0.018	0.000	0.033	0.000
		N	539	539	539	539	536

注：* 相关系数在0.05水平下显著（双侧）；** 相关系数在0.01水平下显著（双侧）。下同。

但并不是说，要想提高比赛成绩就应该减少生活费及其他支出，而是反映了这样一种事实：生活费和月其他支出比较少的都是家庭情况一般、个人勤奋、努力学习的学生，自然比赛成绩也略高；学生在校期间的收入无非是奖学金或个人勤工俭学所得，这类收入多的基本属于学习成绩优异、个人吃苦耐劳的学生，比赛成绩高一些也无可非议。同时也说明并不是学费越高对学生能力的培养就越好，比赛成绩就越高。总而言之，学生能力的提高与经济投入多少没有太大关系，有时候是适得其反的。

表 5-21分析的是比赛成绩与参赛者对自己学生期间的支出回收年限（去除3个离群值，故样本量为536人）之间的相关分析，两种分析方法等级相关系数均没有显著意义，也就是说比赛成绩与支出的回收年限之间没有相关关系。

表 5-21 比赛成绩与回收年限之间的相关分析结果

			比赛成绩	回收年限
肯德尔秩相关系数	比赛成绩	相关性	1.000	-0.039
		Sig.（双侧）	—	0.214
		N	539	536

续表

			比赛成绩	回收年限
斯皮尔曼等级相关系数	比赛成绩	相关性	1.000	-0.053
		Sig.（双侧）	—	0.217
		N	539	536

二 自我认知因素对比赛成绩的相关分析

1. 自信心越强成绩越高，能力对比赛成绩影响不显著

通过表 5 - 22 也可以看出，方差分析的显著性检验 P 值 < 0.05，说明自信心不同的参赛学生成绩差异显著，自信心越强的参赛者比赛成绩越高，自信心强的参赛学生平均成绩（52.20 分）比自信心不足的参赛学生平均成绩（41.49 分）高 10.71 分，比平均成绩（49.93 分）高 2.27 分，自信心较强的参赛者的比赛成绩为 50.08 分。从关联度上看，学历和比赛成绩之间关系并不十分密切，Eta（η）= 0.130，能够解释 1.7% 的成绩差异，也就是说学制因素对比赛成绩有一定影响，但影响有限。

表 5 - 22 不同自信心的均值比较分析结果

自信心	均值（分）	人数（人）	标准差（分）	最小值（分）	最大值（分）
强	52.20	172	17.44824	5.98	88.89
较强	50.08	270	18.35378	7.83	97.61
一般	45.80	90	17.69020	10.96	90.54
不足	41.49	7	11.62399	25.12	55.53
方差分析	F	3.045	关联度测度	Eta（η）	0.130
	Sig.	0.028		Eta（η^2）	0.017

通过表 5 - 23 也可以看出，能力越强，比赛成绩越高，但是方差分析的显著性检验 P 值 > 0.05，说明不同能力的参赛学生比赛成绩差异不显著。从关联度上看，学历和比赛成绩之间基本没什么关系，Eta（η）= 0.099，也就是说能力因素对比赛成绩没影响，至少分析结果给出的是此种结论。

表 5 – 23　不同能力的均值比较分析结果

能力	均值（分）	人数（人）	标准差（分）	最小值（分）	最大值（分）
强	52.32	110	19.52291	6.91	94.85
较强	50.02	328	16.96678	7.83	93.90
一般	47.27	98	19.38757	5.98	97.61
不足	38.72	3	14.59108	29.37	55.53
方差分析	F	1.756	关联度测度	Eta (η)	0.099
	Sig.	0.155		Eta (η^3)	0.010

2. 三商与比赛成绩正相关，情商相关性最密切

为了解参赛者个人优势与比赛成绩的关系，将个人优势分为智商、情商和胆商三类，每一大类下又分为诸多小类，参赛者提及一点记一分，合计为三商得分，在此基础上进行三商与比赛成绩的相关性检验。表 5 – 24 是检验结果。

表 5 – 24　三商与比赛成绩的相关性分析

			智商	情商	胆商
肯德尔秩相关系数	比赛成绩	相关性	0.162**	0.172**	0.107**
		Sig.（双侧）	0.000	0.000	0.002
		N	539	539	539
斯皮尔曼等级相关系数	比赛成绩	相关性	0.216**	0.238**	0.132**
		Sig.（双侧）	0.000	0.000	0.002
		N	539	539	539

通过表 5 – 24 可以看出，无论是肯德尔秩相关系数，还是斯皮尔曼等级相关系数，比赛成绩与三商都呈正相关，且 P 值都小于 0.05，但相关系数都不是很大。相关系数最大的是情商，肯德尔秩相关系数为 0.172，斯皮尔曼等级相关系数为 0.238，说明三商中情商对比赛成绩影响最大。

为了解具体的个人优势具备与否对于比赛成绩的影响，表 5 – 25 给出了各优势的均值比较分析结果和检验结果。从表 5 – 25 可以看出，智商中专业知识掌握扎实与否、实践实习经验是否丰富、学习思维能力是否具备对于比赛成绩有一定影响，通过了方差分析检验，P 值小于 0.05。显然，专业知识扎实的、实践实习经验丰富的、学习思维能力强的学生比赛成绩的均值比那些不具备的要高。而英语水平和计算机水平高低与否对比赛成绩影响并不显著，但这并不表示学习英语和计算机不重要，而是说明这基本已经成为现代社会必备的技能，谈不上优势。

情商中对于比赛成绩有影响的是人际沟通能力、勤奋上进心理、组织领导能力、团结合作意识和积极乐观心态，很明显这些方面有优势的参赛者的比赛成绩更高，说明大学生要想提高自己的就业竞争优势应该注重情商中这些能力的培养。

表5-7显示参赛者在胆商方面明显不足，仅25.8%的参赛者具备胆商优势，表5-25的检验结果显示在胆商方面有优势的参赛者比赛成绩明显高于不具备这些优势的参赛者，说明胆商培养对于大学生提高就业能力有一定帮助。

表5-25 不同个人优势的比赛成绩均值比较分析

能力	个人优势	是否参与	有效值（人）	均值（分）	标准差（分）	方差分析	
智商	英语水平	未提及	446	49.53	17.72	F	1.248
		提及	93	51.82	19.28	Sig.	0.264
	专业知识掌握	未提及	413	48.08	18.37	F	19.314
		提及	126	55.99	15.30	Sig.	0.000
	实践实习经验	未提及	381	48.54	18.26	F	7.849
		提及	158	53.28	16.95	Sig.	0.005
	学习思维能力	未提及	336	47.48	18.15	F	17.015
		提及	203	53.98	17.02	Sig.	0.000
	文字语言表达能力	未提及	501	49.73	17.89	F	0.841
		提及	38	52.51	19.43	Sig.	0.360
	计算机软件水平	未提及	421	50.00	18.09	F	0.028
		提及	118	49.68	17.75	Sig.	0.867
情商	适应新环境能力	未提及	421	49.96	18.36	F	0.006
		提及	118	49.81	16.73	Sig.	0.937
	人际沟通能力	未提及	256	47.04	17.81	F	12.802
		提及	283	52.54	17.80	Sig.	0.000

续表

能力	个人优势	是否参与	有效值（人）	均值（分）	标准差（分）	方差分析	
情商	勤奋上进心理	未提及	299	47.11	18.41	F	16.938
		提及	240	53.44	16.86	Sig.	0.000
	组织领导能力	未提及	392	47.92	17.70	F	18.402
		提及	147	55.27	17.74	Sig.	0.000
	团结合作意识	未提及	353	48.60	18.75	F	5.594
		提及	186	52.44	16.23	Sig.	0.018
	认真负责敬业	未提及	288	50.06	19.02	F	0.032
		提及	251	49.78	16.78	Sig.	0.859
	积极乐观心态	未提及	344	48.54	17.82	F	5.672
		提及	195	52.37	18.09	Sig.	0.018
	爱好兴趣广泛	未提及	415	49.19	18.16	F	3.011
		提及	124	52.38	17.30	Sig.	0.083
胆商	开拓挑战	未提及	510	49.40	18.01	F	8.088
		提及	29	59.11	15.31	Sig.	0.005
	创新思维	未提及	491	49.45	18.02	F	3.843
		提及	48	54.77	17.19	Sig.	0.050
	探索求知	未提及	521	49.65	17.97	F	3.657
		提及	18	57.88	17.53	Sig.	0.056
	合计		539	49.93	18.00	—	—

三 就业能力因素对比赛成绩的相关分析

1. 实际回收年限与比赛成绩呈正相关

通过分析表 5-26 可得，92% 就业率下比赛成绩与实际回收年限的肯德尔秩相关系数为 0.392，85% 就业率下为 0.382，75% 就业率下肯德尔秩相关系数最大，为 0.418，不相关的假设成立的概率均为 $P = 0.000 < 0.05$。斯皮尔曼等级相关系数在不同就业率下分别为 0.565、0.559 和 0.612，不相关的假设成立的概率为 $P = 0.000 < 0.05$。可得结论，两种分析方法的相关系数有显著意义，比赛成绩与实际回收年限之间存在正相关关系，且相关系数较大。

表5-26　不同就业率下实际回收年限与比赛成绩的相关分析结果

			比赛成绩	实际回收年限（92%）	实际回收年限（85%）	实际回收年限（75%）
肯德尔秩相关系数	比赛成绩	相关性	1.000	0.392**	0.382**	0.418**
		Sig.（双侧）	—	0.000	0.000	0.000
		N	539	539	539	539
斯皮尔曼等级相关系数	比赛成绩	相关性	1.000	0.565**	0.559**	0.612**
		Sig.（双侧）	—	0.000	0.000	0.000
		N	539	539	539	539

根据实际回收年限的定义可知，回收年限为正的表示大学时支出的费用可以回收，如果为负表示不能回收，而且为正的年限越小，表示回收得越快。该指标既不是正指标，也不是负指标，由于负值占60%以上，所以相关分析结果得出了实际回收年限越大，比赛成绩越高的结论。

2. 竞争力得分与比赛成绩正相关，得分越高，成绩越高

通过分析表5-27可得，不同就业率下比赛成绩与竞争力得分的肯德尔秩相关系数均为0.385，不相关的假设成立的概率均为P=0.000<0.05，斯皮尔曼等级相关系数均为0.559，不相关的假设成立的概率为P=0.000<0.05。可得结论，两种分析方法等级相关系数有显著意义，比赛成绩与竞争力得分之间存在正相关关系，且相关系数较大。

表5-27　不同就业率下竞争力得分与比赛成绩的相关分析结果

			比赛成绩	竞争力得分（92%）	竞争力得分（85%）	竞争力得分（75%）
肯德尔秩相关系数	比赛成绩	相关性	1.000	0.385**	0.385**	0.385**
		Sig.（双侧）	—	0.000	0.000	0.000
		N	539	539	539	539
斯皮尔曼等级相关系数	比赛成绩	相关性	1.000	0.559**	0.559**	0.558**
		Sig.（双侧）	—	0.000	0.000	0.000
		N	539	539	539	539

根据竞争力得分的定义可知，竞争力得分越高表示参赛者就业竞争能力越强，是典型的正指标，相关分析结果得出了竞争得分越高，比赛成绩

越高的结论,充分说明参赛者就业竞争能力越强,比赛成绩就会越高。

3. 财富得分与比赛成绩正相关,就业率越低,相关性越强

通过分析表 5-28 可得,92% 就业率下比赛成绩与财富得分的肯德尔秩相关系数为 0.479,85% 就业率下为 0.491,75% 就业率下肯德尔秩相关系数最大,为 0.512,就业率越低相关性越强(实际就业率与 75% 相似),不相关的假设成立的概率均为 P=0.000<0.05。斯皮尔曼等级相关系数分别为 0.672、0.687 和 0.708,不相关的假设成立的概率为 P=0.000<0.05。可得结论,两种分析方法等级相关系数有显著意义,比赛成绩与财富得分之间存在正相关关系,且相关系数较大。

表 5-28 不同就业率下财富得分与比赛成绩的相关分析结果

			比赛成绩	财富得分 (92%)	财富得分 (85%)	财富得分 (75%)
肯德尔秩 相关系数	比赛 成绩	相关性	1.000	0.479**	0.491**	0.512**
		显著(双侧)	—	0.000	0.000	0.000
		N	539	539	539	539
斯皮尔曼等级 相关系数	比赛 成绩	相关性	1.000	0.672**	0.687**	0.708**
		显著(双侧)	—	0.000	0.000	0.000
		N	539	539	539	539

根据财富得分的定义可知,财富得分越高表示参赛者未来赚钱的能力越强,是典型的正指标,相关分析结果得出了财富得分越高,比赛成绩越高的结论,充分表示参赛者比赛成绩越高,未来赚钱能力越强。

4. 诚信得分与比赛成绩负相关,得分越低,成绩越高

通过分析表 5-29 可得,92% 就业率下比赛成绩与诚信得分的肯德尔秩相关系数为 -0.390,85% 就业率下为 -0.419,75% 就业率下肯德尔秩相关系数为 -0.407,不相关的假设成立的概率均为 P=0.000<0.05。斯皮尔曼等级相关系数分别为 -0.557、-0.594 和 -0.581,不相关的假设成立的概率为 P=0.000<0.05。可得结论,两种分析方法等级相关系数有显著意义,比赛成绩与诚信得分之间存在负相关关系,且相关系数较大。

根据诚信得分的定义可知,诚信得分越低表示对参赛者就业能力预估越准确,是典型的负指标,相关分析结果得出了诚信得分越低,比赛成绩

表 5-29　不同就业率下诚信得分与比赛成绩的相关分析结果

			比赛成绩	诚信得分（92%）	诚信得分（85%）	诚信得分（75%）
肯德尔秩相关系数	比赛成绩	相关性	1.000	-0.390**	-0.419**	-0.407**
		Sig.（双侧）	—	0.000	0.000	0.000
		N	539	539	539	539
斯皮尔曼等级相关系数	比赛成绩	相关性	1.000	-0.557**	-0.594**	-0.581**
		Sig.（双侧）	—	0.000	0.000	0.000
		N	539	539	539	539

越高的结论，充分说明对参赛者就业能力预估越准确，比赛成绩越高。

四　六大能力因素与比赛成绩的相关分析

1. 六大能力与比赛成绩呈正相关

通过分析表 5-30 可得，比赛成绩与合作能力的肯德尔秩相关系数为 0.195，不相关的假设成立的概率为 P=0.000<0.01，斯皮尔曼等级相关系数为 0.282，不相关的假设成立的概率为 P=0.000<0.01，可得结论，两种分析方法等级相关系数有显著意义（1%水平），比赛成绩与参赛者合作能力之间存在正相关关系，但相关系数很小。同理可得，比赛成绩与参赛者的社交能力、创新能力、竞争能力、就业心理和综合能力之间存在正相关关系，但相关系数都很小，其中比赛成绩与综合能力之间的相关系数较大，达到 0.296（斯皮尔曼等级相关系数）。

表 5-30　比赛成绩与六大能力之间的相关分析结果

			比赛成绩	合作能力	社交能力	创新能力	竞争能力	就业心理	综合能力
肯德尔秩相关系数	比赛成绩	相关性	1.000	0.195**	0.122**	0.157**	0.103**	0.114**	0.204**
		Sig.（双侧）	—	0.000	0.000	0.000	0.000	0.000	0.000
		N	539	539	539	539	539	539	539
斯皮尔曼等级相关系数	比赛成绩	相关性	1.000	0.282**	0.178**	0.227**	0.151**	0.165**	0.296**
		Sig.（双侧）	—	0.000	0.000	0.000	0.000	0.000	0.000
		N	539	539	539	539	539	539	539

基于此,可得结论:要想提高比赛成绩,需要提高参赛者的合作能力、社交能力、创新能力、竞争能力、就业心理和综合能力,尤其要提高综合能力。

2. 参加专业实习和社会调研多者比赛成绩高,参加公益活动则相反

大学生参加了这么多的社会实践,从就业的角度来讲,哪些社会实践比较有用呢?为此将是否参加社会实践与比赛成绩进行了相关分析。从表5-31可以看出,参加专业实习的学生平均比赛成绩是52.19分,比平均成绩49.93分高2.26分,比没有参加过专业实习的学生平均比赛成绩(47.35分)高4.84分,而且方差分析显著性检验的P值<0.05,说明参加专业实习的和没有参加过专业实习的参赛者比赛成绩之间的差异性还是比较显著的。参加社会调研的学生平均比赛成绩是53.47分,比平均成绩49.93分高3.54分,比没有参加过社会调研的学生平均比赛成绩(49.41分)高4.06分,而且方差分析显著性检验的P值<0.1,说明参加社会调研的和没有参加过社会调研的参赛者比赛成绩之间的差异性在90%的置信度下还是比较显著的。另外有过创业和兼职打工经历的比没有创业和兼职打工经历的参赛者成绩也要高,令人费解的是参加公益活动和校园活动比没有参加过的比赛成绩反而低,尤其是公益活动,在95%置信度下两者之间差异性显著,未参加过公益活动的学生平均成绩51.36分,比参加过公益活动的平均成绩(48.05分)高3.31分。这充分说明学生期间多参加一些对工作有用的社会实践对就业(比赛成绩)还是有用的,但是并不能说参加公益活动和校园活动是没用的,可能不能体现在比赛成绩上。

表5-31 社会实践与比赛成绩相关分析

社会实践	是否参与	有效值(人)	标准差(分)	均值(分)	方差分析	
公益活动	未参加	306	18.00	51.36	F	4.502
	参加	233	17.85	48.05	Sig.	0.034
兼职打工	没参加	213	19.27	48.82	F	1.335
	参加	326	17.11	50.65	Sig.	0.249
专业实习	没参加	252	17.13	47.35	F	9.833
	参加	287	18.46	52.19	Sig.	0.002

续表

社会实践	是否参与	有效值（人）	标准差（分）	均值（分）	方差分析	
校园活动	没参加	480	17.78	50.12	F	0.493
	参加	59	19.77	48.37	Sig.	0.483
社会调研	没参加	471	17.74	49.41	F	3.034
	参加	68	19.49	53.47	Sig.	0.082
创业	没参加	527	17.98	49.77	F	1.763
	参加	12	18.22	56.74	Sig.	0.185
合计		539	18.00	49.93	—	—

3. 合作能力上做两手准备的人比赛成绩偏高

通过表5-32可以看出，对于同一问题的不同处理方式的参赛者比赛成绩之间差异性显著。做两手准备的参赛者比赛成绩最高，平均成绩达63.30分，比平均成绩49.93分高13.37分；其次是协助完成任务处理方式的参赛者，平均成绩57.42分，并且最高成绩者也是采用的这种处理方式，最低分就是那些其他处理方式的参赛者，不管不顾的、分工的，平均成绩只有46.32分。从关联度上看，不同处理方式与比赛成绩的关系不是很密切，Eta（η）=0.240，能够解释5.7%的比赛成绩差异。充分说明重视合作的人比赛成绩偏高，最好的方法是做两手准备。

表5-32 合作能力方面不同处理方式与比赛成绩相关分析

	有效值（人）	均值（分）	标准差（分）	最小值（分）	最大值（分）
沟通疏导，鼓励完成任务	393	48.17	17.79	5.98	94.24
沟通疏导，协助完成任务	67	57.42	17.73	22.39	97.61
先沟通疏导，无果则独立完成	26	63.30	14.43	29.51	84.03
自己独立或是大部分自己完成	29	49.98	16.14	13.06	73.17
其他	19	46.32	15.94	18.89	74.23
方差分析	F	8.055	关联度测度	Eta（η）	0.240
	Sig.	0.000		Eta（η^2）	0.057

4. 社交能力越强，比赛成绩越高，相关性不明显

社交方面不同的处理方式是否在比赛成绩上有体现呢？通过表5-33

可以分析得出，针对晚宴不能如期举行，对上司设法弥补的人比赛成绩最高，平均成绩达 53.66 分，即社交能力强比赛成绩偏高；而仅仅向上司说明原因的人得分明显偏低，平均成绩为 49.36 分；采取中庸方式的人，即跟上司约了下次晚宴时间的人，平均成绩介于两者之间，为 50.06 分。从方差分析的角度来看，社交能力的强弱与比赛成绩之间的相关性不强，不同社交能力的比赛成绩之间差异性不显著。

表 5-33　社交能力方面不同处理方式与比赛成绩相关分析

	有效值（人）	均值（分）	标准差（分）	最小值（分）	最大值（分）
表示歉意，说明原因	116	49.36	19.18	5.98	91.58
表示歉意，下次再约	370	50.06	17.51	6.91	97.61
表示歉意，设法弥补	39	53.66	18.25	25.70	93.90
其他	11	45.48	17.25	24.06	72.54
方差分析	F	0.821	关联度测度	Eta (η)	0.068
	Sig.	0.482		Eta (η^2)	0.005

5. 先择业后创业者成绩居高，无意向者成绩明显低

不同创业意向的参赛者比赛成绩有明显差异，方差分析显著性检验 P 值 $\ll 0.05$。选择先择业后创业的人比赛成绩明显偏高，平均成绩达 56.95 分，比选择不创业的平均成绩 46.19 分高 10.76 分；选择条件允许会创业的和一定会创业的平均成绩居中，约 50 分。充分说明有创业头脑的人比赛成绩还是偏高，但是创业不是靠脑子发热就能实现的，需要各种外界因素的支持和内在因素的提升，所以先选择一个自己感兴趣或是有发展前景的行业工作，积累足够的经验、人脉和财力后再进行创业，成功的概率才比较大（见表 5-34）。

表 5-34　创业意向与比赛成绩相关分析

	有效值（人）	均值（分）	标准差（分）	最小值（分）	最大值（分）
不会	228	46.19	16.67	11.85	93.90
暂时不会，积累经验后会创业	153	56.95	17.44	5.98	97.61
可能会，条件允许会创业	49	50.51	19.73	10.96	88.88
会创业	87	50.12	17.61	18.89	90.54
方差分析	F	11.724	关联度测度	Eta (η)	0.253
	Sig.	0.000		Eta (η^2)	0.064

6. 成绩公开持赞同态度的参赛者成绩明显低

对于考试或比赛成绩公布这一问题，持不同态度的参赛者比赛成绩也呈现显著的差异，方差分析显著性检验 P 值 << 0.05。持赞同态度的人比赛平均成绩最低，为 45.94 分，持不赞同或比较赞同的人比赛成绩相当，这也从侧面反映出比较有想法的人成绩偏高，而那些思想保守、中规中矩的人比赛成绩偏低（见表 5-35）。

表 5-35　竞争能力方面不同态度与比赛成绩相关分析

	有效值（人）	均值（分）	标准差（分）	最小值（分）	最大值（分）
赞同	179	45.94	16.95	6.91	82.44
比较赞同	166	52.88	18.26	17.98	97.61
不赞同	182	52.36	17.71	5.98	94.24
方差分析 F	8.495	关联度测度	Eta（η）	0.177
方差分析 Sig.	0.000	关联度测度	Eta（η^2）	0.031

7. 就业心理上做两手准备的人比赛成绩更高

当工作和家庭出现矛盾时，不同人采取不同的方式进行处理，比赛成绩也呈现差异性，方差分析检验结果显示 P 值 << 0.05，说明差异性显著。通过表 5-36 可以看出，采取两手准备的人比赛成绩偏高，平均比赛成绩最高的是先向领导说明情况并做辞职打算的一类人，平均成绩达 52.56 分，比选择直接辞职的人（平均成绩 39.95 分）高 12.61 分；其次是雇人照顾父亲的一类人，平均成绩为 50.17 分，显然当出现问题时应该在兼顾工作的同时做出有进有退的打算，这类人比赛成绩也较高。最笨的办法就是直接辞职，还没有跟领导沟通就直接辞职显然是不理智的做法，鲁莽行径。

表 5-36　就业心理方面不同态度与比赛成绩相关分析

	有效值（人）	均值（分）	标准差（分）	最小值（分）	最大值（分）
说明情况，征求领导理解，不做辞职打算	235	49.11	18.22	6.91	93.78
说明情况，征求领导理解，做辞职打算	221	52.56	16.95	10.96	94.85
辞职	42	39.95	18.80	5.98	84.03
说明情况，征求领导理解，做请人照顾打算	35	50.17	17.28	24.60	88.58

续表

方差分析	F	6.257	关联度测度	Eta (η)	0.185
	Sig.	0.000		Eta (η^2)	0.034

8. 创业计划详细者比赛成绩更高，就业计划明确与否不影响比赛成绩

在就业计划上有些人明确，有些人模糊，但是两者在比赛成绩上差异不是很显著，就业计划明确的人平均成绩为 51.43 分，比就业计划模糊的人（平均成绩 50.14 分）仅高 1.29 分，方差分析显著性检验也不是很显著（见表 5-37）。但是创业计划是否详细的比赛者者之间表现出明显的成绩差异，创业计划详细者比赛平均成绩为 66.34 分，比创业计划笼统的人（平均成绩 47.83 分）高 18.51 分。从方差分析检验结果来看，P 值 << 0.05，从关联度来看，创业计划与比赛成绩之间关系比较密切，Eta (η) = 0.438，能解释 19.2% 的成绩差异（见表 5-38）。

表 5-37 就业计划与比赛成绩相关分析

	有效值（人）	均值（分）	标准差（分）	最小值（分）	最大值（分）
明确	218	51.43	17.08	12.60	93.90
模糊	252	50.14	17.65	5.98	97.61
方差分析	F	0.644	关联度测度	Eta (η)	0.037
	Sig.	0.423		Eta (η^2)	0.001

表 5-38 创业计划与比赛成绩相关分析

	有效值（人）	均值（分）	标准差（分）	最小值（分）	最大值（分）
详细	19	66.34	13.87	47.55	94.85
笼统	45	47.83	18.98	7.83	78.82
方差分析	F	14.702	关联度测度	Eta (η)	0.438
	Sig.	0.000		Eta (η^2)	0.192

第四节 参赛者的就业期待

一 参赛者对薪水的期待

1. 参赛者最低期望薪金仅千元

通过表 5-39 可以看出，不同就业率下参赛者的心理底薪中位数和总数均为 1000 元。从图 5-19 也可以看出，92% 就业率下心理底薪为 1000 元的有 257 人，占总参赛人数的 47.7%，低于 1000 元的累计达 20.4%，更甚者心理底薪为 0 元，不给工资也愿意劳动；85% 就业率下，心理底薪为 1000 元的有 237 人，占总参赛人数的 44.0%，而低于 1000 元的累计达 25.4%；75% 就业率下，心理底薪为 1000 元的有 239 人，占总参赛人数的 44.3%，低于 1000 元的累计达 27.5%。显然随着就业率的下降，参赛者也相应调低了自己的心理底薪。

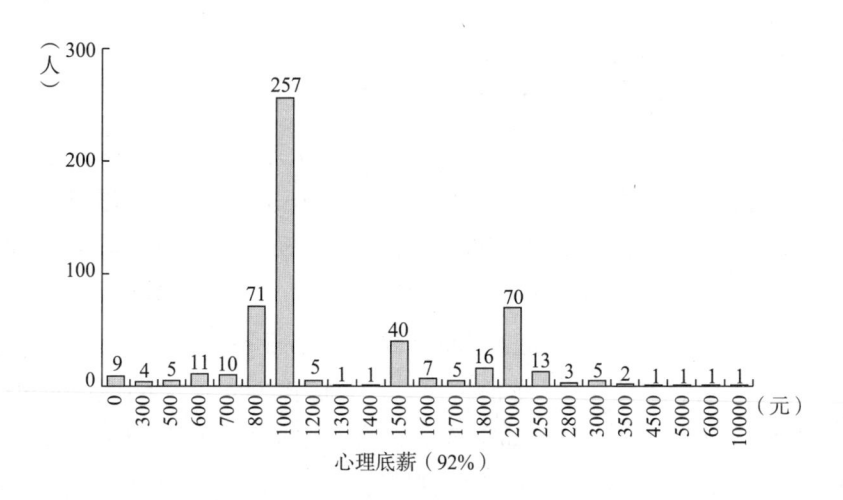

表 5-39　不同就业率下参赛者对薪水期望的描述统计分析

单位：元

统计量	心理底薪			期望起薪			乐观起薪		
	92%	85%	75%	92%	85%	75%	92%	85%	75%
均值	1255.47	1233.95	1179.04	2163.60	2008.46	1943.37	5138.59	4905.53	4759.09
中位数	1000	1000	1000	2000	2000	1800	3000	2500	2500
众数	1000	1000	1000	2000	2000	2000	3000	3000	2500
标准差	726.44	1017.79	675.81	2363.48	1101.08	885.09	43240.84	43171.59	43093.59
最小值	0	0	0	0	0	0	0	0	0
最大值	10000	20000	10000	50000	18000	10000	999999	999999	999999

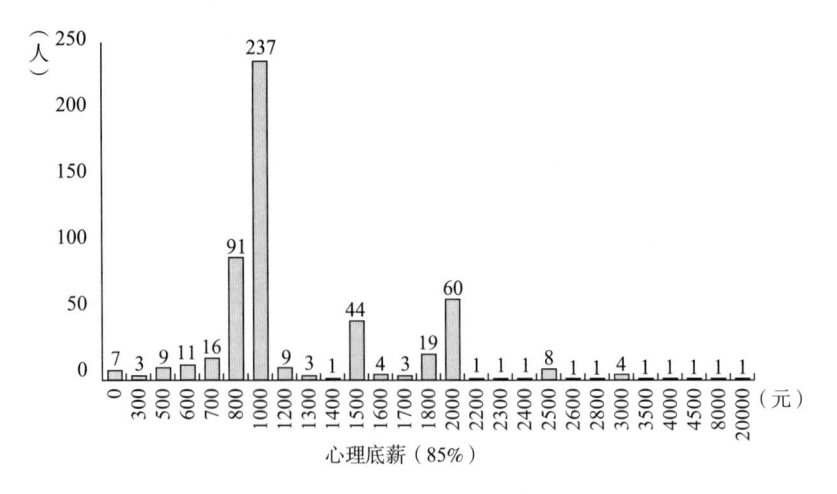

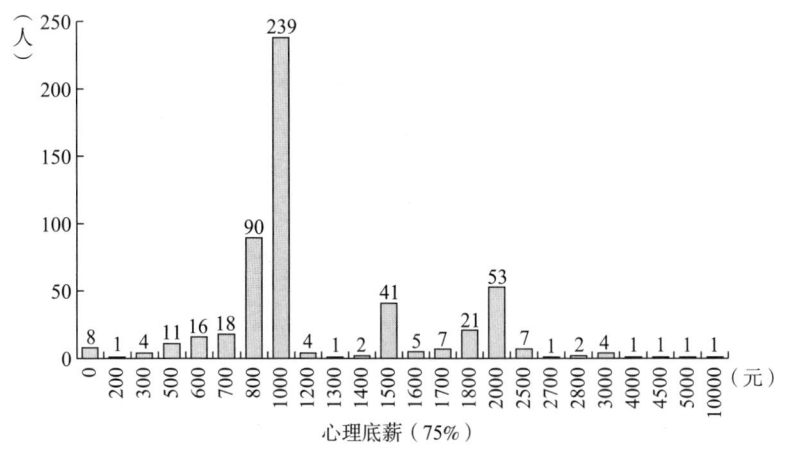

图 5-19 不同就业率下参赛者心理底薪分布

参赛者的期望起薪大约高出心理底薪1000元，92%和85%就业率下中位数为2000元，75%就业率下中位数为1800元，而众数在不同就业率下都为2000元。从图5-20也可以看出，92%就业率下期望起薪为2000元的有203人，占总参赛人数的37.7%，低于2000元的累计达42.3%，只有不足2%的人期望起薪超过5000元；85%就业率下，期望起薪为2000元的有186人，占总参赛人数的34.5%，而低于2000元的累计达49.0%；75%就业率下，期望起薪为2000元的有193人，占总参赛人数的35.8%，低于2000元的累计达50.1%。显然随着就业率的下降，参赛者也相应地调低了自己的期望起薪。

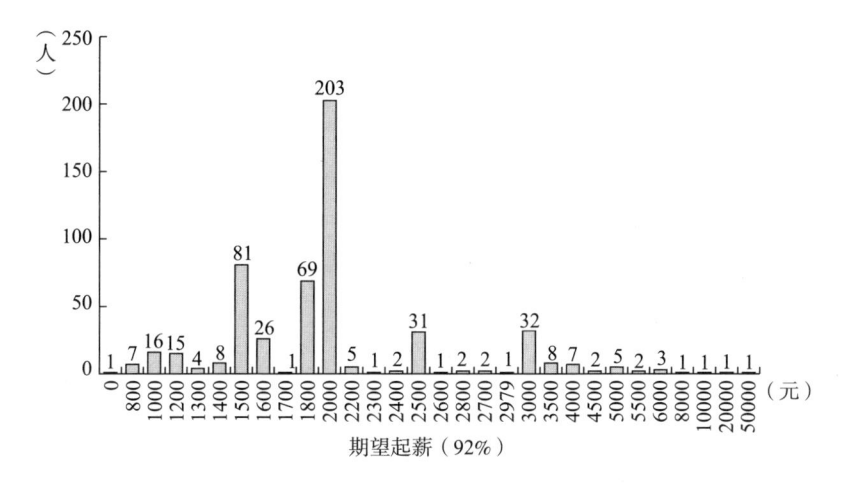

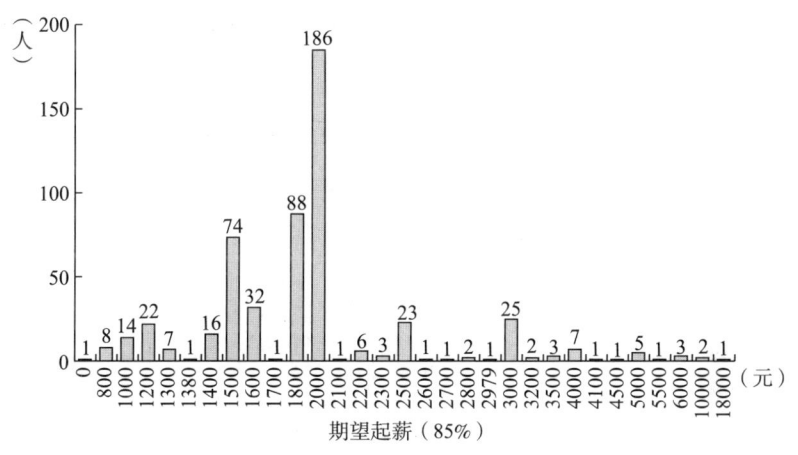

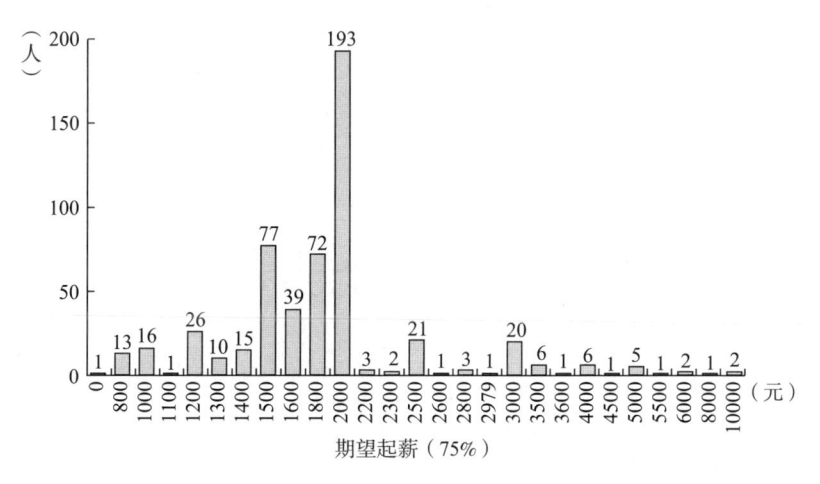

图 5-20　不同就业率下参赛者期望起薪分布直方图

对于乐观起薪参赛者表现出很大的差异性，随参赛者的乐观程度不同，乐观起薪与期望起薪的差距也不同。92%就业率下中位数和众数都为3000元；85%就业率下中位数为2500元，众数为3000元；75%就业率下中位数和众数都为2500元。从图5-21也可以看出，参赛者乐观起薪主要集中在1500元、2000元、2500元、3000元和4000元这几个数值上。92%就业率下，乐观起薪为1500元的有36人，占总数的6.7%；2000元的有72人，占总数的13.4%；2500元的有142人，占总数的26.3%；3000元的有155人，占总数的28.8%；4000元的有87人，占总数的16.1%，4000元以下的累计百分比达77.4%。85%就业率下，乐观起薪为1500元的有41人，占总数的7.6%；2000元的有87人，占总数的16.1%；2500元的有145人，占总数的26.9%；3000元的有149人，占总数的27.6%；4000元的有72人，占总数的13.4%，4000元以下的累计百分比达81.6%。75%就业率下，乐观起薪为1500元的有53人，占总数的9.8%；2000元的有114人，占总数的21.2%；2500元的有130人，占总数的24.1%；3000元的有130人，占总数的24.1%；4000元的有73人，占总数的13.5%，4000元以下的累计百分比达81.8%。显然随着就业率的下降，参赛者也相应地调低了自己的乐观起薪。

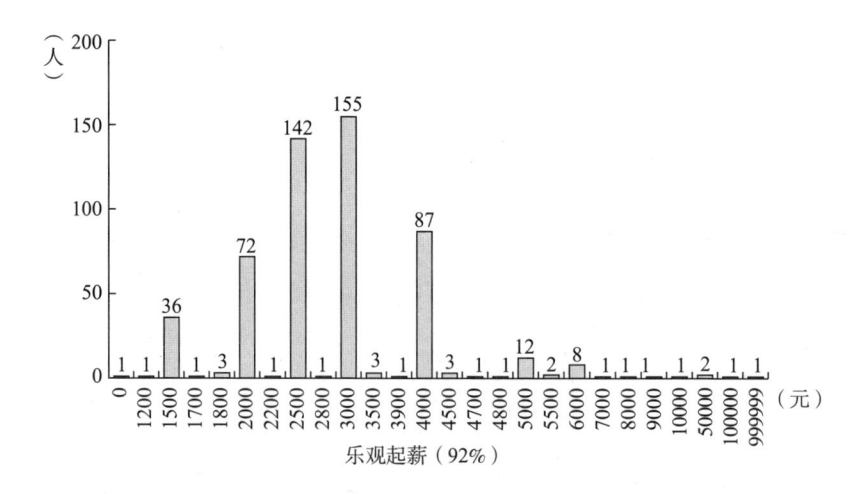

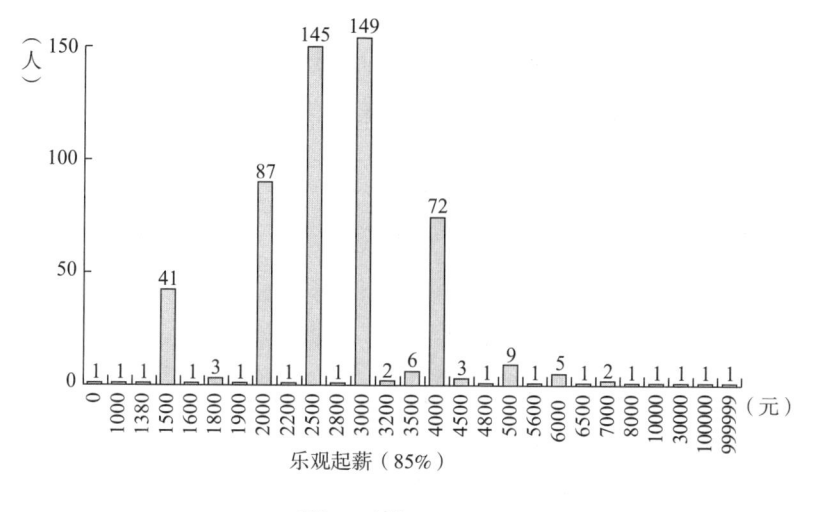

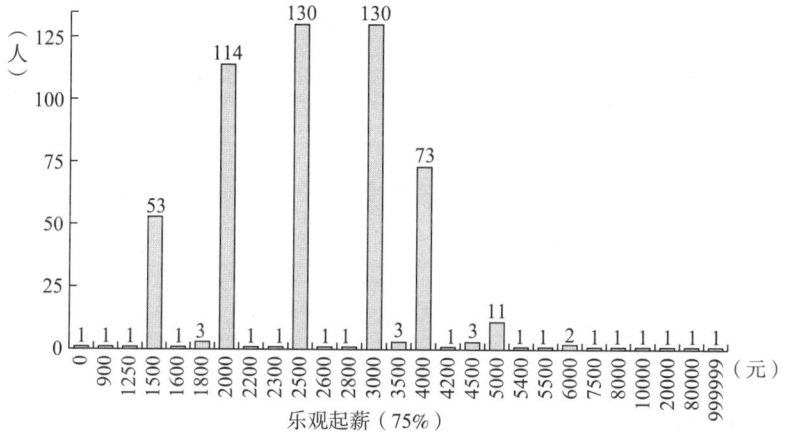

图 5-21　不同就业率下参赛者期望起薪分布

2. 就业率越好，期望薪水越高

通过表 5-39 还可以看出，随着就业率的上升，参赛者对薪水的期望值也相应地提高。92% 就业率下心理底薪平均值为 1255.47 元，比 85% 就业率下的平均值（1233.95 元）高 21.52 元，比 75% 就业率下的平均值（1179.04 元）高 76.43 元；92% 就业率下期望起薪平均值为 2163.60 元，比 85% 就业率下的平均值（2008.46 元）高 155.14 元，比 75% 就业率下的平均值（1943.37 元）高 220.23 元；92% 就业率下乐观起薪平均值为 5138.59 元，比 85% 就业率下的平均值（4905.53 元）高 233.06 元，比 75% 就业率下的平均值（4759.09 元）高 379.5 元。同时分析数据还能发现，各种情况下平均值都比中位数和众数要大,这主要是由于数据中的极大值影响较大,拉高了平均值。从离散度上讲,薪水的期望程度越高,离散度也越大,反映了一种普遍存在的心理:悲观情况下比较谨慎,乐观情况下比较激进。

二 参赛者对就业环境的期待

1. 就业首要看重个人发展,就业率越低越看重工作稳定性

通过分析表5-40可得,不同就业率下大学生选择职业首要看重的是个人发展,92%就业率达59.2%,随着就业率的下降,这个比例也相应下降,85%就业率下为55.7%,75%就业率下为54.4%。而大学生选择职业时对于父母意愿与老师建议却不太关注,约1%的学生会首要看重父母意愿与老师建议,说明大学生在择业时还是有自己主见的。仅次于个人发展的是工资水平和福利,约10%的学生表示择业时首要看重工资水平和福利。

表5-40 不同就业率下参赛者就业首要标准的描述统计分析

标准	92%就业率 频数(人)	百分比(%)	85%就业率 频数(人)	百分比(%)	75%就业率 频数(人)	百分比(%)
单位类型	23	4.3	22	4.1	19	3.5
单位所在地	21	3.9	19	3.5	14	2.6
对工作的兴趣	55	10.2	52	9.6	46	8.5
父母意愿与老师建议	4	0.7	3	0.6	8	1.5
工资水平和福利	52	9.6	66	12.2	58	10.8
工作环境	13	2.4	4	0.7	9	1.7
工作稳定性	31	5.8	53	9.8	71	13.2
个人发展	319	59.2	300	55.7	293	54.4
专业对口	21	3.9	20	3.7	21	3.9
合计	539	100.0	539	100.0	539	100.0

进一步分析可以看出,随着就业率的下降,大学生对于工作稳定性会越来越看重,92%就业率下5.8%的学生首要看重工作稳定性,85%就业

率下为 9.8%，上升了 4 个百分点，75% 就业率下为 13.2%，又上升了 3.4 个百分点。但是大学生对工作的兴趣选择比例却呈现下降趋势，92% 就业率下为 10.2%，85% 就业率下为 9.6%，下降了 0.6 个百分点，75% 就业率下为 8.5%，又下降了 1.1 个百分点。

2. 就业首选多为经济发达地区，就业前景不好时才倾向去中、西部地区

通过分析表 5-41 可得，不同就业率下大学生选择就业地域均偏爱北京、上海，92% 就业率下达 62.0%，随着就业率的下降，这个比例也相应下降，85% 就业率下为 59.0%，75% 就业率下为 58.4%。这或许与参赛者就读学校所处地域有关，65.5 的参赛者来自北京、上海高校。而大学生选择就业地域时对于西部大中城市却不感兴趣，92% 就业率下仅 3.5% 的大学生表示会选择去西部工作。仅次于北京、上海的则是东部沿海城市，选择人数约占总人数的 20%。

表 5-41　不同就业率下参赛者就业地域选择的描述统计分析

地区	92% 就业率		85% 就业率		75% 就业率	
	频数（人）	百分比（%）	频数（人）	百分比（%）	频数（人）	百分比（%）
北京、上海	334	62.0	318	59.0	315	58.4
东部沿海城市	110	20.4	112	20.8	103	19.1
中部大中城市	72	13.4	81	15.0	82	15.2
西部大中城市	19	3.5	22	4.1	33	6.1
不限或其他	4	0.7	6	1.1	6	1.1
合计	539	100.0	539	100.0	539	100.0

进一步分析可以看出，随着就业率的下降，大学生对于工作地域的选择稍微向中、西部大中城市倾斜，85% 就业率下选择去西部工作的达 4.1%，上升了 0.6 个百分点，75% 就业率下为 6.1%，又上升了 2 个百分点。同时选择去中部地区工作的人数比例也由 92% 就业率下的 13.4% 上升为 15.2%。

3. 毕业生不愿去基层工作，就业前景差趋向深造或创业

通过分析表 5-42 可得，不同就业率下大学生在就业方向选择上均趋向去党政机关、事业单位或大型企业，92% 就业率下达 58.1%，随着就业率下降，这个比例也相应下降，85% 就业率下为 54.4%，75% 就业率下为 51.0%，仍占半数以上。而大学生选择去基层工作的却不足 10%，随着就

业率的下降比例有所增加，92%就业率下为5.6%，85%就业率下上升为7.1%，上升了1.5个百分点，75%就业率下为9.1%，又上升了2个百分点。仅次于党政机关、事业单位或大型企业的则是到中小企业工作或自己创业，该比例可达25.6%，且随着就业率的下降比例逐渐增加，92%就业率下为21.9%，85%就业率下上升为24.9%，上升了3个百分点，75%就业率下为25.6%，又上升了0.7个百分点。选择考研或者留学的人数大约占11%，随着就业率的下降，比例略有上升。

表5-42 不同就业率下参赛者就业方向选择的描述统计分析

就业方向	92%就业率 频数（人）	百分比（%）	85%就业率 频数（人）	百分比（%）	75%就业率 频数（人）	百分比（%）
党政机关、事业单位或大型企业	313	58.1	293	54.4	275	51.0
考研或者留学	61	11.3	62	11.5	63	11.7
到基层工作	30	5.6	38	7.1	49	9.1
到中小企业工作或自己创业	118	21.9	134	24.9	138	25.6
其他	17	3.2	12	2.2	14	2.6
合计	539	100.0	539	100.0	539	100.0

第五节　参赛人员后期就业情况分析

比赛结束后对参赛者进行了跟踪访问，有效访问样本为260人，约占总参赛人数的48.2%，其中就业者199人，未就业者61人，就业率达76.54%。

一　就业基本情况

1. 多半未就业毕业生为深造，创业者寥寥无几

后期跟踪访问成功样本中有61人未就业，究其原因，通过图5-22可以看出，54.10%的毕业生选择了继续升学学习，16.39%的毕业生还在继续找工作，6.56%的毕业生等待出国，仅有1人计划创业。若将继续升学和等待出国的毕业生归为就业的话，就业率在90%以上。

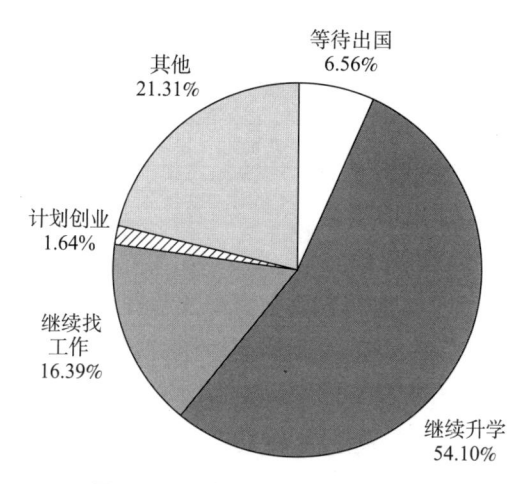

图 5-22 毕业生未就业原因分析

2. 毕业生就业行业分散，第三产业略受青睐

通过表 5-43 可以看出，毕业生所从事的行业分布比较分散。其中第三产业的就业岗位备受青睐，尤其是商务服务业，占总就业人数的 18.09%，仅次之的是金融业、公共管理和社会组织，均占总就业人数的 12.06%，而选择第一产业的毕业生仅一人。

表 5-43 毕业生就业行业分布

序号	行业门类	行业大类	频数（人）	百分比（%）	频数（人）	百分比（%）
01	农、林、牧、渔业	林业	1	0.50	1	0.50
02	采矿业	—	—	—	—	—
03	制造业	金属制造业	1	0.50	10	5.03
		烟草制品业	1	0.50		
		通信设备、计算机及其他电子设备制造业	4	2.01		
		食品制造业	1	0.50		
		仪器仪表及文化、办公用机械制造	1	0.50		
		制造业	2	1.01		
04	电力、燃气及水的生产和供应业	—	—	—	—	—

续表

序号	行业门类	行业大类	频数（人）	百分比（%）	频数（人）	百分比（%）
05	建筑业	房屋和土木工程建筑业	15	7.54	17	8.54
		其他建筑业	2	1.01		
06	交通运输、仓储和邮政业	仓储业	1	0.50	1	0.50
07	信息传输、计算机服务和软件业	计算机服务业	2	1.01	11	5.53
		电信和其他信息传输服务业	4	2.01		
		软件业	5	2.51		
08	批发和零售业	零售业	5	2.51	9	4.52
		批发业	4	2.01		
09	住宿和餐饮业	餐饮业	1	0.50	1	0.50
10	金融业	保险业	2	1.01	24	12.06
		银行业	8	4.02		
		证券业	14	7.04		
11	房地产业	房地产业	7	3.52	7	3.52
12	租赁和商务服务业	商务服务业	36	18.09	36	18.09
13	科学研究、技术服务和地质勘查业	研究与试验发展	1	0.50	1	0.50
14	水利、环境和公共设施管理业	水利水电工程	2	1.01	2	1.01
15	居民服务和其他服务业	—	—	—	—	—
16	教育	教育	9	4.52	9	4.52
17	卫生、社会保障和社会福利业	—	—	—	—	—
18	文化、体育和娱乐业	文化艺术业	1	0.50	4	2.01
		新闻出版业	3	1.51		
19	公共管理和社会组织	国家机构	13	6.53	24	12.06
		基层群众自治组织	7	3.52		
		事业单位	4	2.01		
20	国际组织	—	—	—	—	—
21	其他	创业	1	0.50	1	0.50
		销售业	21	10.55	21	10.55

续表

序号	行业门类	行业大类	频数（人）	百分比（%）	频数（人）	百分比（%）
21	其他	服务业	2	1.01	2	1.01
		IT行业	10	5.03	10	5.03
不愿透露			8	4.02	—	—
合计			199	100.00	199	100.00

注：①商务服务业包括：企业管理服务（企业管理机构，投资与资产管理，其他企业管理服务）、法律服务（律师及相关的法律服务、公证服务、其他法律服务）、咨询与调查（会计、审计及税务服务、市场调查、社会经济咨询）等；②序号01为第一产业，02~05为第二产业，06~21为第三产业。

究其原因，随着科学技术的发展，第一、第二产业所占比重呈逐年下降的趋势，对就业的吸纳能力也相应下降，而第三产业蓬勃发展，行业分类细，对就业的吸纳能力越来越强。此外，参加比赛的学生的专业大多集中于经管类，择业范围主要集中于第三产业，故从事第三产业的毕业生所占比例很大。

199名就业毕业生中仅一人选择创业，都不及1%，而在比赛时参赛者针对创业问题，16.83%的人表示会创业，这个比例不低，究竟毕业以后有多少人坚持了自己的选择，进行创业了呢？从后期跟踪访问的情况来看，访问成功的47个选择创业的毕业生没有一人进行创业或者说创业失败又重新择业了，其中11人还没有就业，约占1/5，其他人就业行业分布分散（见表5-44）。这正验证前面一个说法，大学生不是创业意向不浓，而是创业环境有待改善。

表5-44 选择创业者的后期就业行业分布

行业	频数（人）	百分比（%）	行业	频数（人）	百分比（%）
IT行业	3	6.38	基层群众自治组织	1	2.13
保险业	2	4.26	教育	3	6.38
仓储业	1	2.13	金属制造业	1	2.13
电信和其他信息传输服务业	1	2.13	批发业	1	2.13
电子设备制造业	1	2.13	软件业	1	2.13
房地产业	2	4.26	商务服务业	2	4.26
房屋和土木工程建筑业	2	4.26	通信设备、计算机及其他电子设备	1	2.13
国家机构	4	8.51	销售业	3	6.38

续表

行业	频数(人)	百分比(%)	行业	频数(人)	百分比(%)
新闻出版业	1	2.13	制造业	1	2.13
银行业	1	2.13	未就业	11	23.40
证券业	1	2.13	不愿透露	3	6.38
			合计	47	100.00

软银亚洲总裁阎焱 2010 年 3 月在中国（深圳）IT 领袖峰会上表示，大学生对创业是非常有激情的，但是创业是一个非常漫长的过程。从统计学角度来讲，可能 1000 个大学生创业，只有千分之几的成功案例。如果大学生创业不成功，可能对个人心理、事业造成伤害，对其家庭也非常不好。阎焱称，中国外部创业环境非常不好。财务上的来源都是亲朋好友借款，银行不给创业人贷款。"所以我是非常反对大学生创业，因为成功需要太多知识和人生经验积累"。

个人认为大学生创业难主要有以下几个方面：首先，大学生创业意识薄弱，传统观念难转变；其次，创业资金不足，小额贷款不易贷；再次，创业教育缺失，创业技能难获取；最后，优惠政策落实不到位，创业环境不佳。要想解决大学生创业难的现状，需要多管齐下，个人应转变就业观念，积累知识经验，学校培养创业意识，提高创业能力，政府应积极鼓励扶持，政策落实到位，社会应积极主动宣传，营造良好氛围。

3. 毕业生就业对东部地区情有独钟，首都北京稳居第一

通过表 5-45 可以看出毕业生对就业地区的选择表现出强烈的偏好，92.15% 的毕业生选择了东部，而去往中、西部就业的毕业生不足 10%，其中选择中部地区的毕业生占总就业人数的 5.24%，而选择西部地区的仅占 2.62%。这主要是中国的经济中心在东部沿海，大型城市的分布也偏向于东部，东部拥有更多的资源和就业机会，毕业生的选择范围更广，个人发展的空间更大，尤其是首都北京，城市规模大、经济发达、就业机会广，自然成为毕业生首选。当然，参加比赛的学生大多来自东部（65.5%），选择就业地区自然会偏向于东部地区。

表 5-45 毕业生就业城市分布

地区	城市	频数（人）	百分比（%）	频数（人）	百分比（%）
东部	北京	139	72.77	176	92.15
	上海	19	9.95		
	天津	11	5.76		
	河北	2	1.05		
	河北唐山	2	1.05		
	山东	2	1.05		
	浙江	1	0.52		
中部	河南洛阳	1	0.52	10	5.24
	河南三门峡	1	0.52		
	河南郑州	3	1.57		
	湖北	1	0.52		
	湖北武汉	1	0.52		
	河南南阳	1	0.52		
	吉林	1	0.52		
	山西太原	1	0.52		
西部	陕西	1	0.52	5	2.62
	陕西西安	1	0.52		
	四川	1	0.52		
	新疆阿勒泰市	1	0.52		
	云南昆明	1	0.52		
合计		191	100.00	191	100.00

注：东部地区包括12个省、直辖市、自治区，分别是辽宁、北京、天津、河北、山东、江苏、上海、浙江、福建、广东、广西、海南；中部地区包括山西、内蒙古、吉林、黑龙江、安徽、江西、河南、湖北、湖南9省、自治区；西部地区指陕西、甘肃、青海、宁夏、新疆、四川、重庆、云南、贵州、西藏10个省、直辖市、自治区。

4. 毕业生工资3000左右，购房需40多年

通过表5-46可以看出，毕业生的就业平均工资水平在3000元左右，其中上海地区最高，平均工资达3547.06元，而中部地区最低，仅2380元，整体趋势上东部地区的平均工资高于中部地区。但西部地区平均工资水平为3240元，比中部地区高出近一倍，比东部地区的平均工资高286.87元，这说明西部地区工资不一定比东部地区低，对于大学生来说去西部发展是不错的选择。

表 5-46　毕业生就业工资和 3 年后期望工资对比分析

地区	工资 均值（元）	工资 最小值（元）	工资 最大值（元）	工资 有效值（人）	期望工资 均值（元）	期望工资 最小值（元）	期望工资 最大值（元）	期望工资 有效值（人）	均值差（元）
北京	3474.17	1200	11400	127	7223.48	2000	20000	132	3749.31
上海	3547.06	2600	6000	17	7600.00	3000	20000	18	4052.94
东部	2953.13	1500	5000	16	5882.35	4000	10000	17	2929.22
中部	2380.00	1900	3000	10	6800.00	4000	10000	10	4420.00
西部	3240.00	2700	4000	5	6800.00	5000	12500	5	3560.00
总计	3383.17	1200	11400	180	7089.84	2000	20000	187	3706.67

注：①东部地区是指除北京和上海之外的城市；②均值差 = 期望工资均值 - 工资均值。

从毕业生对于 3 年后的期望工资来看，普遍要比现有工资高一倍，平均工资水平在 7000 元左右，最高达 20000 元，这反映了毕业生对于未来的期望值很高，对于个人发展的自信心很强，但是高期望也反映了社会竞争的压力已经传递到了毕业生的身上。

房价在近 10 年的时间里不停上涨，尤其是反映在大型城市上。通过表 5-47 也可以看出，东部城市的房价平均为 11919.25 元每平方米，明显高于中、西部城市，而北京、上海的房价更是远高过东部城市，其中北京房子的均价达 21787.82 元每平方米。这对于刚毕业的大学生来说无疑是一种压力，通过工资/房价的比值也可以看出，北京、上海的比值是最低的，虽然在北京、上海或是东部经济发达地区就业拥有比较好的发展前景和薪资水平，但是相比高房价来说，生活压力远比中、西部地区大。如果按毕业生现在的工资水平和现在的房价计算，在北京买一套 90 平方米的住房大概需要 50 年（49.73 年）的时间，而西部城市仅需要 10 年（10.67 年）。从生存压力的角度来讲，大学生毕业去中、西部地区就业发展是不错的选择，这与我国的就业政策倾向也是一致的。当然平均来看，毕业生不吃不喝拥有一套自己的住房也需要 40 多年，这也侧面反映了中国房价过高的现状，政府对于房价的调控迫在眉睫。

表 5-47 毕业生就业城市房价与工资对比分析

地区	房价 均值（元/m²）	房价 最小值（元/m²）	房价 最大值（元/m²）	有效值（人）	工资/房价 均值	工资/房价 最小值	工资/房价 最大值	有效值（人）	购房年限（年）
北京	21787.82	3400	100000	110	0.20	0.0400	0.9249	103	49.73
上海	16380.57	12000	30000	14	0.23	0.0867	0.5000	14	36.54
东部	11919.25	5000	65000	16	0.33	0.0462	0.5714	14	34.31
中部	6575.00	3000	12000	10	0.40	0.2083	0.6667	10	20.78
西部	4616.75	4000	5500	4	0.72	0.6000	0.8955	4	10.67
总计	18832.69	3000	100000	158	0.24	0.0400	0.9249	149	43.61

注：①东部地区是指除北京和上海之外的城市；②购房年限=房价×90/（工资×12）。

5. 毕业生就业对口百分比仅50%多，1/3就业不对口

通过表5-48可以看出，毕业生的就业方向与其所学专业存在一定的差距，46.67%的毕业生就业不太对口，其中完全不对口的毕业生达37.44%。这说明现在的大学教育专业开设与社会需要的脱节，导致就业市场上需求和供给的不对等。调查显示，农民工的平均工资高于大学生，这说明，中国劳动市场就业难不是供给大于需求的问题，而是供给和需求不匹配。

表 5-48 毕业生工作对口情况分析

	工作对口百分比（%）	频数（人）	百分比（%）	累计百分比（%）
不对口	0	73	37.44	37.44
	10	4	2.05	39.49
	30	7	3.59	43.08
	45	1	0.51	43.59
	50	6	3.08	46.67
	70	1	0.51	47.18
	75	1	0.51	47.69
对口	80	16	8.21	55.90
	90	1	0.51	56.41
	100	85	43.59	100.00
	合计	195	100.00	—
	就业满意度均值	54.41	标准差	46.39

从另一个角度来讲，毕业生就业不对口与毕业生所学专业是不是兴趣所在也有关。高考报专业时很多学生并不知道各个专业的具体就业方向和所学内容，都是盲目报考，很多人是调剂的专业，他们所学的专业不一定适合自己，不一定是自己的兴趣所在，在择业的过程中重新选择自己的定位。这反映了中国学生普遍存在的问题，即职业规划过晚。

6. 毕业生就业看重个人提升，工资福利次重要

图 5-23 反映了毕业生择业时对个人提升、工资福利和工作环境重要性的排序。用百分比来表示，个人提升平均占 42.30%，工资福利占 31.88%，工作环境占 25.82%，这与表 5-40 中毕业生未就业时对就业首要标准的看重基本一致。这说明毕业生在选择工作时，更看中工作带给自己的学习机会，希望能在工作中得到更多个人能力的提升。工资福利和工作环境相对就变得次要。毕业生在刚开始自己的职业生涯时，把自己的长期利益放在一个更加重要的位置上。而个人能力的提升显然是左右他们整个未来的最主要的因素，所以毕业生在选择工作的时候，把个人的提升放在头等重要的位置上。其次是工资福利，毕业生的择业地区大多选择了东部地区，而东部地区的生存压力相对于中、西部来说要大很多，所以工资福利在毕业生择业的过程中同样起到了很重要的作用。工作环境被排在了最后，随着高校的扩招，高等学历的毕业生越来越多，就业市场上的竞争也越来越激烈。在这种情况下，毕业生牺牲了舒适的工作环境来换取更好的个人发展和工资福利。

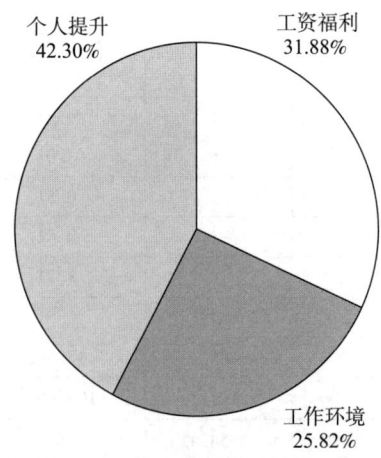

图 5-23 个人提升、工资福利和工作环境对就业的重要性

7. 专业知识和人际沟通是工作需要的重要素质

如表5-49所示，就本行业需要具备什么素质的问题，共有192人回答，其中66.14%的人认为专业知识和人际沟通是最重要的素质，认真负责所占比例超过20%，踏实勤奋和职业素养所占比例均超过10%，积极上进和学习能力的比例在7%~8%，而语言表达能力、创新精神、实践经验和英语能力则不足5%。参赛的毕业生认为专业知识和人际沟通能力最为重要，专业知识是毕业生就业后所有工作的基础，是学生智商的体现。而人际沟通能力则是毕业生情商的体现，毕业生在工作中的表现不仅仅取决于工作技能的发挥，人际沟通和团队合作精神也在很大程度上影响着毕业生在工作中的表现。认真负责、踏实勤奋和职业素养均是个人素质的体现，更加说明了毕业生更看重情商在工作中的作用。仅有3人提到英语能力的重要性，这与毕业生所选行业有关，我们一直强调英语能力在择业时的重要性，其实不然，在实际工作中，英语并不是一项必备的素质，但如果掌握好了，英语可能对于个人的提升发展更有帮助。

表5-49 毕业生工作行业需要具备素质统计

本行业需要具备的素质	频数（人）	百分比（%）
专业知识	63	32.81
人际沟通（包括组织协调）	64	33.33
认真负责	40	20.83
踏实勤奋	28	14.58
职业素养（诚信、廉洁、规范、敬业、合作）	20	10.42
积极上进	15	7.81
学习能力	14	7.29
语言表达能力	8	4.17
创新精神	6	3.13
实践经验	4	2.08
英语能力	3	1.56

二 就业满意度分析

为评价毕业生的就业状况，从毕业生的主观角度出发调查了毕业生对于自己工作的满意程度。从图 5-24 可以看出，毕业生对于工作还是基本满意的，其中非常满意的占 14.07%，比较满意的占 40.20%，满意度为一般的占 36.18%，三者加起来所占比例达到 90.45%。而比较不满意和很不满意所占比例分别是 5.53% 和 4.02%。

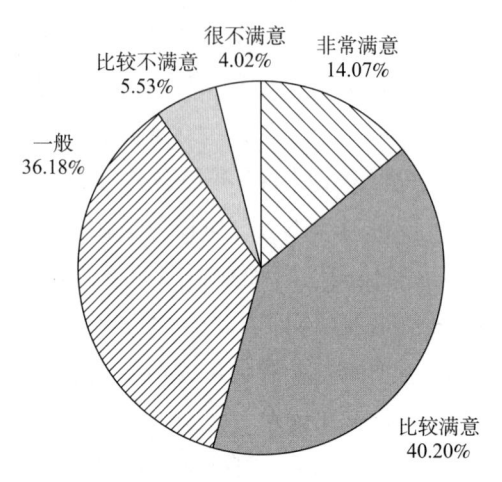

图 5-24　毕业生对工作满意度分布

为探究毕业生工作满意度与哪些因素相关，分别从就业因素、客观因素和能力因素三个方面进行分析。针对名义变量和顺序变量，构建列联表进行皮尔逊卡方检验，当 P 值小于 0.05 时拒绝原假设，说明工作满意度与该因素相关，如果大于 0.05 则不拒绝原假设，即不能判断两者相关；针对数值变量，通过均值比较进行检验。检验结果显示，工作满意度与就业因素中的工作地域、从事行业、薪资水平、当地房价无关，密切相关的是专业是否对口、现有工资与未来 3 年期望工资差额和期望心理底薪；工作满意度与客观因素的性别、所学专业、学校所处地域、学校是否为"211"、户口、学历、学制、学费、月生活费、月其他支出、支出回收年限等因素均有相关性；工作满意度与能力因素的比赛成绩、自信心、实际回收年限、竞争力得分、财富得分、诚信得分以及合作能力、创新能力、社交能力、就业心理、综合能力无关，密切相关的是个人情商和竞争能力。

1. 工作满意度与专业是否对口正相关

通过表 5-50 可以看出，方差分析的显著性检验 P 值 < 0.1，说明不同工作满意度的毕业生就业专业是否对口差异显著，对工作非常满意的毕业生

平均专业对口百分比为 59.2857%，对工作比较满意的平均专业对口百分比为 62.8125%，比一般的平均专业对口百分比（49.1912%）高 13.6213 个百分点，比比较不满的平均专业对口百分比（33.6364%）高 29.1761 个百分点，比很不满意的平均专业对口百分比（26.2500%）高 36.5625 个百分点。显然，就业专业越不对口，对工作越不满意。从关联度上看，工作满意度与专业是否对口的关系并不十分密切，Eta（η）=0.215，能够解释 4.6% 的专业对口百分比的差异，也就是说专业是否对口对工作满意度有一定影响，但影响有限。

表 5-50　工作满意度与专业对口百分比相关分析

工作满意度	均值（%）	有效值（人）	标准差（%）	最小值（%）	最大值（%）
非常满意	59.2857	28	45.20968	0.00	100.00
比较满意	62.8125	80	44.43630	0.00	100.00
一般	49.1912	68	47.62736	0.00	100.00
比较不满	33.6364	11	45.22670	0.00	100.00
很不满意	26.2500	8	45.65007	0.00	100.00
方差分析	F	2.297	关联度测度	Eta（η）	0.215
	Sig.	0.061		Eta（η^2）	0.046

2. 工作满意度与工资无关，工资期望差额越大越不满意

通过表 5-51 可以看出，不同工作满意度的毕业生的工资均值没有太大差别，基本在 3300 左右，方差分析的显著性检验 P 值也远远大于 0.05，不同满意度的工资差异不显著，充分说明工资对于工作满意度没有影响。

表 5-51　工作满意度与工资额相关分析

工作满意度	工资 有效值（人）	工资 均值（元）	工资 最小值（元）	工资 最大值（元）	期望差额 有效值（人）	期望差额 均值（元）	期望差额 最小值（元）	期望差额 最大值（元）
非常满意	25	3380.00	1500	6000	25	3428.00	0	14000
比较满意	78	3484.62	2000	11400	78	3639.74	0	12000
一般	59	3282.03	1200	7000	59	3758.64	0	16000
比较不满	10	3228.00	2000	5000	10	4072.00	1520	9500

续表

工作满意度	工资				期望差额			
	有效值（人）	均值（元）	最小值（元）	最大值（元）	有效值（人）	均值（元）	最小值（元）	最大值（元）
很不满意	8	3343.75	2000	5000	8	5218.75	1500	10000
相关分析	F	0.266	Eta (η)	0.078	F	0.774	Eta (η)	0.132
	Sig.	0.900	Eta (η^2)	0.006	Sig.	0.543	Eta (η^2)	0.017

注：期望差额 = 3 年后期望工资 - 现在工资。

然而不同工作满意度的平均期望工资差额不同，虽然方差分析的显著性检验 P 值 > 0.05，不能通过检验，但是从描述统计的角度来看期望工资差额差异还是比较显著的。满意度越差，期望工资的平均差额越大，对工作非常满意的毕业生 3 年后期望工资与实际工资平均差额为 3428 元，而很不满意的期望差额为 5218.75 元，比非常满意的高 1790.75 元。这说明毕业生对于自己的工作满不满意并不取决于薪水的多少，薪水高并不一定满意，而是取决于个人能力是否充分发挥、个人价值是否实现。反映在期望工资差额上，就是差额越大的毕业生越认为自己的能力被低估，价值没有实现，所以对工作不满意。同时，这也给企业管理层如何提高员工的工作满意度提供了建议：提高工资并不一定能提高员工对工作的满意度，而是要充分发挥员工的能力，让员工感觉自己才尽其用，对企业有价值。

3. 工作满意度与心理底薪相关，心理底薪越高工作满意度越差

为充分了解工作满意度与期望薪水之间的关系，进一步将参赛者对工作满意度与未就业前对工作的心理底薪、期望起薪和乐观起薪进行相关分析，检验结果显示工作满意度与期望起薪和乐观起薪之间没有相关关系，而与心理底薪呈负相关关系（见表 5-52）。

表 5-52　工作满意度与心理底薪相关分析

	就业率（%）	方差分析		关联度测度	
		F	Sig.	Eta (η)	Eta (η^2)
心理底薪	92	4.275	0.002	0.285	0.081
	85	7.583	0.000	0.368	0.135
	75	4.772	0.001	0.299	0.090

续表

	就业率（%）	方差分析		关联度测度	
		F	Sig.	Eta (η)	Eta (η^2)
实际工资-心理底薪	92	1.443	0.222	0.179	0.032
	85	4.220	0.003	0.297	0.088
	75	1.813	0.128	0.199	0.040

通过表5-53的检验结果可以看出，不同就业率假设下以及不同满意度下心理底薪差异显著。表5-53给出了不同满意度下心理底薪的均值和实际工资与心理底薪的差额均值，仔细分析不难得出：除非常满意外，其他满意度基本呈现满意度越差，心理底薪越高的趋势。其中92%就业率下（实际就业率与假设92%就业率最相近）很不满意的心理底薪均值为2250元，比比较满意的1180元高1070元。实际工资一般均高出参赛者的心理底薪，两者之间的差额基本为正值，只有85%就业率下很不满意的差额均值为-531.25元，两者之间的差额越大，毕业生对于工作的满意度越差，也就是人们常说的期望越大，失望越大。

表5-53 工作满意度与心理底薪、实际工资差额对比分析

满意度	就业率（%）	心理底薪				实际工资-心理底薪			
		有效值（人）	均值（元）	最小值（元）	最大值（元）	有效值（人）	均值（元）	最小值（元）	最大值（元）
非常满意	92	28	1367.86	0	3000	25	2008.00	500	4000
	85		1396.43	300	3000		1960.00	500	3300
	75		1342.86	0	3000		2028.00	500	4000
比较满意	92	80	1180.00	0	3000	78	2297.44	-1000	9900
	85		1125.00	0	2500		2351.28	-500	10200
	75		1088.75	0	2000		2387.18	0	9900
一般	92	72	1236.11	600	4500	59	2026.10	200	6000
	85		1183.33	600	4500		2087.12	400	6100
	75		1152.78	600	4500		2115.93	400	6100
比较不满	92	11	1236.36	0	2500	10	1968.00	-500	5000
	85		1118.18	0	2500		2098.00	-500	5000
	75		1127.27	0	2500		2088.00	-500	5000

续表

满意度	就业率(%)	心理底薪				实际工资-心理底薪			
		有效值(人)	均值(元)	最小值(元)	最大值(元)	有效值(人)	均值(元)	最小值(元)	最大值(元)
很不满意	92	8	2250.00	1000	6000	8	1093.75	-3250	4000
	85		3875.00	1000	20000		-531.25	-17000	4000
	75		2350.00	800	10000		993.75	-7000	4000
合计	92	199	1272.86	0	6000	180	2096.50	-3250	9900
	85		1294.47	0	20000		2068.17	-17000	10200
	75		1200.50	0	10000		2169.83	-7000	9900

4. 情商越高，工作满意度越明确；智商重学习能力，情商重合作意识

通过表5-54可以看出，情商对于工作满意度有一定影响，方差检验结果P值小于0.05，情商高的人工作满意度主要集中在非常满意和很不满意两个极端，情感表达比较明确。智商对工作满意度也有一定影响，虽然方差检验结果不能通过，但是也基本是高智商人对工作满意度非常满意或非常不满意。而对工作不同满意的人在胆商方面没有太大区别。

表5-54 不同工作满意度的三商均值比较分析

工作满意度	频数（人）	均值		
		智商	情商	胆商
非常满意	28	1.61	3.43	0.14
比较满意	80	1.38	2.85	0.19
一般	72	1.29	3.01	0.15
比较不满	11	0.64	2.00	0.09
很不满意	8	1.75	4.25	0.13
合计	199	1.35	3.00	0.16
方差分析	F	1.90	3.07	0.19
	Sig.	0.11	0.02	0.94

为进一步了解智商和情商中具备何种能力的人在工作满意度上有差别，分别就情商和智商的各种基本能力和工作满意度进行了列联表分析，并进行了卡方检验。检验结果显示，10%显著性水平下，除智商中的学习思维能力和情商中的团结合作意识外，其他基本能力指标均不能通过检验。

通过表 5-55 可以看出，学习思维能力强的人工作满意情况稍微偏好。学习思维能力强的人对工作非常满意的达 15.71%，比较满意的达 48.57%，而未提及的分别为 13.18% 和 35.66%。显然，学习思维能力强的人工作更好，这侧面说明大学学的知识不一定适合工作，工作以后一般还需要再学习，所以具备一定的学习思维能力，对工作有很大帮助。

表 5-55　工作满意度与学习思维能力的列联表分析

工作满意度	未提及 频数（人）	未提及 百分比（%）	学习思维能力强 频数（人）	学习思维能力强 百分比（%）	合计 频数（人）	合计 百分比（%）
非常满意	17	13.18	11	15.71	28	14.07
比较满意	46	35.66	34	48.57	80	40.20
一般	52	40.31	20	28.57	72	36.18
比较不满	10	7.75	1	1.43	11	5.53
很不满意	4	3.10	4	5.71	8	4.02
合计	129	100.00	70	100.00	199	100.00
Pearson Chi-Square	Value	7.871[a]	df	4	Asymp. Sig.（双侧）	0.096

注：a. 0 单元格（.0%）的期望计数小于 5。下同。

通过表 5-56 也可以看出具有团结合作意识的人比未提及的人对工作非常满意的百分比明显高出 11.51 个百分点，差距还是很明显的。工作中往往需要一个团队合作完成工作，"一木为树，三木为森"，所以有团结合作意识的人不仅从情感上对工作满意，而且更能找到好的工作。

表 5-56　工作满意度与团结合作意识的列联表分析

工作满意度	未提及 频数（人）	未提及 百分比（%）	有团结合作意识 频数（人）	有团结合作意识 百分比（%）	合计 频数（人）	合计 百分比（%）
非常满意	14	10.37	14	21.88	28	14.07
比较满意	59	43.70	21	32.81	80	40.20
一般	49	36.30	23	35.94	72	36.18
比较不满	10	7.41	1	1.56	11	5.53

续表

工作满意度	未提及		有团结合作意识		合计	
	频数（人）	百分比（%）	频数（人）	百分比（%）	频数（人）	百分比（%）
很不满意	3	2.22	5	7.81	8	4.02
合计	135	100.00	64	100.00	199	100.00
Pearson Chi-Square	Value	11.425ᵃ	df	4	Asymp. Sig.（双侧）	0.022

5. 工作满意度与个人竞争能力负相关

比赛中共涉及参赛者的六项能力，方差检验显示合作能力、创新能力、社交能力、就业心理、综合能力与工作满意度均不相关，密切相关的是竞争能力（方差检验 P 值 < 0.05）。

通过表 5-57 可以看出，对工作非常满意的竞争能力得分为 46.6429 分，比比较满意、一般和比较不满的参赛者竞争能力得分要高，可能是由于对工作非常满意的参赛者的确竞争能力不错，找到了一份非常不错的工作。其他满意度的大致趋势是对工作越不满意的竞争能力越强。这与上文分析的能力没有得到充分发挥而对现在的工作不满意的结论一致。

表 5-57　工作满意度与个人竞争能力相关分析

工作满意度	均值（分）	有效值（人）	标准差（分）	最小值（分）	最大值（分）
非常满意	46.6429	28	10.18064	28.00	68.00
比较满意	40.8375	80	10.24441	18.00	69.00
一般	43.5694	72	8.61022	22.00	62.00
比较不满	43.2727	11	10.05078	26.00	58.00
很不满意	48.0000	8	11.73517	32.00	65.00
方差分析	F	2.564	关联度测度	Eta (η)	0.224
	Sig.	0.040		Eta (η^2)	0.050

三　就业优劣分析

分析毕业生就业情况的优劣仅仅依靠毕业生对工作的满意程度来衡量是不够的，这主要是基于毕业生的一种主观感受，从客观角度来评价毕业生就业情况的优劣,用毕业生薪水和当地的消费水平两个指标来分析比较合理。为此我们计算了各个毕业生的工资房价比率指标,该值越大说明就业情况越好,通俗一点讲就是性价比越高;该值越小就业情况越差,性价比越低。据此分析了各个因素对就业情况的影响。

1. 比赛成绩越高,就业情况越好

通过图 5-25 可以看出,参赛者的比赛成绩与工资房价比基本呈正相关关系,换言之比赛成绩越高,就业情况越好。表 5-58 给出了比赛成绩与工资房价比的相关分析结果,两者之间的相关系数为 0.273,检验 P 值 < 0.05,说明两者之间的确存在正相关关系,但相关系数不是很大。这说明就业模拟大赛中比赛成绩越高的参赛者择业时更加理性,充分考虑了自身能力和就业城市的消费水平和生活压力,就业情况比较好,性价比较高。

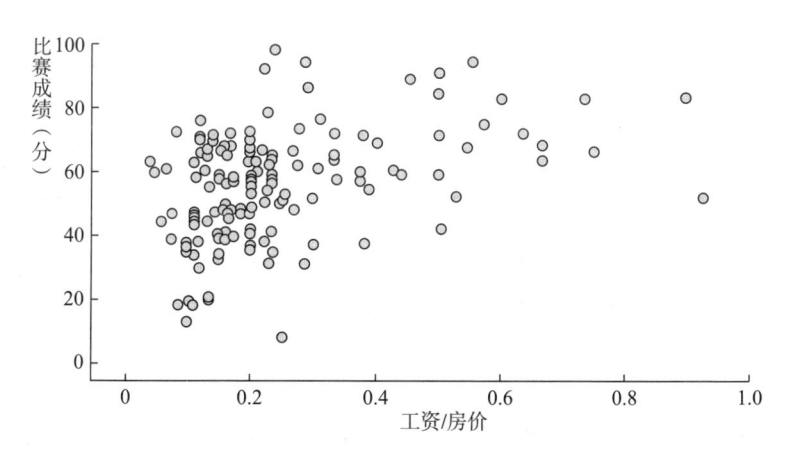

图 5-25　比赛成绩与工资房价比散点图

表 5-58　工资房价比与比赛成绩相关分析

			工资/房价	比赛成绩
肯德尔秩相关系数	工资/房价	相关性	1.00	0.273**
		Sig.(双侧)	—	0.000
		N	149	149
斯皮尔曼等级相关系数	工资/房价	相关性	1.00	0.390**
		Sig.(双侧)	—	0.000
		N	149	149

2. 去中、西部地区就业比在北京、上海就业情况好

表5–59与表5–47所表达的信息基本一致，方差检验P值<0.05，说明就业状况与工作区域相关，Eta（η）=0.6136，能够解释37.65%的就业状况的差异。从另一个角度来讲，去中、西部地区就业比在北京、上海就业情况好得多。

表5–59 工资房价比与工作地域相关分析

工作区域	均值	有效值（个）	标准差	最小值	最大值
北京	0.1962	103	0.1312	0.0400	0.9249
上海	0.2332	14	0.0888	0.0867	0.5000
东部	0.3325	14	0.1542	0.0462	0.5714
中部	0.4032	10	0.1499	0.2083	0.6667
西部	0.7205	4	0.1330	0.6000	0.8955
方差分析	F	17.2722	关联度测度	Eta（η）	0.6136
	Sig.	0.0000		Eta（η^2）	0.3765

北京高校很多毕业生毕业后怀揣梦想毅然决然地留在北京开始北漂生活，挤在40个人130平方米的公租房内，更甚者常年住在地下室，拿着每月3000~4000元的工资，除去房租、水电费、交通费和基本生活费所剩无几，有时还需要家庭补贴，苦熬几年无果又转而去二三线城市寻找就业机会，其间已经错过了很多机会和机遇。虽然有个别毕业生在北京、上海等大城市拿到了可观的薪水，就业状况很好，但是毕竟是少数，表5–47中北京地区工资房价比最大值为0.9249，远比中、西部地区高，均值仅有0.20，比西部地区的0.72低0.52。这也给毕业生们择业时一个很好的建议：去中、西部地区就业性价比更高。

3. 男性就业情况较女性好

通过表5–60可以看出，方差分析的显著性检验P值<0.05，说明不同性别的毕业生就业情况差异显著，男性的工资房价比为0.2653，明显比女性的0.2107高0.0546，而且最大比值也出现在男性当中。这说明男性就业状况比女性要好，从侧面反映了现在企业招聘对女性的歧视，不得不引起重视。从关联度上看，性别与工资房价比的关系并不十分密切，Eta（η）=0.1634，能够解释2.67%的工资房价比的差异，也就是说

性别对就业状况有一定影响,但影响有限。

表 5-60　工资房价比与性别相关分析

性别	均值	有效值(人)	标准差	最小值	最大值
男	0.2653	88	0.1852	0.0400	0.9249
女	0.2107	61	0.1250	0.0462	0.5714
方差分析	F	4.0338	关联度测度	Eta (η)	0.1634
	Sig.	0.0464		Eta (η^2)	0.0267

4. 本科生比专科生就业情况好,学历对就业有一定影响

通过表 5-61 可以看出,方差分析的显著性检验 P 值 <0.1,说明不同学历的毕业生就业情况差异显著,本科的工资房价比为 0.2484,明显比大中专及其他学历的毕业生 (0.1469) 高 0.1015,而且最大比值也出现在本科毕业生中。这说明本科生就业状况比大中专及其他要好,择业上更加理性,这也推翻了人们常说的"学历无用"的谬论。高学历就业状况还是好一点。从关联度上看,学历与工资房价比的关系并不十分密切,Eta (η) =0.1392,仅能够解释 1.94% 的工资房价比的差异,也就是说学历对就业状况有一定影响,但并不是绝对的。

表 5-61　工资房价比与学历相关分析

学历	均值	有效值(人)	标准差	最小值	最大值
大中专及其他	0.1469	8	0.0529	0.0867	0.2400
本科	0.2484	141	0.1675	0.0400	0.9249
方差分析	F	2.9063	关联度测度	Eta (η)	0.1392
	Sig.	0.0903		Eta (η^2)	0.0194

5. 农村生源比城市生源就业情况好

通过表 5-62 可以看出,方差分析的显著性检验 P 值 <0.1,说明不同生源毕业生就业情况差异显著,农村生源毕业生的工资房价比为 0.2698,明显比城市生源的毕业生 (0.2172) 高 0.0526,而且最大比也出现在农村生源毕业生中。这说明农村生源毕业生就业状况比城市生源毕业生要好,择业上更加理性,这给广大农村生源的毕业生们更大的信心。究其原因,

可能农村生源的毕业生从小出生农村，对于艰苦的工作环境更能适应，更倾向于去中、西部地区就业，那里房价更低，生存压力更小。从关联度上看，生源与工资房价比的关系并不十分密切，Eta（η）＝0.1601，仅能够解释2.56%的工资房价比的差异。

表5-62　工资房价比与学生来源相关分析

学生来源	均值	有效值（人）	标准差	最小值	最大值
城市	0.2172	76	0.1247	0.0400	0.6667
农村	0.2698	73	0.1957	0.0462	0.9249
方差分析	F	3.8688	关联度测度	Eta（η）	0.1601
	Sig.	0.0511		Eta（η^2）	0.0256

6. "211"学校毕业生就业情况较好，但关联性不是很强

通过表5-63可以看出，"211"学校的毕业生的工资房价比为0.3077，比非"211"学校的毕业生（0.2357）高0.072，但最大值出现在非"211"学校的毕业生中。究其原因，此次参加比赛的"211"学校多集中在中、西部地区，没有北京、上海的高校，一般毕业学校会决定毕业生的就业去向，留在中、西部地区就业生活压力相对较小，自然工资房价比高一点。

表5-63　工资房价比与学校等级相关分析

学校是否为"211"	均值	有效值（人）	标准差	最小值	最大值
否	0.2357	134	0.1653	0.0400	0.9249
是	0.3077	15	0.1523	0.0462	0.5714
方差分析	F	2.5952	关联度测度	Eta（η）	0.1317
	Sig.	0.1093		Eta（η^2）	0.0173

但是方差分析的显著性检验P值＝0.1093＞0.1，说明是否为"211"毕业生的就业情况差异不显著，从关联度上看，毕业生毕业学校是否为"211"与工资房价比的Eta（η）＝0.1317，关联性不是很强。也就是说学校是否为"211"对就业有一定的影响，但是影响不大。

7. 工科学生较经管学生就业情况好

通过表5-64可以看出，方差分析的显著性检验P值<<0.1，说明

不同专业的毕业生就业情况差异显著,其中工学毕业生的工资房价比为0.3885,比经济学专业的毕业生(0.2351)高0.1534,比管理学专业的毕业生(0.1998)高0.1887。从关联度上看,专业与工资房价比的关系比较密切,Eta(η) = 0.4085,能够解释16.69%的工资房价比的差异。这说明工科背景的毕业生就业状况比经管背景的毕业生要好,虽说经济管理专业近几年比较热门,各个高校都努力扩招,但是实际就业情况不一定这样。经济管理专业的学生就业的确很广,但是工资不是很高,而且经管专业毕业生倾向于去北京、上海这样的大城市,生活压力更大。所以建议学校开设专业时要充分了解社会的需求,使毕业生更好地就业。

表5-64 工资房价比与专业相关分析

专业	均值	有效值(人)	标准差	最小值	最大值
经济学	0.2351	44	0.1572	0.1091	0.9249
文学	0.2100	2	0.1744	0.0867	0.3333
工学	0.3885	25	0.2300	0.1000	0.8955
农学	0.2358	4	0.0921	0.1111	0.3333
管理学	0.1998	74	0.1151	0.0400	0.5455
方差分析	F	7.2104	关联度测度	Eta(η)	0.4085
	Sig.	0.0000		Eta(η^2)	0.1669

8. 就业优劣与情商正相关,与智商负相关

通过表5-65可以看出,情商与工资房价比的肯德尔秩相关系数为0.111,斯皮尔曼等级相关系数为0.143,并且在10%显著性水平下,两个系数均通过检验,充分说明情商高的人工资房价比更高,也就是说情商高的人工作更好。令人诧异的是智商与工资房价比呈负相关,虽然相关系数检验不能通过,但是也至少可以说明,智商高对工作的影响不是正向的,并不是说智商高就工作好。现在大学生们在智商上的差距不是很明显,或者说差距不大,智商对工作的影响也微乎其微,而情商对工作的影响较大,所以学生们上大学要充分培养个人情商。

表 5-65　工资房价比与三商的相关分析

			智商	情商	胆商
肯德尔秩相关系数	工资/房价	相关性	-0.007	0.111	0.087
		Sig.（双侧）	0.905	0.064	0.193
		N	149	149	149
斯皮尔曼等级相关系数	工资/房价	相关性	-0.010	0.143	0.108
		Sig.（双侧）	0.900	0.081	0.191
		N	149	149	149

表 5-66 对不同个人优势的工资房价比均值进行了比较分析，并进行了方差检验。检验结果显示，智商中的计算机软件水平，情商中的勤奋上进心理、组织领导能力和积极乐观心态是否具备，其工资房价均值差异显著。其中情商中的这几项能力具备者明显比未提及的毕业生工资房价比均值高。

表 5-66　不同个人优势的工资房价比均值比较分析

个人优势	是否参与	有效值（人）	标准差	均值	方差分析	
英语水平	未提及	125	0.24	0.168	F	0.144
	提及	24	0.25	0.150	Sig.	0.705
专业知识掌握	未提及	106	0.24	0.173	F	0.026
	提及	43	0.24	0.147	Sig.	0.872
实践实习经验	未提及	95	0.25	0.181	F	1.317
	提及	54	0.22	0.131	Sig.	0.253
学习思维能力	未提及	89	0.24	0.166	F	0.359
	提及	60	0.25	0.165	Sig.	0.550
文字语言表达能力	未提及	136	0.24	0.166	F	0.065
	提及	13	0.23	0.161	Sig.	0.799
计算机软件水平	未提及	121	0.26	0.176	F	4.787
	提及	28	0.18	0.078	Sig.	0.030
适应新环境能力	未提及	111	0.24	0.170	F	0.016
	提及	38	0.24	0.152	Sig.	0.900
人际沟通能力	未提及	61	0.23	0.168	F	0.353
	提及	88	0.25	0.163	Sig.	0.553

续表

个人优势	是否参与	有效值（人）	标准差	均值	方差分析	
勤奋上进心理	未提及	79	0.22	0.151	F	3.738
	提及	70	0.27	0.176	Sig.	0.055
组织领导能力	未提及	99	0.22	0.139	F	4.321
	提及	50	0.28	0.203	Sig.	0.039
团结合作意识	未提及	96	0.25	0.187	F	0.622
	提及	53	0.23	0.114	Sig.	0.431
认真负责敬业	未提及	76	0.25	0.178	F	0.632
	提及	73	0.23	0.151	Sig.	0.428
积极乐观心态	未提及	88	0.22	0.126	F	5.023
	提及	61	0.28	0.204	Sig.	0.027
爱好兴趣广泛	未提及	109	0.24	0.151	F	0.617
	提及	40	0.26	0.199	Sig.	0.433
开拓挑战	未提及	142	0.24	0.168	F	0.292
	提及	7	0.21	0.071	Sig.	0.590
创新思维	未提及	133	0.24	0.165	F	0.596
	提及	16	0.27	0.166	Sig.	0.441
探索求知	未提及	141	0.24	0.167	F	0.125
	提及	8	0.26	0.125	Sig.	0.724
合计		149	0.24	0.165	—	—

智商中的各项能力均呈现具备能力的比未提及的人工资房价比低，高智商的人反而工作不好，表现尤其突出的是计算机软件水平，计算机软件水平强的人工资房价比均值为0.078，而未提及的毕业生工资房价比为0.176。当然这也受就业地域的限制，一般计算机软件水平强的人会选择大中城市，这些地方房价一般偏高，工资房价比自然较高。

9. 费用实际回收年限越长，就业情况越好

表5-67给出了实际回收年限与工资房价比的相关分析结果，不同就业率下的两者之间的肯德尔秩相关系数分别为0.244、0.219和0.201，斯皮尔曼等级相关系数分别为0.360、0.337和0.303，就业率越高，相关性越强，检验P值 << 0.05，说明两者之间的确存在正相关关系，但相关系数不是很大。这说明大学期间费用能够回收的参赛者比不能够回收的择业

时更加理性，充分考虑了自身能力和就业城市的消费水平，就业情况比较好，性价比较高。

表 5-67　不同就业率下工资房价比与实际回收年限的相关分析

			工资/房价	实际回收年限（92%）	实际回收年限（85%）	实际回收年限（75%）
肯德尔秩相关系数	工资/房价	相关性	1.000	0.244**	0.219**	0.201**
		Sig.（双侧）	—	0.000	0.000	0.000
		N	149	149	149	149
斯皮尔曼等级相关系数	工资/房价	相关性	1.000	0.360**	0.337**	0.303**
		Sig.（双侧）	—	0.000	0.000	0.000
		N	149	149	149	149

10. 竞争力越强，就业情况越好

表 5-68 给出了竞争力得分与工资房价比的相关分析结果，不同就业率下两者之间的肯德尔秩相关系数分别为 0.111、0.111 和 0.110，斯皮尔曼等级相关系数分别为 0.163、0.163 和 0.162，不同就业率的相关系数差异不是很大，检验 P 值 << 0.05，说明两者之间的确存在正相关关系，但相关系数不是很大。这说明竞争能力强的，就业的性价比较高。

表 5-68　不同就业率下工资房价比与竞争力得分的相关分析

			工资/房价	竞争力得分（92%）	竞争力得分（85%）	竞争力得分（75%）
肯德尔秩相关系数	工资/房价	相关性	1.000	0.111*	0.111*	0.110*
		Sig.（双侧）	—	0.048	0.048	0.049
		N	149	149	149	149
斯皮尔曼等级相关系数	工资/房价	相关性	1.000	0.163*	0.163*	0.162*
		Sig.（双侧）	—	0.047	0.047	0.048
		N	149	149	149	149

11. 财富得分越高，就业情况越好

表 5-69 是财富得分与工资房价比的相关分析结果，不同就业率下两者之间的肯德尔秩相关系数分别为 0.242、0.250 和 0.215，斯皮尔曼等级

相关系数分别为 0.348、0.364 和 0.312,85% 就业率下相关系数最大,检验 P 值 << 0.05,说明两者之间的确存在正相关关系,但相关系数不是很大。这说明未来赚钱能力越强的,后期的就业情况越好,性价比越高。

表 5-69　不同就业率下工资房价比与财富得分的相关分析

			工资/房价	财富得分(92%)	财富得分(85%)	财富得分(75%)
肯德尔秩相关系数	工资/房价	相关性	1.000	0.242**	0.250**	0.215**
		Sig.(双侧)	—	0.000	0.000	0.000
		N	149	149	149	149
斯皮尔曼等级相关系数	工资/房价	相关性	1.000	0.348**	0.364**	0.312**
		Sig.(双侧)	—	0.000	0.000	0.000
		N	149	149	149	149

12. 诚信得分越低,就业情况越好

表 5-70 是诚信得分与工资房价比的相关分析结果,不同就业率下的两者之间的肯德尔秩相关系数分别为 -0.158、-0.221 和 -0.116,斯皮尔曼等级相关系数分别为 -0.239、-0.326 和 -0.183,85% 就业率下相关系数最大,检验 P 值 << 0.05,说明两者之间的确存在负相关关系,但相关系数不是很大。通过诚信得分的定义可以看出就业能力预估越准确的,后期的就业情况越好,性价比越高。

表 5-70　不同就业率下工资房价比与诚信得分的相关分析

			工资/房价	诚信得分(92%)	诚信得分(85%)	诚信得分(75%)
肯德尔秩相关系数	工资/房价	相关性	1.000	-0.158**	-0.221**	-0.116*
		Sig.(双侧)	—	0.005	0.000	0.038
		N	149	149	149	149
斯皮尔曼等级相关系数	工资/房价	相关性	1.000	-0.239**	-0.326**	-0.183*
		Sig.(双侧)	—	0.003	0.000	0.026
		N	149	149	149	149

13. 参加专业实习有助于后期就业

从工资房价比来看,参加过专业实习的比没有参加过专业实习的平均工资房价比要高0.05，即参加过专业实习的后期就业情况比较好，两者之间在90%显著性下差异显著（见表5-71）。从关联度上看，是否有过专业实习与工资房价比的关系不是很密切，Eta（η）=0.150，能够解释2.2%的工资房价比的差异。其他几项社会实践与后期就业情况没有相关性，这一结论给毕业生和高校一个指导性的建议：大学生多参加一些专业实习对后期就业情况很有帮助。

表5-71 是否进行专业实习与后期就业优劣情况相关分析

专业实习	有效值（人）	工资/房价	标准差	最小值	最大值
未参加	62	0.21	0.11	0.07	0.64
参加	87	0.26	0.19	0.04	0.92
方差分析	F	3.378	关联度测度	Eta（η）	0.150
	Sig.	0.068		Eta（η^2）	0.022

14. 重视合作的人就业更好，两手准备的人工作最好

合作能力方面的不同处理方式对后期就业情况也是有影响的，从表5-72可以看出，做两手准备的人就业情况最好，平均工资房价比达0.38，明显比不顾及合作关系自己单干的平均工资房价比0.16高0.22；其次就是重视合作关系，协助同事完成任务的人，平均工资房价比为0.28。从关联度上看，不同处理方式与后期就业情况的关系不是很密切，Eta（η）=0.250，能够解释6.3%的工资房价比的差异。充分说明重视合作的人后期就业情况较好，两手准备的明智之人处理事情有进有退，考虑周全，就业情况最好。

表5-72 合作能力方面不同处理方式与后期就业情况相关分析

	有效值（个）	工资/房价	标准差	最小值	最大值
沟通疏导，鼓励完成任务	101	0.24	0.16	0.04	0.92
沟通疏导，协助完成任务	24	0.28	0.17	0.05	0.74
先沟通疏导，无果则独立完成	8	0.38	0.22	0.11	0.67
自己独立或是大部分自己完成	9	0.16	0.06	0.10	0.28
其他	4	0.20	0.10	0.06	0.27
方差分析	F	2.353	关联度测度	Eta（η）	0.250
	Sig.	0.057		Eta（η^2）	0.063

晚宴不能如期举行的处理方式、毕业生是否创业、对成绩公布不同态度、工作和家庭冲突的不同处理方式以及就业、创业计划的详细与否与后期就业优劣情况进行了相关分析，检验结果显示，不同态度对后期就业优劣情况基本没有影响，或者说持不同态度者的就业好坏没有显著性差异。

第六章

2016年实验及跟踪数据分析

此次跟踪访问的目标参赛人员共409人,最终整理后,完整有效数据为370人,比赛结果采用百分制。平均分为52.86分,最高分为91.48分,最低分为5.7分,分数的总体分布服从均值为52.86、方差为17.536的正态分布。如图6-1所示。

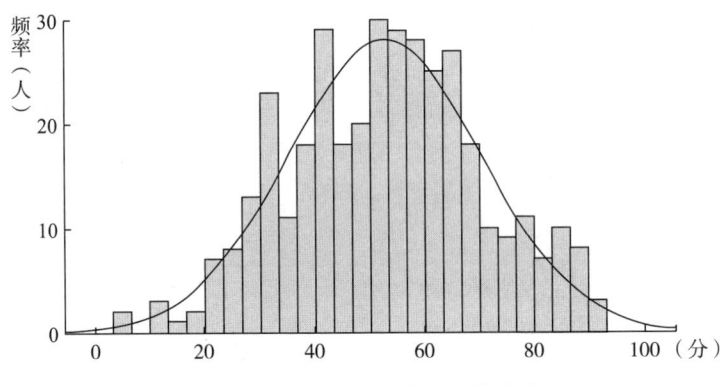

图6-1 参赛人员分数的总体分布

对于参赛人员,后期进行了跟踪访问,成功访问126人,回访率达34.05%,其中成功就业88人,就业率为69.8%。

第一节 参赛者基本情况介绍

一 参赛者背景分析

1. 女生人数略高于男生

参赛人员中男生160人,占43.2%,女生210人,占56.8%(见图6-2)。

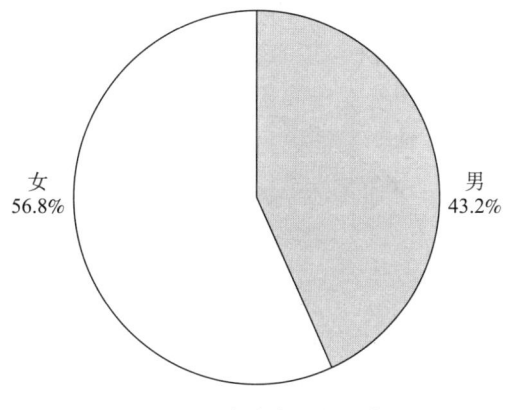

图 6-2 参赛者男女分布

2. 东部沿海高校参赛人数居多

本次比赛学生来自全国 10 所高校，分别是北京信息科技大学、北京交通大学、北京财贸职业学院、河北工业大学、河北工业大学城市学院、华北水利水电学院、山东大学、山东工商学院、上海商学院、重庆理工大学。其中 3 所高校为"211"学校，参赛人数占总人数的 27.0%，见表 6-1。

表 6-1 参赛人数高校分布

学校	频数（人）	百分比（%）	是否为211	频数（人）	百分比（%）
河北工业大学	87	23.5	是	100	27.0
山东大学	11	3.0			
北京交通大学	2	0.5			
北京信息科技大学	107	28.9	否	270	73.0
华北水利水电学院	69	18.6			
山东工商学院	63	17.0			
上海商学院	23	6.2			
重庆理工大学	5	1.4			
北京财贸职业学院	2	0.5			
河北工业大学城市学院	1	0.3			
总计	370	100.0			

高校当中，东部学校居多，占 80%，其中北京、上海高校占 36.2%，

其他东部沿海地区学校占43.8%，中部内陆地区占20.0%。基本符合我国现在高校的分布结构，见图6-3。

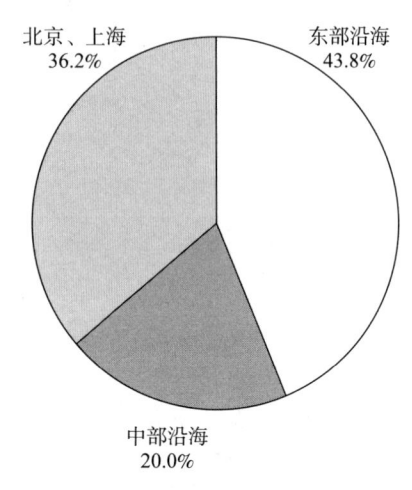

北京、上海 36.2%
东部沿海 43.8%
中部沿海 20.0%

图6-3 参赛者所属高校分布

3. 经济管理专业人数最多

参赛学生经济管理专业居多，其中属于经济学专业的占40.8%，管理学专业占28.9%，经济管理专业占总参赛人数的69.7%，高于2/3。仅次于经济、管理专业的就是工学专业，共86人，占23.2%（见表6-2）。

表6-2 参赛者专业分布

专业	频数（人）	百分比（%）	累计百分比（%）
经济学	151	40.8	40.8
管理学	107	28.9	69.7
工学	86	23.2	93.0
艺术学	11	3.0	95.9
理学	9	2.4	98.4
教育学	5	1.4	99.7
法学	1	0.3	100.0

4. 农村城市学生平分秋色

参赛者接近1/2的学生来自北京、上海、东部沿海经济发达地区，占到48.9%（见表6-3）。但就户口所属城市和农村来看，基本各占1/2，农村学生占51.4%，城市学生占48.6%（见图6-4）。

表 6-3 参赛者户口所属地分布

户口所在地	频数（人）	百分比（%）	累计百分比（%）
北京	95	25.7	25.7
上海	18	4.9	30.5
东部沿海经济发达地区	68	18.4	48.9
西部大中城市	14	3.8	52.7
中部大中城市	44	11.9	64.6
其他	131	35.4	100.0

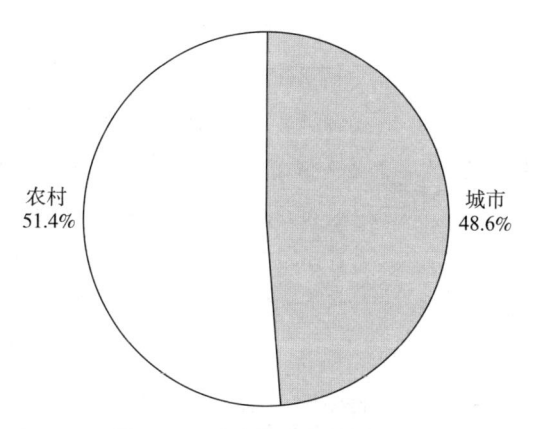

图 6-4 参赛者农村城市分布

农村 51.4%　城市 48.6%

5. 本科生为比赛主力大军

此次比赛旨在研究大学生就业模拟情况，故参赛者 98.6% 为本科生，另外还有 1 名硕士研究生和 4 名其他学历参赛者，仅占 1.4%（见表 6-4）。从学生学习的学制也基本能够看出，四年制的占 95.4%，其他学制的所占比例仅为 4.6%（见表 6-5）。

表 6-4 参赛者学历分布

学历	频数（人）	百分比（%）	累计百分比（%）
大中专及其他	4	1.1	1.1
学士	365	98.6	99.7
硕士	1	0.3	100.0

表 6-5　参赛者学制分布

学制	频数（人）	百分比（%）	累计百分比（%）
一	1	0.3	0.3
二	13	3.5	3.8
三	2	0.5	4.3
四	353	95.4	99.7
五	1	0.3	100.0

6. 经济来源靠家庭，月均消费 800 元

参赛者均为在校学生，经济来源主要还是靠家庭，占比达 88.4%。家庭情况较差的同学，主要依靠国家助学贷款和个人勤工俭学获得收入，6.5% 依靠国家助学贷款，3.2% 依靠勤工俭学（见图 6-5）。大学生的学费平均为 5298.46 元，其中最低 3200 元，最高 12200 元。月生活费在 200~2000 元分布，平均为 634.05 元。除了生活费以外每月还有其他的一些支出，比如旅游、聚餐、购衣等，平均 177.68 元，即每月大学生的生活费大概 800 元，基本符合现在的消费水平。学生大学期间的收入差距较大，可能与学生对收入的理解有误，也可能是输入误差引起的（见表 6-6）。

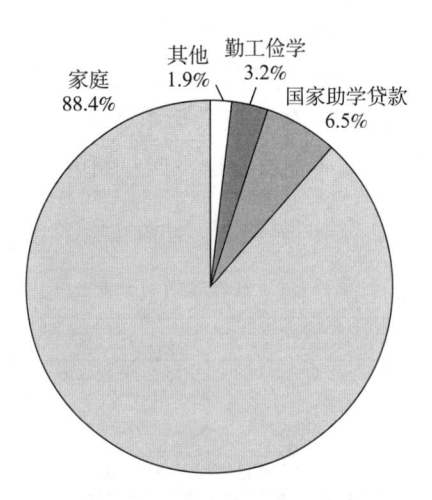

图 6-5　学生收入来源分布

表6-6 大学生收支统计分析

单位：元

	极小值	极大值	均值
学费	3200	12200	5298.46
月生活费	200	2000	634.05
月其他支出	0	2200	177.68
学生期间收入	0	130000	7576.76

二 参赛者自我认知分析

1. 自我评价较高，对未来充满信心

参赛者对自我充满信心，认为自己自信心较强的达52.4%，能力较强的达66.2%，反映了现在大学生对未来充满信心，积极向上。只有1.4%的参赛者认为自己信心不足，没有学生认为自己能力不足（见表6-7）。从参赛者对支出回收年限的估量也可以看出，平均回收年限是4.6年，即参赛者认为自己毕业四五年就可以将上学时期的支出回收回来，对自己的就业前景还是比较乐观的。

表6-7 参赛者自我评价分析

信心	频数（人）	百分比（%）	累积百分比（%）	能力	频数（人）	百分比（%）	累积百分比（%）
强	111	30.0	30.0	强	73	19.7	19.7
较强	194	52.4	82.4	较强	245	66.2	85.9
一般	60	16.2	98.6	一般	52	14.1	100.0
不足	5	1.4	100.0	不足	0	0	100

2. 智商中等，情商占优，胆商不足

现在社会就业环境日益激烈，许多外资企业更看重的是人才的"三商"，即智商、情商和胆商，学历等已经越来越被看轻。专家认为，在成功商数中，智商是成功的必要而非充分条件，情商是成功的心理基础，胆商是成功的前提。要事业有成，三者一个不能少。

根据参赛者对自己个人优势的陈述，将个人能力和优势分为情商、智商和胆商三大类。智商，是一种表示人的智力高低的数量指标，也可以表现为对知识的掌握程度，反映人的观察力、记忆力、思维力、想象力、创造力以及分析问题和解决问题的能力，主要包括 6 类，分别是英语水平、专业知识掌握、实践实习经验、学习思维能力、文字语言表达能力和计算机软件水平。情商，就是管理自己的情绪和处理人际关系的能力，主要包括 8 类，分别是适应新环境能力、人际沟通能力、勤奋上进心理、组织领导能力、团结合作意识、认真负责敬业、积极乐观心态和爱好兴趣广泛。胆商，则是一个人胆量、胆识、胆略的度量，体现了一种冒险精神，主要包括 3 类，分别是开拓挑战、创新思维、探索求知。

从表 6-8 可以看出，参赛者情商明显占优，首先是勤奋上进心理，有 42.97% 的学生认为他们对于生活持有积极奋进的心态，也同时表现出大学生良好的价值观。其次是人际沟通能力、组织领导能力和团结合作意识分别占 41.89%、30.00% 和 25.68%，大多数同学相信通过校内组织或者参与一些学校活动可以充分地锻炼这些能力，并且在现代社会中提倡合作精神，而这三项能力在很大程度上决定学生未来职场的表现。38.38% 的学生认为自己认真负责敬业，并且有责任心。24.32% 的同学认为自己有积极乐观心态，可能是学生不太关注这项能力，所以提及此项能力的并不是很多。有 21.62% 的同学认为自己爱好兴趣广泛，现在的学生课业压力很大，很难有时间去发掘自己的兴趣，提及此项能力的同学大多也是为了升学而学习的钢琴、萨克斯一类的乐器。仅 17.57% 的同学认为自己有良好的适应新环境能力，这一代学生独生子女很多，造成一些学生并不能很好地适应各种不同的环境。

表 6-8　参赛者个人优势分析

三大能力	具体优势	频数（人）	百分比（%）
智商	英语水平	58	15.68
	专业知识掌握	101	27.30
	实践实习经验	91	24.59
	学习思维能力	143	38.65
	文字语言表达能力	26	7.03
	计算机软件水平	72	19.46
情商	适应新环境能力	65	17.57
	人际沟通能力	155	41.89

续表

三大能力	具体优势	频数（人）	百分比（%）
情商	勤奋上进心理	159	42.97
	组织领导能力	111	30.00
	团结合作意识	95	25.68
	认真负责敬业	142	38.38
	积极乐观心态	90	24.32
	爱好兴趣广泛	80	21.62
胆商	开拓挑战	20	5.41
	创新思维	19	5.14
	探索求知	20	5.41

在智商上，最强的是学习思维能力，38.65%的参赛者认为自己学习能力强，逻辑思维清晰，现代社会的知识更新速度大大加快，大学四年的学习无法完成职业所需要的所有知识。这就要求学生在离开学校之后仍然要不断地学习新的知识，与时俱进。其次是实践实习经验和专业知识掌握，分别占有24.59%和27.30%，通过掌握专业知识，明确自己的专业方向和从事领域，通过实践和实习可以更好地巩固自己的专业知识，同时也为自己以后的就业增加筹码。从就业竞争力上讲，最有优势的应该是熟练的英语水平、计算机软件水平、过硬的文字语言表达能力；相反的是在这三方面占优的学生并不是很多，最差的就是文字语言表达能力，仅7.03%的学生觉得自己的文字功底不错，表达能力很好。过度地提倡英语的学习而忽视母语的学习是不利于学生长远发展的，同时也会影响外语的学习。仅15.68%的学生认为自己的英语水平不错，现代的教育系统一直重视英语的学习，但是在学生身上并没有体现明显的效果。有19.46%的学生认为自己的计算机软件水平不错，其中包括计算机专业和财务专业的学生，这一部分学生都会有自己专业所要学习的计算机软件，而大多数的学生认为的运用计算机能力就是熟练运用office软件。

在胆商方面，参赛者存在明显不足，三项具体能力所占比例均在5%左右，开拓挑战、创新思维、探索求知分别占5.41%、5.14%和5.41%。对新事物感兴趣，也仅仅表现在一部分在校就创办社团、开始创业的学生身上。胆商是在智商和情商之后提出来的又一种个人能力，智商帮助学生理解知识，情商帮助学生融入社会，而胆商就是帮助学生开拓事业。所谓乱世出英雄，而英雄靠的就是胆商，当一切都准备就绪的时候，往往胆商高的人会率先行动，以抢得先机，所以在一定程度上，胆商决定了学生在未来职场上能走多远。

智商、情商、胆商，一个不能少，这是一种全新的人才理念。所以对现在大学生的培养要充分注重学生的胆商培养。

另外还有部分学生表示自己的优势还包括优越的家庭环境、较好的形象外表、户口优势和来自父母朋友的支持，以及自己所在学校的国内知名度比较高，比如是"211"学校等。当然这些客观因素在找工作和就业上有很大的优势，但是很多时候这不是由个人意志所转移的，是不能通过后天培养提高的。

第二节　参赛者能力评估

一　就业能力分析

根据参赛者所填信息，系统对参赛者的就业能力进行了分析，主要分为四个方面，分别是大学期间花费的实际回收年限、竞争力得分、财富得分（未来赚钱的能力）和诚信得分。系统计算的就业能力指标与实际情况不太相符，分析结果仅供参考。

1. 实际回收年限30%以上为负数，学生期望薪水不高

实际回收年限是根据参赛者的期望起薪减去当地最低消费支出计算的上学期间投入的回收年限。通过表6-9可以看出实际回收年限跨度很大，从-125年到1000年不等。在三种就业率的前提下，均有多于30%的学生实际回收年限小于零，说明有相当一部分同学的期望年薪低于现有的消费水平。通过图6-6可以看出，实际回收年限出现了很明显的集中趋势，分别在（-10，-1]和（1，50]。在三种不同的就业率情况下，实际回收年限的中位数分别为2.75年、2.96年和2.895年，均值为7.33年、10.1年和6.38年。实际回收年限的均值和中位数均大于零，说明参赛者整体的期望年限大于实际消费水平。不到50%的参赛者实际回收年限小于10年，分别为45.13%、46.22%和46.22%。

表 6-9 实际回收年限的分组统计分析

分组（年）	90% 频数（人）	90% 累计百分比（%）	78% 频数（人）	78% 累计百分比（%）	65% 频数（人）	65% 累计百分比（%）
(-∞, -50]	4	1.08	3	0.81	5	1.35
(-50, -20]	5	2.43	6	2.43	5	2.70
(-20, -10]	12	5.68	8	4.59	10	5.41
(-10, -5]	36	15.41	36	14.32	26	12.43
(-5, -3]	38	25.68	42	25.68	48	25.41
(-3, -1]	28	33.24	19	30.81	22	31.35
(-1, 0]	14	37.03	13	34.32	14	35.14
(0, 1]	7	38.92	6	35.95	6	36.76
(1, 3]	45	51.08	52	50.00	52	50.81
(3, 5]	52	65.14	58	65.68	58	66.49
(5, 10]	63	82.16	55	80.54	55	81.35
(10, 20]	28	89.73	32	89.19	34	90.54
(20, 50]	25	96.49	28	96.76	25	97.30
(50, +∞)	13	100.00	12	100.00	10	100.00
中位数	2.75		2.96		2.895	
均值	7.33		10.1		6.38	
最大数	1000		1000		1000	
最小数	-125		-125		-125	

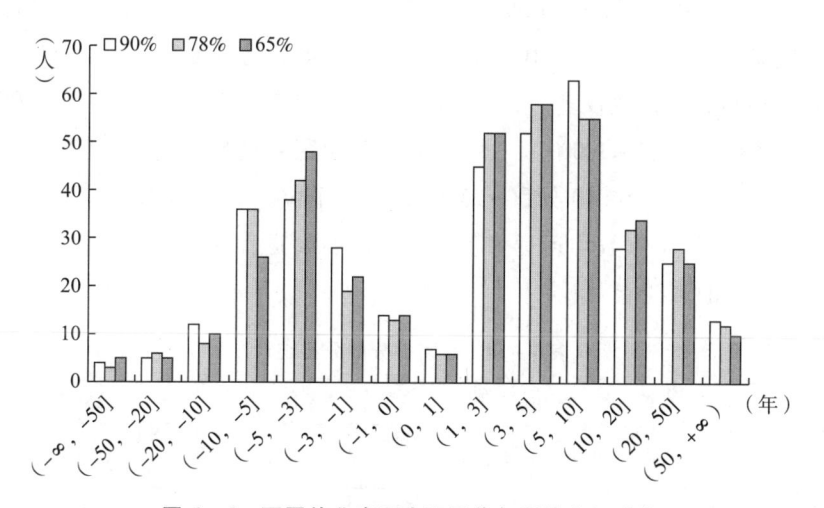

图 6-6 不同就业率下实际回收年限的分组对比

2. 在不同的就业水平下，参赛者的竞争水平没有太大的变化

所谓竞争力得分衡量的是参赛者就业的竞争能力，通过数据分析把三种不同就业率情况下的竞争能力进行相同标准的分组后，三种竞争能力呈现相同的分布，说明不同的就业率对于参赛者的竞争能力没有太大影响。通过图 6-7 可以看出，竞争能力的分布有着非常明显的集中趋势，92.97% 的参赛者的竞争能力集中在（900，1200]，参赛者的竞争能力没有太大的差别。峰值出现在（1000，1200]，参赛者的竞争能力普遍较高。

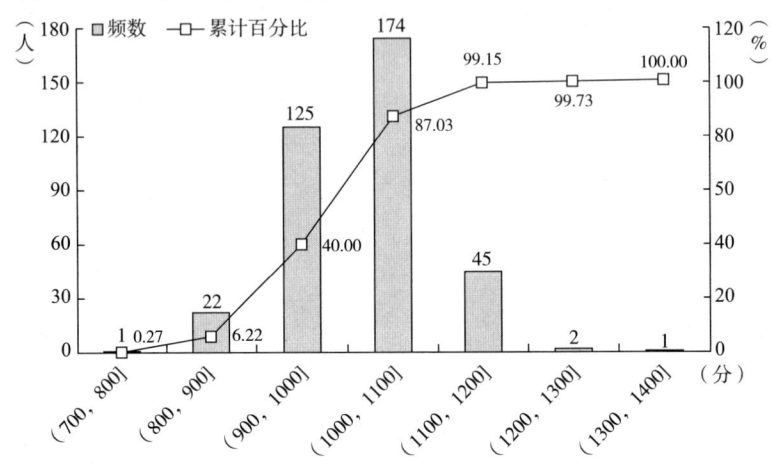

图 6-7　竞争力得分的分组柱形图及累计百分比曲线

3. 30% 参赛者财富得分小于零，赚钱能力一般

在三种就业率下，均有 30% 左右参赛者的财富得分小于零，说明参赛者的赚钱能力一般。从表 6-10 可以看出，财富得分的跨度很大，从 -110250 分到 9710 分，离群值较多，不同的就业率下分别有 3.78%、3.78% 和 4.05% 的参赛者得分小于 -10000。三种就业率下参赛者的财富得分均值分别为 -2226.48 分、-1954.10 分和 -2308.95 分，中位数分别为 72.04 分、77.70 分、73.42 分，中位数均远远大于均值，说明参赛者的财富得分普遍不高，表明参赛者的赚钱能力不足。

表 6-10　财富得分的分组统计

分组（分）	90% 频数（人）	90% 累计百分比（%）	78% 频数（人）	78% 累计百分比（%）	65% 频数（人）	65% 累计百分比（%）
(-∞, -10000]	14	3.78	14	3.78	15	4.05

续表

分组（分）	90% 频数（人）	90% 累计百分比（%）	78% 频数（人）	78% 累计百分比（%）	65% 频数（人）	65% 累计百分比（%）
(-10000, -5000]	28	11.35	23	10.00	19	9.19
(-5000, -3000]	42	22.70	38	20.27	40	20.00
(-3000, -2000]	23	28.92	28	27.84	30	28.11
(-2000, -1000]	16	33.24	11	30.81	12	31.35
(-1000, 0]	5	34.59	5	32.16	5	32.70
(0, 100]	79	55.95	83	54.59	81	54.59
(100, 200]	69	74.59	69	73.24	69	73.24
(200, 300]	40	85.41	43	84.86	41	84.32
(300, 500]	25	92.16	27	92.16	29	92.16
(500, 1000]	16	96.49	14	95.95	15	96.22
(1000, +∞)	13	100.00	15	100.00	14	96.76
中位数	72.04		77.70		73.42	
均值	-2226.48		-1954.10		-2308.95	
最大数	9700		9710		9710	
最小数	-110125		-110250		-110250	

通过图6-8可知，三种就业率下，参赛者财富得分的分布大体相同，说明就业率对于参赛者的赚钱能力没有太大的影响。由于分组标准的问题，负值得分的组距大于正值，图6-8的分布有两个集中趋势，一个出现在 [-5000, -3000]，另一个出现在 (0, 100]。

4. 诚信得分基本在10分以内，预估较为准确

所谓诚信得分主要是对参赛者的就业能力进行的预估，预估结果越接近0，越准确。通过表6-11、图6-9可以看出，诚信得分基本在10分以下。10分以内的参赛者在90%就业率下占75.14%，78%就业率下占75.68%，65%的就业率下占77.03%。中位数在5分左右，90%就业率下为5.35分，78%就业率下为5.26分，65%就业率下为5.185分，说明估计情况比较准确。三组诚信得分的最大值均大于2000，为离群值。离群值的影响使均值大于中位数，没有太多的代表意义。

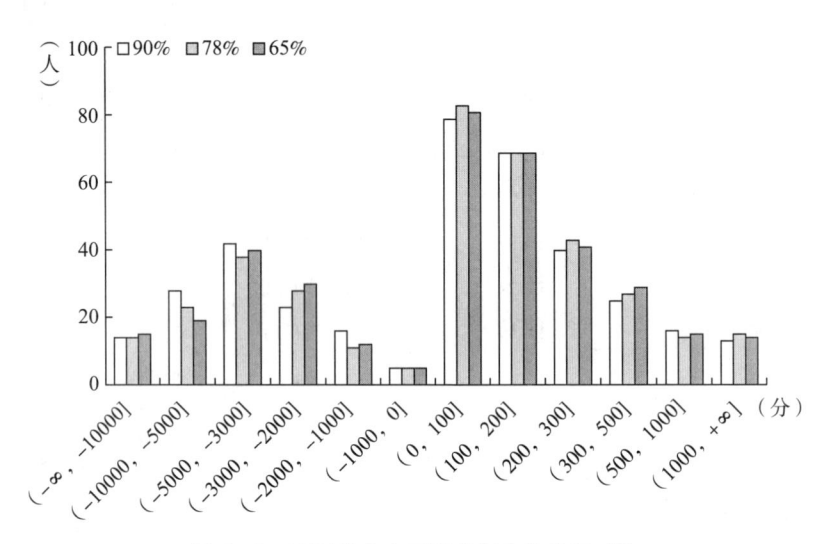

图 6-8 不同就业率下财富得分的分组对比

表 6-11 诚信得分的分组统计

分组（分）	90% 频数（人）	90% 累计百分比（%）	78% 频数（人）	78% 累计百分比（%）	65% 频数（人）	65% 累计百分比（%）
(0, 1]	45	12.16	55	14.86	53	14.32
(1, 2]	42	23.51	39	25.41	41	25.41
(2, 3]	33	32.43	29	33.24	31	33.78
(3, 4]	26	39.46	30	41.35	29	41.62
(4, 5]	27	46.76	24	47.84	22	47.57
(5, 7]	66	64.59	65	65.41	66	65.41
(7, 10]	39	75.14	38	75.68	43	77.03
(10, 20]	48	88.11	41	86.76	45	89.19
(20, 100]	35	97.57	41	97.84	33	98.11
(100, +∞)	9	100.00	8	100.00	7	100.00
中位数		5.35		5.26		5.185
均值		21.61		26.19		20.61
最大数		2008.39		2008.39		2008.39
最小数		0.02		0.05		0.05

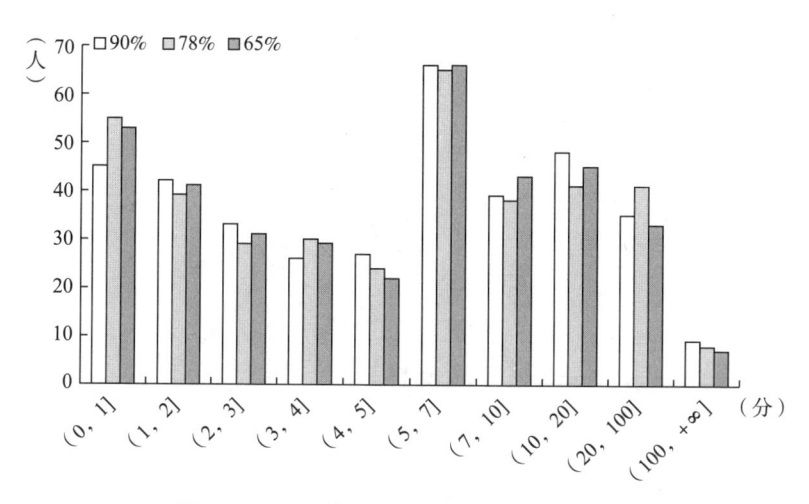

图 6-9　不同就业率下诚信得分的分组对比

二　六大工作能力分析

社交合作能力较强，竞争就业心理有待提高。通过表 6-12、图 6-10 可以看出，参赛者的合作能力最强，最低分为 24 分，平均分达 70.10 分；其次是社交能力，平均分达 66.09 分；竞争能力最差，平均分不足 40 分，仅 31.54 分。就业心理仅次于竞争能力，平均分为 41.16 分，不足 50 分，说明参赛者对就业还没有准备好，心理上还有一定的障碍。创新能力参差不齐，离散程度较大，最低分 6 分，最高分 90 分，平均分为 44.51 分。各参赛者综合能力差距较大，最低分仅 10 分，最高分达 90 分，平均成绩为 59.02 分，总体还不错。

表 6-12　参赛者六大能力分析

单位：分

	最小值	最大值	平均值	标准差
合作能力	24	80	70.10	7.794
社交能力	24	90	66.09	11.276
创新能力	6	90	44.51	12.454
竞争能力	13	69	31.54	7.720
就业心理	15	82	41.16	10.480
综合能力	10	90	59.02	14.832

社交能力

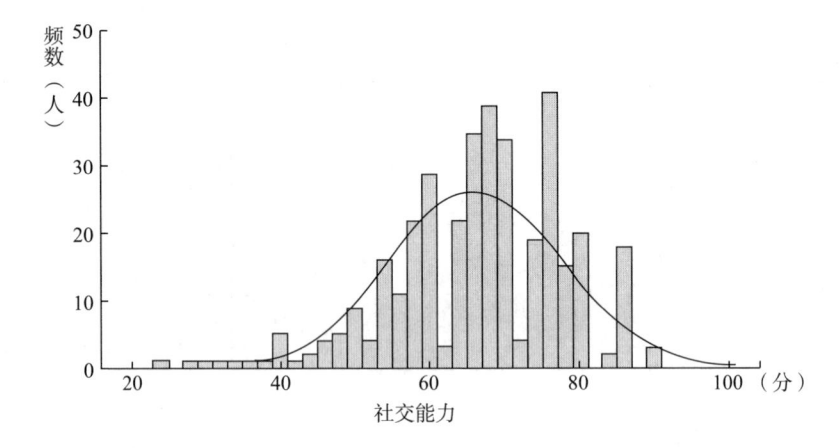

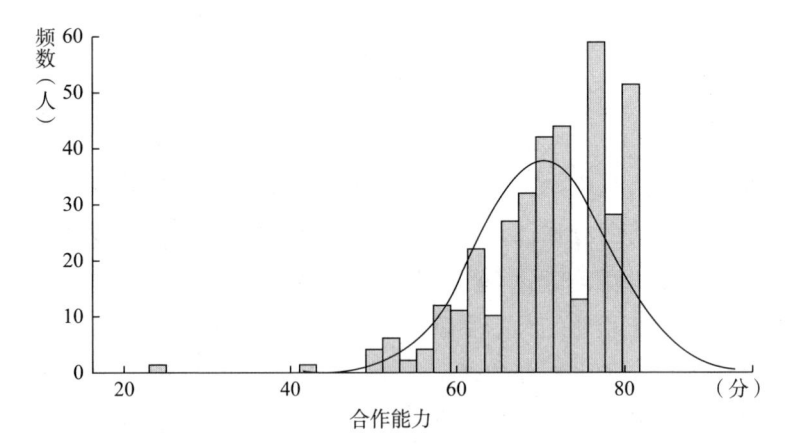

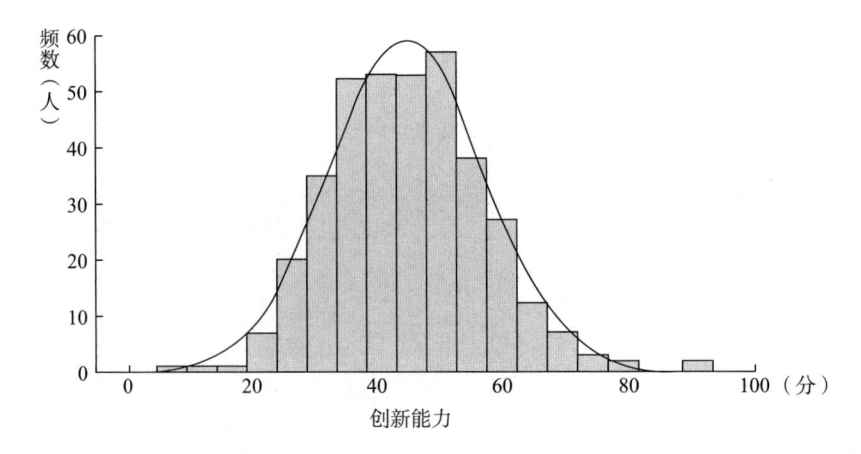

合作能力

创新能力

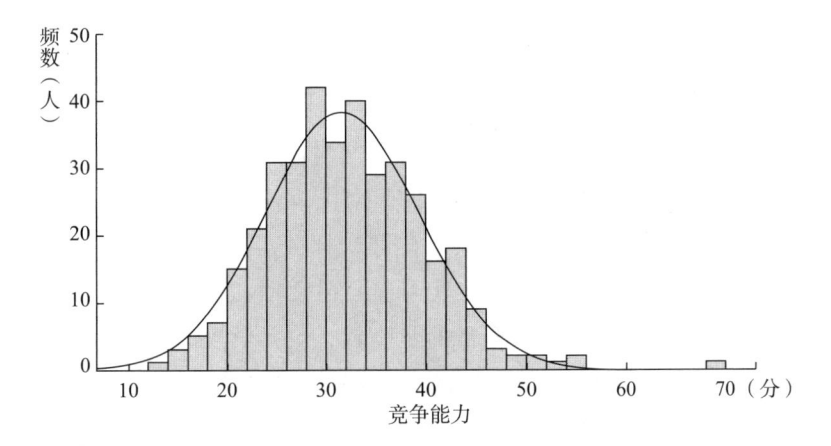

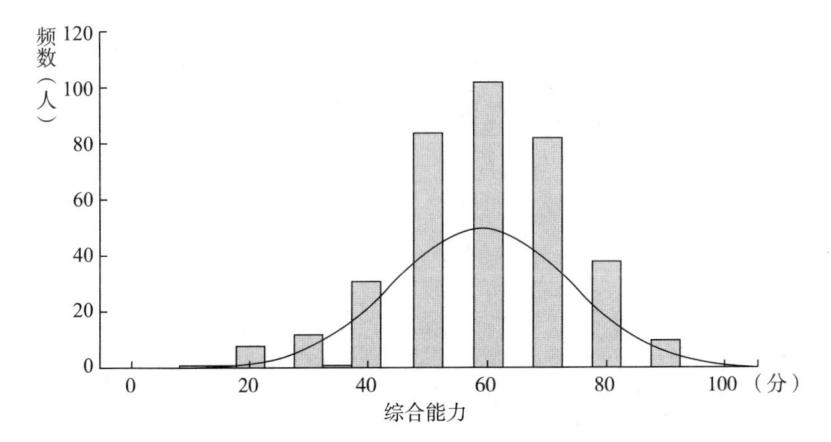

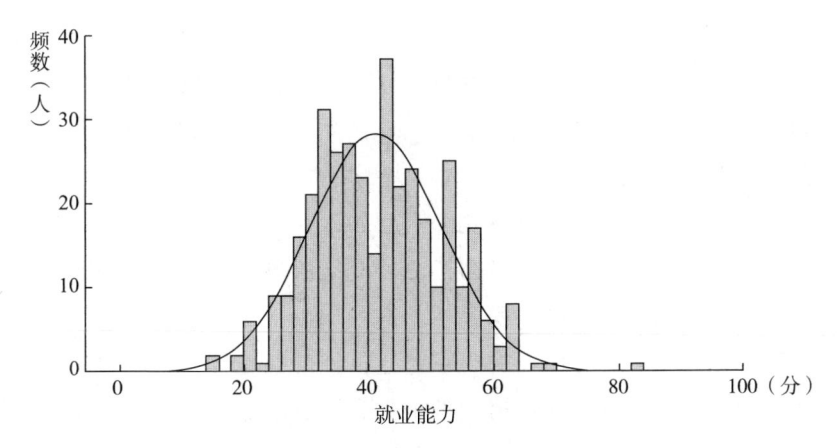

图 6-10 参赛者 6 大能力分布

1. 合作能力分析

题目描述：①你参加过哪些社会实践，如果可能，请列举至少三个，并说明参加这些实践活动的目的；②你与一位同事（或同学）需共同完成一项任务，由于某种原因他有些情绪，工作积极性不高，你会怎样对待这种情况呢？（如果有实际案例，请描述具体情况）。

（1）针对社会实践问题，参赛者的在校社会实践比较丰富，归纳汇总主要有六个方面：兼职打工、专业实习、公益活动、社会调研、校园活动和自主创业。其中兼职打工主要目的是赚钱，包括学生课余时间做的小时工、访问员、家教、促销员和寒暑假期间做的收银员、农民工、导购等；专业实习主要包括在学校安排的课程实习和寒暑假期间学生自己找的企事业单位进行的实习，有从事行政、人力、财务、销售的，还有从事记录员、cad绘图员、产品设计师、技术支持工程师、交易员的，基本都是与本专业相关的实习；公益活动指的是不以赚钱为目的参加的社会活动，包括义务支教、各种比赛的志愿者、国庆队伍游行、敬老院福利院帮忙等；社会调研包括学校组织的寒暑假社会调研和学生自发组织的社会调查，同时也包括企事业单位的参观；校园活动包括各种校园社团活动、比赛等；自主创业不言而喻就是自己做点生意、开网店或办培训班等。有一学生提出"酒桌"实践，"酒桌上好办事"的不正之风已经渐渐侵入一些大学生的头脑，诚然中国酒文化和酒桌礼仪应该学习，但是不能把"练酒量"作为实践。

从图6-11可以看出，参赛者370人均参加过各种形式的社会实践，68.92%的学生兼过职、打过工，说明大学生空闲时间还是比较多的，约1/3（35.41%）的学生参加过专业实习，参加公益活动的占到31.26%，自主创业的只有小部分人，占2.70%，有创业头脑并付诸实践的毕竟是少数。

（2）为考察参赛者的合作能力，题目设定了一种假设：同事工作积极性不高。针对该问题的回答，归纳汇总所有解决方案，基本分为五类：第一类是跟同事沟通，了解同事积极性不高的原因，然后进行疏导，比如强调合作的重要性、公私分明或提出一些建设性的意见等，主要方向是调动同事的积极性，鼓励其工作；第二类也是先沟通疏导，但是在工作时会给予同事帮助，协助他完成工作或给他分配一些比较轻松简单的工作；第三类则做了两手准备，先沟通疏导，鼓励同事完成任务，如果同事还是不能

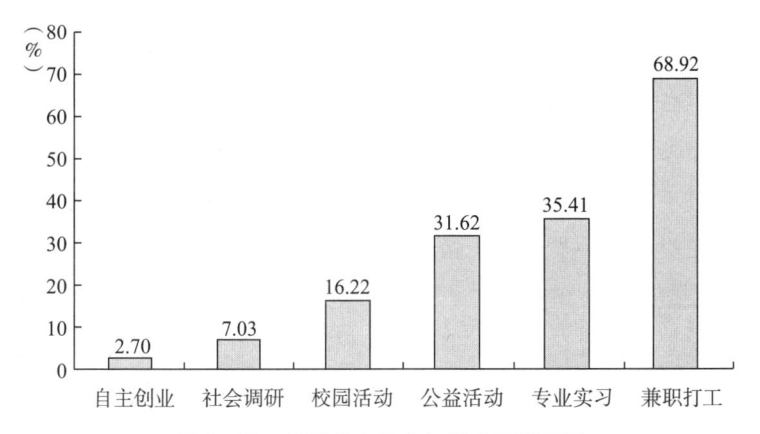

图 6-11 参赛者在校参加社会实践情况

提高积极性则独立完成；第四类是不去了解情况，同事积极性不高则自己承担大部分任务或全部承担；第五类是其他意见，主要包括给同事放假去调节心情或对同事不管不顾，任务分工，各干各的或直接辞退等。

从图 6-12 可以看出多数人还是比较顾忌与同事的合作关系的，70.81% 的人会选择先沟通疏导后鼓励其完成任务这种解决方案，仅有 6.49% 的人会选择独立完成或大部分自己完成。

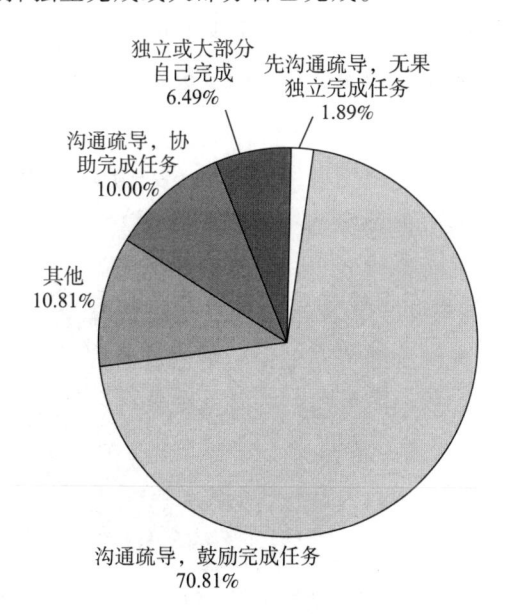

图 6-12 参赛者合作能力方面不同处理方式分布

2. 社交能力分析

题目描述：你邀请了上司到家里做客，可在晚宴的前一天突然发生意外，不能继续举行宴会，你会怎样？

为考察参赛者的社交能力，题目设定了一种假设：邀请上司参加晚宴，但晚宴不能继续举行。针对该问题的回答，归纳汇总所有解决方案，基本分为三类：第一类是马上给领导打电话表示歉意，说明晚宴不能举行的原因，希望上司理解；第二类也是打电话向上司致歉，不过同时也同领导约了下次举行晚宴的时间；第三类最懂社交之道，先向上司表示歉意，然后把晚宴换成其他方式进行弥补，比如去高级餐厅会餐或小型聚会。另外还有其他处理方式的，这些人主要是没有明白题目，把自己当成领导去参加别人的晚宴，另外还有请同事办晚宴的等。

从图6-13可以看出，69.46%的参赛者面对晚宴不能如期举行的状况会跟上司再约时间，这种处理方式比较中庸，不会得罪上司，但是上司也没有跟你关系更亲近；最笨的处理方式是只表示歉意，而没有另约时间，这类选择占20.81%，这样一般会让上司觉得你没有充分地重视他，会给上司留下不好的印象；最好的处理方式是不仅要表示歉意还要做出弥补，也许上司不一定接受你的弥补，但是至少上司觉得你很重视他，会给你的印象加分，这类人仅有7.57%。这说明多数在校生处理方式比较中庸，有待进一步到社会上历练。

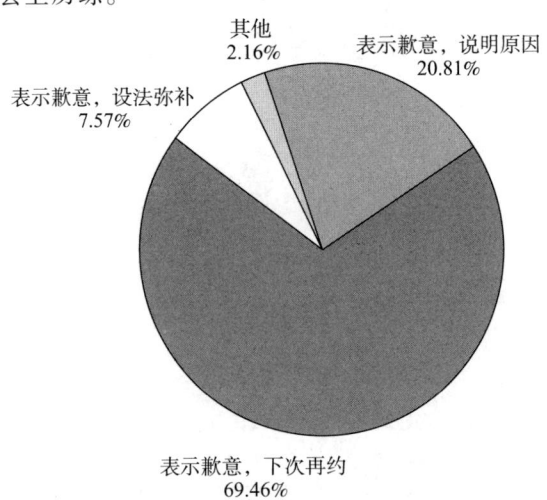

图6-13 参赛者社交能力方面不同处理方式分布

3. 创新能力分析

题目描述：毕业后你会选择个人创业吗？如果会，请简单描述创业设想。你觉得为了提高大学生创新能力，学校更应该注重哪方面？

（1）针对该问题所有的回答进行总结，多数学生毕业后不会选择创业，达47.03%，究其原因有三点：第一，个性不适合；第二，没有好的创业点子；第三，创业环境不适合。24.86%的学生表示毕业后有创业打算，但需要先积累几年经验、人脉和资金等，等时机成熟了再创业。10.27%的学生表示是否创业看情况而定，如果条件允许，比如国家政策支持大学生创业，大学生创业无息贷款等。17.84%的学生表示会选择创业，这个比例还是相当高的（见图6-14）。

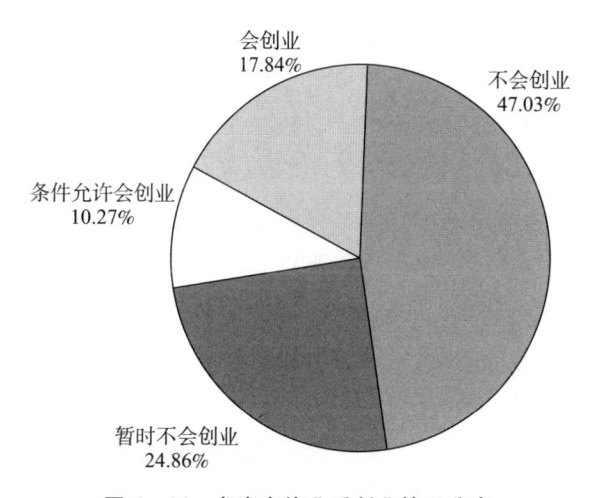

图6-14 参赛者毕业后创业情况分布

参赛者的创业点子五花八门，基本都属于第三产业，有些人只想开一个小店，比如DIY的小艺术品、经营虚拟商品的淘宝店、女生饰品店、化妆品店、业务代理店、礼物饰品店、服装店面、代购网店、私家菜餐厅、校园餐厅、自助烤肉店、花店、婚庆公司、小吃店。有些人则想开个有规模一点的公司，比如软件服务公司、企业网站维护公司、灯具公司、农机销售公司、连锁酒店、贸易公司、家政服务公司、生态农场、中高级餐厅、农村信用合作社、吹塑厂、品牌电脑店、投资理财公司、青年旅馆。其中比较有特色的有蜜蜂养殖的生态农场、家居装饰店、会场设计工作室、DIY小艺术品店面。

参赛者大多数描述都停留在整体创意的构思上,对于细节思考并不是很多,说明现在的学生创业主要停留在想法上,实践环节明显不足。

(2)对于学校应该注重哪方面来提高大学生创新能力这个问题,参赛者们提出了很多宝贵的意见,归纳起来主要有以下几方面。

第一,树立创新教育的理念。创新教育是全面素质教育的具体化和深入化,是以加强学生的创新精神、创新能力、创新人格的培养为基本价值取向的教育。在注重学生的个性和兴趣的前提下培养学生的观察、思考、想象、设计能力,加强学生的探索、质疑、创新精神。

第二,改革课程体系。本着"厚基础、宽口径""淡化专业,强化课程"的改革目标,打破以专业设置课程的传统体系,将相近专业合并,共同构建新的课程体系,这样通过各学科知识的融合、渗透、转化,使学生形成多学科、多视角的创造思维能力,为其个性发展、创新能力的提升提供更大的空间。同时要多开设一些创新课程,提供创业理论指导。

第三,调整教学内容,改革教学的方式方法。学校应构建一个创新型的教学内容体系,将最新的科学研究成果和科学概念及时地融入教学实践中,有意识地培养学生,以发展的观点看待客观物质世界,引导他们去探索新的知识。改变传统的"填鸭式"教学,以启发式教学为主线鼓励学生发散思维,亲自动手,积极实践,以最新时事为导向鼓励学生发现商机。

第四,提供创新展示平台。多举办一些类似模拟沙盘、创意展览、创业大赛等活动,不要只注重形式,充分发挥学生的创造性和积极性;同时还应该多邀请一些校外成功人士为学生们做讲座,讲述他们的成功之道;如果可能,可以成立一个学校和企业的校企就职联盟,让学生们在上学期间就能了解企业的运作模式,使理论和实践知识充分结合,为学生们创新思想拓展思路。

第五,合理的评价和激励机制。合理的评价和激励机制是培养学生创新能力的制度保障。学生们能力的表现不仅仅体现在课本知识的理解和掌握上,更重要的是运用这些知识。在学生考评中增加创新贡献这一科目,纳入学分考核制度,鼓励学生创新,同时对于有突出创新贡献的学生应该给予奖励,这样才能充分发挥学生创新的积极性。

第六,提供资金和技术支持。大学生创新少、创业难,最终原因是缺乏理论指导、技术和资金支持,好的创意都夭折了,所以从学校角度来讲应该成立一个创新指导中心,鼓励学生有创意的创业计划,与社会上的投资公司取得合作,对好的创业计划给予一定资金技术支持。

提高学校对大学生的创新能力的实际支持,但仅仅依靠学校的力量是不够的,还需要父母的教育、社会的影响以及政府的导向,参赛者中有人指出现在大学生创新能力应该从高中、初中的时候就开始培养。

4. 竞争能力分析

题目描述:如果每次考试或者比赛后必将成绩公布于众,你对此的看法是?试提出更好的解决方案,并说明理由。

对于每次考试或者比赛后必将成绩公布于众,参赛者们的意见主要有三种:赞同、比较赞同和完全不赞同,而且持三种态度的人比例基本相当,基本各占1/3(见图6-15)。持赞同态度的人主要是从公平和激励的角度来看的,考试或比赛带有竞争性质,将比赛结果公布于公,不仅有利于保证比赛的公正公开,而且对于成绩好的同学是一种精神嘉奖,对于成绩差的同学是一种激励,在竞争环境下有利于同学们的共同进步;持比较赞同态度的人主要是从维护考试者或是参赛者自尊心角度来讲的,成绩差的学生成绩公布之后自尊心会受到伤害,严重的可能导致积极性受挫,不思进取,同时成绩比较好的人也会形成骄傲心理,反而不利于进步;持反对态度的人是从隐私角度来讲的,个人考试或比赛成绩是属于个人隐私的,应该予以保密,未经成绩所属者同意公布成绩从某种意义上讲是侵权。

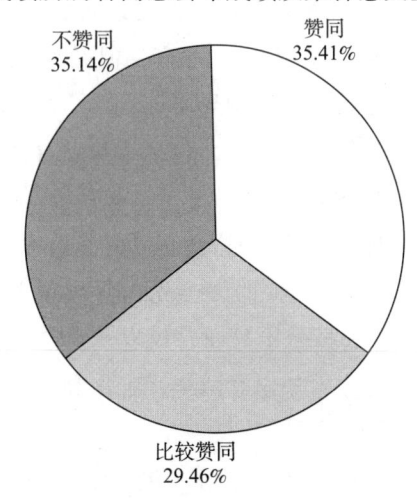

图6-15 参赛者竞争能力方面不同态度分布

针对考试和比赛成绩是否应该公布的解决方案，参赛者们也积极献策，归纳总结后主要有以下几类。第一类是灵活公布成绩，可以将成绩转化为等级，比如优秀、良好、进步等；或者只公布学生成绩的排名，在一定程度上避免了成绩特别差的同学的尴尬；也可以选择晚公布成绩，比如这学期公布上学期成绩，大家对成绩已经看淡或是无所谓的时候公布，对学生的冲击力小一点。第二类是不公布成绩，建立成绩查询系统，学生可以自助查询，自己只能看见自己的成绩，保护个人隐私。第三类是公布部分成绩，经成绩所属者同意可以公布前几名成绩，而且不针对成绩进行排名。

5. 就业心理分析

题目描述：假如领导每天都让你加班，如果你不遵循领导的安排就很有可能面临被解聘的危险，而你的父亲却又生病需要你早点回家照顾，此时你会如何处理？

自古忠孝难两全，参加工作以后我们经常会面临工作和家庭之间进行取舍的问题，该题目给出的假设就是加班和照顾生病父亲之间如何取舍的问题。参赛者没有参加过工作，只能以假想的方式决定自己的处理方式，主要可以分为四类。第一类是向领导说明情况，希望领导理解，争取不加班回去照顾父亲，或是提高工作效率，在工作时间内完成应该完成的任务，但是并没有做辞职的打算；第二类也是先征求领导同意，如果领导不同意，宁愿辞职也要回去照顾父亲，工作可以再找，但是父亲只有一个；第三类是直接辞职，这种人虽然孝心可嘉，但是明显过于冲动，感情用事；第四类是不做辞职打算，如果领导不能同意，考虑雇人照顾父亲，保全工作。另外还有少数其他处理方式，包括通过法律手段仲裁或是不管不顾父亲，只保全工作（见图6-16）。

采取第一种和第二种处理方式的人占多数，56.49%的人会向领导说明情况，但不做辞职打算，29.73%的人会先向领导说明情况，并作辞职打算。只有不到5%的人会选择直接辞职，仅有4.32%的人会做雇人照顾父亲的打算。大部分人还是在希望忠孝两全，工作和家庭同时兼顾。

6. 综合能力分析

题目描述：试谈你自己的就业计划（包括就业目标、手段、策略、就业后的发展方式等）。如果有创业设想的话，请简单描述创业计划（包

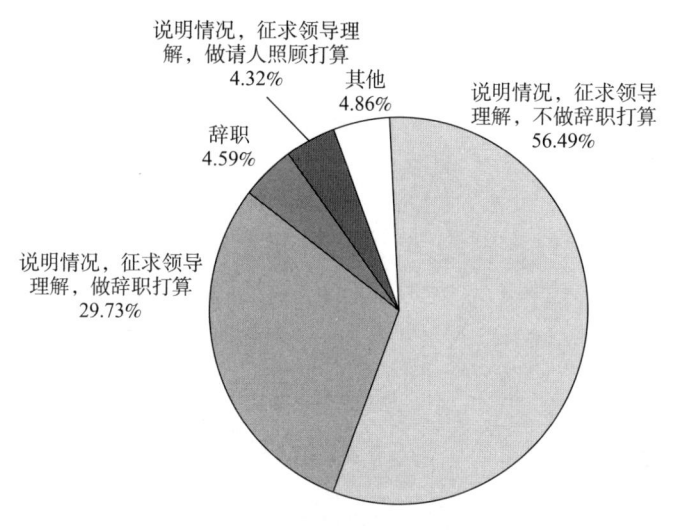

图 6-16　参赛者就业心理方面不同态度分布

括项目内容、团队组织、营销手段、盈利预期、企业中长期发展规划等)。

在考察参赛者综合能力方面设置一个关于就业计划或创业计划的题目。针对这个问题仅 9 人没有作答，暂时没有就业或创业计划。74.05% 的人有就业计划，4.32% 人有创业计划，仅 1.6% 的人就业和创业计划都有。通过分析参赛者们的就业计划，25.68% 的人有明确的就业目标，包括就业地域、就业方向、就业职业、工作行业等，并且对自己未来 5~10 年的工作计划和升迁做了详细的规划。比如，其中一个参赛者希望从事人力资源相关工作，选择好适合自己并且自己感兴趣的行业。从基层做起，对 6 大模块熟练运作，工作之余补充专业知识，明确职业发展方向，不断学习，深刻体会。3~5 年内晋升人力资源主管。10 年内晋升人力资源总监。另外 74.05% 的人没有明确的目标，找到什么工作算什么工作，比如"通过投简历找工作"等，没有详细的就业计划（见图 6-17）。

创业计划上，95.68% 的人只有创业意向，至于从事哪方面创业还没有详细的计划，仅 4.32% 的人有详细的创业计划（见图 6-18），值得一提的是进军校园文具产业、商务、休闲咖啡专卖店、太阳能装饰公司、女生饰品店这几种创业计划。

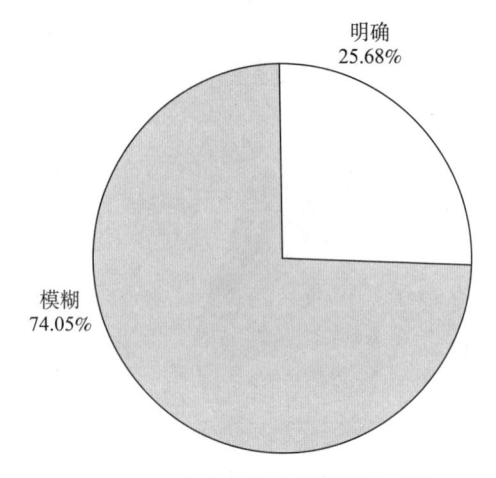

图 6–17　参赛者就业计划制定对比

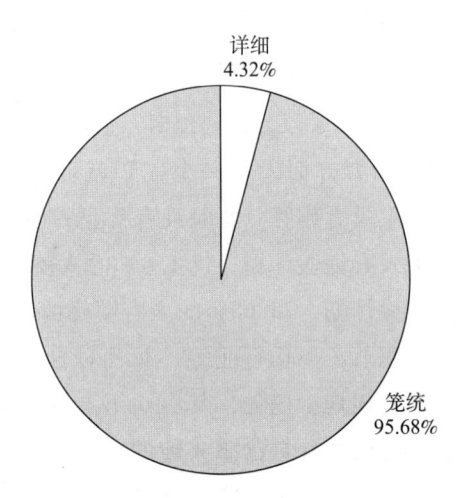

图 6–18　参赛者创业计划制定对比

进军校园文具产业

首先，通过自己在校期间完成的小说，获得创业的第一笔资金，寻求亲友帮助并面向社会组建自己的创业团队，第一步从事"文具产业"方面的项目，因其从业门槛低，市场广，所以在短期内能够很快进入市场。其次，我们的营销手段是打造中国的文具品牌，将中国文化融入文具，让具有中国文化的文具进入每一个公司、家庭和学校。在三年内将公司打造成社会普遍认识、具有一定影响力的文具品牌。公司预计半年内可以组建完成，经过一年的投产和市场开拓，一年半的时间能够盈利。企业发展中期将向相关的文体饰品产业进行拓展，形成一系列的文化品牌。

商务、休闲咖啡专卖店

（1）运营模式。以技术合作形式，结合商务、休闲咖啡专卖店的特点，建议合作者在高档写字楼、CBD 商圈、高科技园区、网吧、车站、电影院、码头或其他有市场空隙之处选址；统一装修风格、统一产品；总部提供技术支持（包括人员培训）和产品（咖啡豆、茶）配送。

（2）产品和服务。出售咖啡、茶类、酒水、简餐等商品，并为客人提供优良的环境和服务，让消费者在这里展现一种品位、体验一种文化、寄托一种情感，使咖啡吧成为商务休闲、情侣聚会的好场所。这些业务与投资场所业主的产业没有冲突。反而可以与投资场所业主的客源优势互补。竞争比较方面，同行竞争格局对我们有利，能更好地提升我们的知名度。相对而言，我们的管理水平、产品和服务质量，都相当占优势。咖啡店是要求规模和档次的行业，也是一个对产品和服务要求严格的行业，毕竟其带有高消费色彩，消费者必然在意自己消费价值的充分体现。要达到这些，对投资者的资源、技术有很高的要求。投资者选择加盟合作方式，一方面获得了充分的资源、先进的设备和技术，另一方面也避免了不少经营风险。

（3）市场分析。①市场需求：稳定的老客户资源，写字楼与宾馆客源，购物娱乐场所，成熟居民小区，外企及本地区众多的 IT 类企业、公司等新兴产业，如本区域学校较多，当中的教职工和学生情侣也是潜在客源。②行业发展趋势：咖啡消费市场发展迅速，已经成为城市消费一大潮流，市场前期培育已经结束。雀巢、麦斯威尔、哥伦比亚等国际咖啡公司纷纷在中国设立分公司或工厂，根据一项 12 个内陆城市的调查，32% 的城市居民喝咖啡。过去一年内喝过速溶咖啡的人口比例在 30% 以上的地区除上海之外，还有昆明、厦门、杭州和天津。咖啡消费品位越来越高，文化的魅力就是市场的魅力。单纯速溶咖啡已远远不能满足要求，消费者开始认知咖啡的品牌、风格和如何享受咖啡带来的乐趣。教育水准、家庭月收入和饮用咖啡的频率相关。这意味着咖啡这种西方传入的饮料成为一种象征优势阶层的生活方式。③与强势品牌店的间接竞争：目前各大城市中星巴克（Starbucks）以及来自台湾的老树咖啡、两岸咖啡等都占有一定的市场。④直接竞争对手：小型咖啡厅受众人群相对较小，方圆 1 公里以内没有其他咖啡厅是必要因素。⑤营销规划：利用加盟店品牌和资源优势，迅速建立知名度、美誉度，稳固老客源。

（4）推广计划。宣传计划：针对高档小区内的居民，可在附近购物场所的停车场内，向有车族派送精美广告单页（DM）和小礼品，单页也可做成优惠券形式。事件营销：①学生派对、读书活动。联系加盟区域几个重要高校的学生会组织，举行一些沙龙派对、读书活动，有利于提升品牌品位，吸引学生和年轻人消费；②时机成熟的时候，也可以举办一个以"咖啡和生活"为主题的征文活动。

（5）服务营销。①建立会员卡制度。卡上印制会员的名字。会员卡的折扣率并不高，如9.5折。一方面，这可以给消费者受尊重感，另一方面，也便于服务员对消费者的称呼。特别是如果消费者和别人在一起，而服务员又能当众称他（她）为×先生、×小姐，他们会觉得很受尊重。②个性化服务。在桌上放一些宣传品，内容是关于咖啡的知识、故事等，一方面可以提升品位，烘托气氛，另一方面也增加消费者对品牌的好感。为多位一起来的消费者配备专门的讲解人员。如果他们感兴趣，可以向他们介绍各种咖啡的名称、来历等相关知识，也可以让其参与咖啡的制作。

太阳能装饰公司

我会选择一个太阳能装饰公司。在城市中，很多楼房的房顶上都是空着的，我们可以在上面装上太阳能电池板，用于楼道或者部分灯具的供电，从而给这座楼房的能源消耗减轻负担；也可以给城市的红绿灯换上太阳能，减少能源消耗。或许这些太阳能发电很少，但是城市里很多楼房的房顶都装上的话，一定会减少很多电力消耗。发展利用太阳能，是环保的趋势，也是未来发展的方向，如果这样发展，公司肯定会发展壮大。

女生饰品店

团队组织：自己和朋友。各司其职，我主要负责采购以及店里风格设置，朋友负责营销策略。共同对每日的现金流量进行盘查。

营销手段：首先明确目标客户，然后进行广告宣传，例如：本学校女生享受特惠以及会员卡和一些增值服务的设定。

盈利预期：半年收回成本。

企业中长期发展规划：先利用半年到八个月的时间收回成本，以优质的服务吸引回头客后，相应的广告和宣传费就可以免了，后期再根据顾客的需求及建议,采购一些顾客所需要的东西。如果经营不错,我们可以像如家、七天那样,找到肯为我们投资的公司,尝试开连锁店。

第三节 比赛成绩因素分析

为了解参赛者的自身情况对于比赛成绩有没有影响,需要分别对各个因素进行分析。对于名义变量和顺序变量,采用均值比较(Compare Means)的方法检验不同组之间是否存在显著性差异,进而判断该因素对比赛成绩是否有影响;对于数值变量,采用肯德尔秩相关分析或斯皮尔曼等级相关分析,分析成绩与因素之间的相关关系,并进行检验(检验均采用 0.05 显著水平)。

一 背景因素对比赛成绩的相关分析

1. 男生成绩比女生成绩高,性别因素有一定影响

通过表 6-13 可以看出,方差分析的显著性检验 P 值 < 0.05,说明不同性别之间成绩差异显著,男生平均成绩(56.08 分)比女生平均成绩(50.41 分)高 5.67 分,并且男生与女生成绩的标准差几乎相等,两者的集中趋势大体相同。从关联度上看,性别因素和比赛成绩之间的关系不是很密切,也就是性别因素对比赛成绩有一定影响,但影响不大。

表 6-13 不同性别的均值比较分析结果

性别	均值(分)	人数(人)	标准差(分)	最小值(分)	最大值(分)
男	56.08	160	17.42363	5.90	91.34
女	50.41	210	17.26270	5.70	91.48
方差分析	F	9.705	关联度测度	Eta(η)	0.160
	Sig.	0.002		Eta(η^2)	0.026

注:关联度 Eta(η) 测度的是因变量与自变量之间的紧密联系程度,越接近 1,表示因变量与控制变量之间关系越密切,如果 Eta(η) = 0 表示两个变量无关;Eta(η^2) 表示组间偏差平方和与总偏差平方和之比。以下各表类同。

2. 是否为"211"学校对成绩没有影响,东部地区成绩偏低

通过表 6-14 可以看出,方差分析的显著性检验 P 值 > 0.05,说明是

否是"211"学校的参赛学生成绩差异不显著,"211"学校的参赛学生平均成绩（52.70分）与非"211"学校的参赛学生平均成绩（52.92分）几乎相等,并且两类学校参赛学生成绩相对集中且大体相同,"211"学校参赛者的最高分（91.34分）与非"211"学校参赛者的最高分（91.48分）几乎相等,两者的最低分略有差异,分别是10.49分和5.70分。充分说明学校是否为"211"不影响学生的整体成绩。从关联度上看,学校是否为"211"和比赛成绩之间几乎没有关联,Eta（η）=0.006,几乎等同于0,也就是学校是否为"211"对比赛成绩几乎没有影响。

表6-14 不同学校的均值比较分析结果

是否为"211"	均值（分）	人数（人）	标准差（分）	最小值（分）	最大值（分）
否	52.92	270	17.18008	5.70	91.48
是	52.70	100	18.55028	10.49	91.34
方差分析	F	0.011	关联度测度	Eta（η）	0.006
	Sig.	0.915		Eta（η^2）	0.000

通过表6-15可以看出,方差分析的显著性检验P值>0.05,说明不同地域学校的参赛学生成绩差异不显著,东部沿海学校的参赛学生平均成绩（51.12分）比北京、上海学校的参赛学生平均成绩（54.11分）低2.99分,比平均成绩（52.86分）低1.74分,中部内陆学校的参赛学生成绩最高,平均成绩为54.41分。从关联度上看,Eta（η）=0.088,学校地域与比赛成绩之间关系并不密切,学校地域对于比赛成绩没有太大的影响。

表6-15 不同学校的均值比较分析结果

学校地域	均值（分）	人数（人）	标准差（分）	最小值（分）	最大值（分）
东部沿海	51.12	162	17.61835	10.49	91.34
中部内陆	54.41	74	14.92664	5.90	84.10
北京、上海	54.11	134	18.66784	5.70	91.48
方差分析	F	1.432	关联度测度	Eta（η）	0.088
	Sig.	0.240		Eta（η^2）	0.008

这与我们普遍形成的观点相悖,由于我国的教育资源分布不均匀,传统的认知中北京、上海的学生成绩应该高于全国水平,东部学生的成

绩应该高于中、西部学生的成绩，但是结果与我们的认知相背离，为什么会出现这种结果呢？究其原因主要是北京、上海的参赛学校多是非"211"学校，通过表6-1可以看出，北京、上海的参赛院校是北京信息科技大学、北京交通大学、北京财贸职业学院、上海商学院，北大、清华、人大、复旦这样的一流院校学生并没有参赛，代表性差，水平层次并不能代表北京、上海学校的整体水平。而东部沿海地区参赛院校只有两所，学生数量较少，代表性同样不高。而西部参赛的院校多为教学水平较高的学校，其中"211"院校所占比例很大。这说明，高校对于参赛者的成绩影响主要还是学校的水平，也就是说学校是否为"211"对于参赛者的影响较大，而高校所处地域对于参赛者的影响不能通过所取得的数据得出有效论证，进一步扩大比赛影响力，扩大参赛学校的范围是必需的。

3. 工科学生成绩居高，专业对成绩有一定影响

通过表6-16可以看出，方差分析的显著性检验P值<0.05，说明不同专业的参赛学生成绩差异显著，理学参赛学生平均成绩（63.60分）比工学参赛学生平均成绩（57.62分）高5.98分，比教育学参赛学生平均成绩（54.15分）高9.45分，比平均成绩（52.86分）高10.74分。但理学和教育学参赛的学生仅为9人和5人，代表性较差，不能反映理学和教育学学生的整体水平。参赛人数最多的三个专业是工学、经济学和管理学，其中工学学生的成绩最高，同样也是三个专业中唯一一个超过平均成绩的专业，说明工学相对于经济学和管理学有一定的优势。法学参赛的学生仅一人，代表性较差，分析结果有偏，不做说明。从关联度上看，专业和比赛成绩之间关系不太密切，Eta（η）=0.211，仅能够解释4.5%的成绩差异，说明专业对比赛成绩有一定影响，但影响有限。

表6-16 不同专业的均值比较分析结果

专业	均值（分）	人数（人）	标准差（分）	最小值（分）	最大值（分）
经济学	50.62	151	17.40251	10.49	91.34
法学	40.86	1	—	40.86	40.86
教育学	54.15	5	9.65629	43.76	69.18
理学	63.60	9	16.74027	28.51	87.03

续表

专业	均值（分）	人数（人）	标准差（分）	最小值（分）	最大值（分）
工学	57.62	86	16.16178	5.90	90.56
管理学	52.38	107	18.52063	5.70	91.48
艺术学	42.71	11	13.44907	25.90	72.25
方差分析	F	2.821	关联度测度	Eta (η)	0.211
	Sig.	0.011		Eta (η^2)	0.045

4. 农村学生成绩较城市学生略高，户口对比赛成绩没有影响

通过表6-17可以看出，方差分析的显著性检验P值>0.5，说明不同生源的参赛学生成绩差异不显著，农村的参赛学生平均成绩（53.61分）比城市的参赛学生平均成绩（52.07分）高1.54分，比平均成绩（52.86分）高0.75分。农村学生吃苦耐劳，勤奋刻苦，体现在就业模拟大赛上，即比赛成绩相对较高。从关联度上看，学生生源和比赛成绩之间关系并不十分密切，Eta（η）=0.044，能够解释0.2%的成绩差异，也就是说学生生源因素对比赛成绩有一定影响，但影响有限。

表6-17 不同生源的均值比较分析结果

生源地	均值（分）	人数（人）	标准差（分）	最小值（分）	最大值（分）
城市	52.07	180	18.70674	5.70	91.48
农村	53.61	190	16.36396	11.40	91.34
方差分析	F	0.707	关联度测度	Eta (η)	0.044
	Sig.	0.401		Eta (η^2)	0.002

通过表6-18可以看出，方差分析的显著性检验P值>0.05，说明不同户口所在地的参赛学生成绩差异不显著，东部地区的参赛学生比北京、上海和中、西部地区学生成绩明显高。东部沿海地区的参赛学生平均成绩为56.02分，北京参赛学生的平均成绩为55.32分，中部大中城市参赛学生平均成绩为50.18分，西部大中城市参赛学生的平均成绩为50.02分，上海参赛学生平均成绩为50.06分。来自东部和北京的学生成绩最高，来自中、西部学生的成绩相对偏低，符合我们传统的认知，东部学生从小接受的教育资源和教育环境都要优于中、西部地区的参赛者。但

是上海参赛者的成绩偏低,这是由于上海的参赛者只有 18 人,代表性差,和上面我们分析学校所在地得出的结果——上海参赛院校只有一所,而且院校水平偏低一致。从关联度上看,学生户口因素和比赛成绩之间关系比较密切,Eta(η) = 0.141,能够解释 2.0% 的成绩差异,但是在统计上不显著,也就是说学生户口因素对比赛成绩没有影响。

表 6-18 不同学生户口的均值比较分析结果

学生户口	均值(分)	人数(人)	标准差(分)	最小值(分)	最大值(分)
北京	55.32	95	18.63476	5.70	91.48
上海	50.06	18	15.75414	25.90	82.70
东部沿海地区	56.02	68	18.08632	22.05	87.52
西部大中城市	50.02	14	19.54760	11.40	91.34
中部大中城市	50.18	44	18.53491	5.90	82.52
其他	51.03	131	15.85654	11.87	86.99
方差分析	F	1.482	关联度测度	Eta(η)	0.141
	Sig.	0.195		Eta(η^2)	0.020

5. 高学历学生比赛成绩更高

通过表 6-19 可以看出,方差分析的显著性检验 P 值 <0.05,说明不同学历的参赛学生成绩差异显著,学士参赛学生平均成绩为 53.02 分,大中专及其他学历的参赛学生平均成绩为 29.88 分,硕士参赛学生成绩为 87.29 分,但是大中专及其他和硕士的参赛者分别只有 4 人和 1 人,不具有代表性。从学士和大中专及其他学历的参赛学生来看,基本是高学历学生比赛成绩更高。从关联度上看,学历和比赛成绩之间关系并不十分密切,Eta(η) = 0.171,能够解释 2.9% 的成绩差异,也就是说学历因素对比赛成绩有一定影响,但影响有限。

表 6-19 不同学历的均值比较分析结果

学历	均值(分)	人数(人)	标准差(分)	最小值(分)	最大值(分)
大中专及其他	29.88	4	18.00009	11.40	54.57
学士	53.02	365	17.31951	5.70	91.48
硕士	87.29	1	—	87.29	87.29

续表

学历		均值（分）	人数（人）	标准差（分）	最小值（分）	最大值（分）
方差分析	F	5.510		关联度测度	Eta（η）	0.171
	Sig.	0.004			Eta（η^2）	0.029

通过表6-20也可以看出，方差分析的显著性检验P值>0.05，说明不同学制的参赛学生成绩差异不显著，四年制参赛学生平均成绩（53.14分）比三年制的参赛学生平均成绩（48.47分）高4.67分，比平均成绩（52.86分）高0.28分，还有一名五年制的学生，应该是专升本学生，比赛成绩只有24.05分，说明全日制本科生比赛成绩还是占优的。从关联度上看，学历和比赛成绩之间关系并不十分密切，Eta（η）=0.101，能够解释1.0%的成绩差异，也就是说学制因素对比赛成绩没有太大影响。

表6-20 不同学制的均值比较分析结果

学制（年）		均值（分）	人数（人）	标准差（分）	最小值（分）	最大值（分）
三		48.47	16	14.23994	22.44	69.51
四		53.14	353	17.61805	5.70	91.48
五		24.05	1	—	24.05	24.05
方差分析	F	1.906		关联度测度	Eta（η）	0.101
	Sig.	0.150			Eta（η^2）	0.010

6. 支出与比赛成绩呈负相关，收入与比赛成绩呈正相关

为了解比赛成绩与参赛学生的收支之间的相关关系，利用SPSS进行相关分析，虽然比赛成绩服从正态分布，但是对于相关变量的分布未知，此时采用肯德尔秩相关和斯皮尔曼等级相关进行相关分析。通过分析表6-21可得，比赛成绩与学费的肯德尔秩相关系数为-0.019，不相关的假设成立的概率为P=0.612>0.05，斯皮尔曼相关系数为-0.029，不相关的假设成立的概率为P=0.580>0.05，可得结论，两种分析方法等级相关系数没有显著意义。同理可得，比赛成绩与参赛者月生活费存在负相关关系，但相关系数都很小，其中比赛成绩与月其他支出之间的相关系数较月其他支出大，达到-0.181（斯皮尔曼等级相关系数）；比赛成绩与学生期间收入之间的相关系数较月其他支出大，达到0.279（斯皮尔曼等级相关系数）。

表 6-21 比赛成绩与收支之间的相关分析结果

			比赛成绩	学费	月生活费	月其他支出	学生期间收入
肯德尔秩相关系数	比赛成绩	相关性	1	-0.019	-0.087	-0.134	0.193
		Sig.（双侧）	—	0.612	0.020	0.000	0.000
		N	370	370	370	370	370
斯皮尔曼等级相关系数	比赛成绩	相关性	1	-0.029	-0.119	-0.181	0.279
		Sig.（双侧）	—	0.580	0.022	0.000	0.000
		N	370	370	370	370	370

但并不是说，要想提高比赛成绩就应该减少生活费及其他支出，而是反映了这样一种事实：生活费和月其他支出比较少的学生家庭情况一般，个人勤奋努力学习的学生，比赛成绩略高；学生在校期间的收入无非是奖学金或是个人勤工俭学所得，这类收入越多的学生基本属于学习成绩优异，个人吃苦耐劳的，比赛成绩高一些也无可非议。同时也说明并不是学费的高低对学生能力的培养就没有太大关系。

表 6-22 分析的是比赛成绩与参赛者对自己学生期间的支出能够回收年限，两种分析方法的等级相关系数均没有显著意义，也就是说比赛成绩与支出的回收年限之间没有相关关系。

表 6-22 比赛成绩与回收年限之间的相关分析结果

			比赛成绩	学费
肯德尔秩相关系数	比赛成绩	相关性	1	-0.061
		Sig.（双侧）	—	0.107
		N	370	370
斯皮尔曼等级相关系数	比赛成绩	相关性	1	-0.084
		Sig.（双侧）	—	0.108
		N	370	370

二 自我认知因素对比赛成绩的相关分析

1. 自信心越强成绩越高，能力对比赛成绩影响不显著

通过表 6-23 也可以看出，方差分析的显著性检验 P 值 >0.05，说明自信心不同的参赛学生成绩差异不显著，但是从数据表面来看自信心越强的

参赛者比赛成绩越高,自信心强的参赛学生平均成绩(55.54分)比自信心较强的参赛学生平均成绩(52.95分)高2.59分,比自信心一般的学生平均成绩(48.08)高7.46分,比自信心不足的参赛学生平均成绩(47.64分)高7.90分,比平均成绩(52.86分)高2.68分。从关联度上看,自信心和比赛成绩之间关系并不十分密切,Eta(η) = 0.143,能够解释2.0%的成绩差异,但是在统计上不显著,也就是说自信心因素对比赛成绩没有影响。

表6-23 不同自信心的均值比较分析结果

自信心	均值(分)	人数(人)	标准差(分)	最小值(分)	最大值(分)
强	55.54	111	18.18910	10.49	91.34
较强	52.95	194	17.41048	5.70	90.56
一般	48.08	60	16.15017	5.90	91.48
不足	47.64	5	14.80164	29.08	67.04
方差分析	F	2.531	关联度测度	Eta(η)	0.143
	Sig.	0.057		Eta(η^2)	0.020

通过表6-24也可以看出,能力越强,比赛成绩越高,但是方差分析的显著性检验P值>0.05,说明不同能力的参赛学生比赛成绩差异不显著。从关联度上看,学历和比赛成绩之间基本没什么关系,Eta(η) = 0.085,也就是说能力因素对比赛成绩没影响,至少分析结果给出的是此种结论。

表6-24 不同能力的均值比较分析结果

能力	均值(分)	人数(人)	标准差(分)	最小值(分)	最大值(分)
强	51.43	73	18.08955	5.90	87.03
较强	53.89	245	17.68601	5.70	91.34
一般	50.02	52	15.81494	23.75	91.48
方差分析	F	1.351	关联度测度	Eta(η)	0.085
	Sig.	0.260		Eta(η^2)	0.007

2. 三商与比赛成绩正相关,智商相关性最密切

为了解参赛者个人优势与比赛成绩的关系,将个人优势分为智商、情商和胆商三类,每一大类下又分为诸多小类,参赛者提及一点记一分,合计为三商的得分,在此基础上进行三商与比赛成绩的相关性检验。表6-25显示的即检验结果。

表 6-25　三商与比赛成绩的相关性分析

			比赛成绩	智商	情商	胆商
肯德尔秩相关系数	比赛成绩	相关性	1	0.132	0.094	0.087
		Sig.（双侧）	—	0.001	0.014	0.041
		N	370	370	370	370
斯皮尔曼等级相关系数	比赛成绩	相关性	1	0.174	0.129	0.107
		Sig.（双侧）	—	0.001	0.013	0.039
		N	370	370	370	370

通过表 6-26 看出，无论是肯德尔秩相关系数，还是斯皮尔曼等级相关系数，比赛成绩与三商都呈正相关。除情商外，智商和胆商 P 值都小于 0.05，说明智商和胆商与成绩有相关性，但是智商与成绩的相关系数只有 0.132（肯德尔秩相关系数），胆商与成绩的相关系数为 0.087（肯德尔秩相关系数），相关度很低。情商的相关系数分别为 0.094 和 0.129，相关系数都非常低。总而言之，智商对成绩的影响最大。为了解具体的个人优势具备与否对比赛成绩的影响，表 6-26 也给出了各优势的均值比较分析结果和检验结果。

表 6-26　不同个人优势的比赛成绩均值比较分析

	个人优势	是否参与	有效值（人）	均值（分）	标准差（分）	方差分析	
智商	英语水平	未提及	312	52.9172	17.71050	F	0.020
		提及	58	52.5626	16.70825	Sig.	0.888
	专业知识掌握	未提及	269	50.8646	17.83337	F	13.203
		提及	101	58.1803	15.59030	Sig.	0.000
	实践实习经验	未提及	279	51.9233	17.17591	F	3.268
		提及	91	55.7386	18.39542	Sig.	0.071
	学习思维能力	未提及	227	51.3489	17.25141	F	4.411
		提及	143	55.2629	17.77466	Sig.	0.036
	文字语言表达能力	未提及	344	52.8830	17.72162	F	0.007
		提及	26	52.5785	15.15780	Sig.	0.932
	计算机软件水平	未提及	298	52.3173	17.36210	F	1.478
		提及	72	55.1146	18.18728	Sig.	0.225

续表

个人优势		是否参与	有效值（人）	均值（分）	标准差（分）	方差分析	
情商	适应新环境能力	未提及	305	53.1149	17.62544	F	0.362
		提及	65	51.6732	17.19221	Sig.	0.548
	人际沟通能力	未提及	215	51.3069	17.48695	F	4.068
		提及	155	55.0181	17.43021	Sig.	0.044
	勤奋上进心理	未提及	211	52.2463	18.04368	F	0.604
		提及	159	53.6782	16.85960	Sig.	0.438
	组织领导能力	未提及	259	51.7866	17.70109	F	3.265
		提及	111	55.3701	16.95738	Sig.	0.072
	团结合作意识	未提及	275	52.5660	17.98816	F	0.304
		提及	95	53.7173	16.21485	Sig.	0.582
	认真负责敬业	未提及	228	51.7932	17.49387	F	2.213
		提及	142	54.5771	17.52792	Sig.	0.138
	积极乐观心态	未提及	280	52.3753	18.40770	F	0.885
		提及	90	54.3748	14.47886	Sig.	0.347
	爱好兴趣广泛	未提及	290	52.9548	17.46973	F	0.038
		提及	80	52.5238	17.87985	Sig.	0.846
胆商	开拓挑战	未提及	350	52.6095	17.87181	F	1.340
		提及	20	57.2740	9.13238	Sig.	0.248
	创新思维	未提及	351	52.2060	17.47592	F	9.781
		提及	19	64.9726	14.21453	Sig.	0.002
	探索求知	未提及	350	53.1063	17.84771	F	1.262
		提及	20	48.5790	10.02352	Sig.	0.262
合计			370	52.8616	17.5357	—	—

从表6-26还可以看出，智商中专业知识掌握扎实与否、学习思维能力是否具备对于比赛成绩有一定影响，通过了方差分析检验，P值小于0.05。显然，专业知识掌握扎实的、学习思维能力强的比赛成绩的均值比那些不具备的要高。英语水平和文字语言表达能力被提及的次数最少，但这并不表示学习英语和文字语言表达能力不重要，反而说明在这两项能力上现在的大学生严重欠缺。情商中对于比赛成绩有影响的是人际沟通能力，很明显这些方面有优势的参赛者的比赛成绩更高，说明大学生们要想提高自己的

就业竞争优势应该注重情商中这些能力的培养。

表6-8显示参赛者在胆商方面明显不足,仅有5%左右的参赛者具备胆商优势,表6-26检验结果显示在胆商方面有优势的参赛者比赛成绩明显高于不具备这些优势的参赛者,说明胆商培养对于大学生提高就业能力有一定帮助。

三 就业能力因素对比赛成绩的相关分析

1. 实际回收年限与比赛成绩呈正相关

通过分析表6-27可得,90%就业率下比赛成绩与实际回收年限的肯德尔秩相关系数为0.123,78%就业率下为0.093,65%就业率下肯德尔秩相关系数为0.073。不相关的假设成立的概率均为 P = 0.000 < 0.05,斯皮尔曼等级相关系数分别为0.218、0.171和0.143,不相关的假设成立的概率为 P = 0.000 < 0.05,可得结论,两种分析方法等级相关系数有显著差异,比赛成绩与实际回收年限之间存在正相关关系,且相关系数较小。

表6-27 实际回收年限与比赛成绩的相关分析结果

			比赛成绩	实际回收年限（90%）	实际回收年限（78%）	实际回收年限（65%）
肯德尔秩相关系数	比赛成绩	相关性	1	0.123	0.093	0.073
		Sig.（双侧）	—	0.000	0.008	0.036
		N	370	369	368	369
斯皮尔曼等级相关系数	比赛成绩	相关性	1	0.218	0.171	0.143
		Sig.（双侧）	—	0.000	0.001	0.006
		N	370	369	368	369

根据实际回收年限的定义可知,回收年限为正的表示大学时支出的费用可以回收,如果为负表示不能回收,而且为正的年限越小,表示回收越快。所以说该指标既不是正指标,也不是负指标,由于负值占1/3以上,所以相关分析结果得出了实际回收年限越大,比赛成绩越高的结论。

2. 竞争力得分与比赛成绩正相关,得分越高,成绩越高

通过分析表6-28可得,不同就业率下比赛成绩与竞争力得分的肯德

尔秩相关系数为均为 0.323，不相关的假设成立的概率均为 P = 0.000 < 0.05，斯皮尔曼相关系数均为 0.466，不相关的假设成立的概率均为 P = 0.000 < 0.05，可得结论，两种分析方法等级相关系数有显著意义，比赛成绩与竞争力得分之间存在正相关关系，且相关系数较大。

表 6-28　竞争力得分与比赛成绩的相关分析结果

			比赛成绩	竞争力得分 (90%)	竞争力得分 (78%)	竞争力得分 (65%)
肯德尔秩相关系数	比赛成绩	相关性	1	0.323	0.323	0.323
		Sig.（双侧）	—	0.000	0.000	0.000
		N	370	370	370	370
斯皮尔曼等级相关系数	比赛成绩	相关性	1	0.466	0.466	0.466
		Sig.（双侧）	—	0.000	0.000	0.000
		N	370	370	370	370

根据竞争力得分的定义可知，竞争力得分越高表示参赛者就业竞争能力越强，是典型的正指标，相关分析结果得出了竞争得分越高，比赛成绩越高的结论，充分表示参赛者就业竞争能力越强，比赛成绩就会越高。

3. 财富得分与比赛成绩正相关，得分越高，成绩越高

通过分析表 6-29 可得，90% 就业率下比赛成绩与财富得分的肯德尔秩相关系数为 0.516，78% 就业率下为 0.525，65% 就业率下肯德尔秩相关系数为 0.512，不相关的假设成立的概率均为 P = 0.000 < 0.05。斯皮尔曼等级相关系数分别为 0.711、0.721 和 0.702，不相关的假设成立的概率为 P = 0.000 < 0.05，可得结论，两种分析方法等级相关系数有显著意义，比赛成绩与财富得分之间存在正相关关系，且相关系数较大。

表 6-29　财富得分与比赛成绩的相关分析结果

			比赛成绩	财富得分 (90%)	财富得分 (78%)	财富得分 (65%)
肯德尔秩相关系数	比赛成绩	相关性	1	0.516	0.525	0.512
		Sig.（双侧）	—	0.000	0.000	0.000
		N	370	370	370	370

续表

			比赛成绩	财富得分（90%）	财富得分（78%）	财富得分（65%）
斯皮尔曼等级相关系数	比赛成绩	相关性	1	0.711	0.721	0.702
		Sig.（双侧）	—	0.000	0.000	0.000
		N	370	370	370	370

根据财富得分的定义可知，财富得分越高表示参赛者未来赚钱的能力越强，是典型的正指标，相关分析结果得出了财富得分越高，比赛成绩越高的结论，充分表示参赛者比赛成绩越高，未来赚钱能力越强。

4. 诚信得分与比赛成绩负相关，得分越低，成绩越高

通过分析表 6-30 可得，90% 就业率下比赛成绩与诚信得分的肯德尔秩相关系数为 -0.483，78% 就业率下为 -0.488，65% 就业率下肯德尔秩相关系数为 -0.507。不相关的假设成立的概率均为 $P=0.000<0.05$，斯皮尔曼等级相关系数分别为 -0.685、-0.687 和 -0.705，不相关的假设成立的概率为 $P=0.000<0.05$，可得结论，两种分析方法等级相关系数有显著意义，比赛成绩与诚信得分之间存在负相关关系，且相关系数较大。

表 6-30　诚信得分与比赛成绩的相关分析结果

			比赛成绩	诚信得分（90%）	诚信得分（78%）	诚信得分（65%）
肯德尔秩相关系数	比赛成绩	相关性	1	-0.483	-0.488	-0.507
		Sig.（双侧）	—	0.000	0.000	0.000
		N	370	369	368	369
斯皮尔曼等级相关系数	比赛成绩	相关性	1	-0.685	-0.687	-0.705
		Sig.（双侧）	—	0.000	0.000	0.000
		N	370	369	368	369

根据诚信得分的定义可知，诚信得分越低表示对参赛者就业能力预估越准确，是典型的负指标，相关分析结果得出了诚信得分越低，比赛成绩越高的结论，充分表示对参赛者就业能力预估越准确，比赛成绩越高。

四 六大工作能力因素对比赛成绩的相关分析

1. 六大能力与比赛成绩呈正相关

通过分析表6-31可得，比赛成绩与合作能力的肯德尔秩相关系数为0.076，不相关的假设成立的概率为P=0.037<0.01，斯皮尔曼等级相关系数为0.106，不相关的假设成立的概率为P=0.042<0.05，可得结论，两种分析方法等级相关系数有显著意义（5%水平），比赛成绩与参赛者合作能力之间存在正相关关系，但相关系数很小。同理可得，比赛成绩与参赛者的社交能力、创新能力、竞争能力和综合能力之间存在正相关关系，但相关系数都很小，其中比赛成绩与社交能力之间的相关系数较大，达到0.179（斯皮尔曼等级相关系数）。就业能力的肯德尔秩相关系数为0.066，不相关假设成立的概率为P=0.062>0.05，斯皮尔曼等级相关系数为0.097，不相关假设成立的概率为P=0.063>0.05，两种假设检验均表明就业能力与比赛成绩不相关。

表6-31 比赛成绩与六大能力之间的相关分析结果

			比赛成绩	合作能力	社交能力	创新能力	竞争能力	就业能力	综合能力
肯德尔秩相关系数	比赛成绩	相关性	1.000	0.076	0.124	0.088	0.097	0.066	0.094
		Sig.（双侧）	—	0.037	0.001	0.013	0.006	0.062	0.013
		N	370	370	370	370	370	370	370
斯皮尔曼等级相关系数	比赛成绩	相关性	1.000	0.106	0.179	0.128	0.145	0.097	0.129
		Sig.（双侧）	—	0.042	0.001	0.013	0.005	0.063	0.013
		N	370	370	370	370	370	370	370

基于此，可得结论：要想提高比赛成绩，需要提高参赛者的合作能力、社交能力、创新能力、竞争能力和综合能力，尤其要提高社交能力。

2. 参加专业实习和参加公益多者比赛成绩高，校园活动则相反

大学生参加了这么多的社会实践，从就业的角度来讲，哪些社会实践比较有用呢？为此将是否参加社会实践与比赛成绩进行了相关分析。从表6-32可以看出，参加公益活动的学生平均比赛成绩是55.97分，比平均成绩52.86分高3.11分，比没有参加过公益活动的学生平均比赛成绩

(51.39分)高4.58分,而且方差分析显著性检验的P值<0.05,说明参加公益活动的和没有参加过公益活动的参赛者比赛成绩之间的差异性还是比较显著的;参加专业实习的学生平均比赛成绩是58.69分,比平均成绩52.86分高5.83分,比没有参加过专业实习的学生平均比赛成绩(49.70分)高8.99分,而且方差分析显著性检验的P值<0.05,说明参加专业实习的和没有参加过专业实习的参赛者比赛成绩之间的差异性还是比较显著的;参加社会调研的学生平均比赛成绩是52.21分,比平均成绩52.86分低0.65分,比没有参加过社会调研的学生平均比赛成绩(52.91分)低0.70分,而且方差分析显著性检验的P值>0.1,说明参加社会调研的和没有参加过社会调研的参赛者比赛成绩之间的没有显著差异性。另外经常参加兼职打工和校园活动的同学比没有参加过这两类活动的同学的平均成绩均低3~5分,但方差分析中P值均大于0.05,说明是否参加这两类活动的同学成绩之间没有差异性。但从平均成绩看,这两类活动并没有对最终成绩起到积极作用。由于只有一位同学参加过自主创业,所以比较结果没有实际意义。

表6-32 社会实践与比赛成绩相关分析

社会实践	是否参与	有效值(人)	标准差(分)	均值(分)	方差分析	
公益活动	未参加	251	17.08	51.39	F	5.567
	参加	119	18.14	55.97	Sig.	0.019
兼职打工	没参加	116	19.41	54.95	F	2.412
	参加	254	16.56	51.91	Sig.	0.121
专业实习	没参加	240	16.96	49.70	F	23.527
	参加	130	17.15	58.69	Sig.	0.000
校园活动	没参加	305	16.87	53.59	F	2.975
	参加	65	20.18	49.46	Sig.	0.085
社会调研	没参加	344	17.57	52.91	F	0.038
	参加	26	17.34	52.21	Sig.	0.845
自主创业	没参加	369	17.39	52.99	F	7.315
	参加	1	—	5.90	Sig.	0.007
合计		370	17.54	52.86	—	—

3. 合作能力上协助他人完成工作的人比赛成绩偏高

通过表6-33可以看出，对于同一问题的不同处理方式的参赛者比赛成绩之间差异性并不显著。协助他人完成任务的人成绩最高，平均成绩达56.82分，比平均成绩52.86分高3.96分；次高的是鼓励完成任务处理方式的参赛者，平均成绩为53.18分；最低的就是先沟通疏导，无果则独立完成的人，平均成绩只有36.01分，但由于这一类只有7人，所以结果可能出现偏差。从关联度上看，不同处理方式与比赛成绩的关系不是很密切，Eta(η) = 0.157，能够解释2.5%的比赛成绩差异。充分说明重视合作的人比赛成绩偏高，最好的方法是做两手准备。

表6-33 合作能力方面不同处理方式与比赛成绩相关分析

	有效值（人）	均值（分）	标准差（分）	最小值（分）	最大值（分）
沟通疏导，鼓励完成任务	262	53.18	17.40563	5.90	91.48
沟通疏导，协助完成任务	37	56.82	16.97539	30.55	90.56
先沟通疏导，无果则独立完成	7	36.01	25.71437	5.70	79.16
自己独立或是大部分自己完成	24	51.56	15.26233	26.40	86.01
其他	40	50.83	17.46567	16.24	87.03
方差分析	F	2.309	关联度测度	Eta(η)	0.157
方差分析	Sig.	0.058	关联度测度	Eta(η^2)	0.025

4. 社交能力越强，比赛成绩越高，相关性不明显

社交方面不同的处理方式是否在比赛成绩上有体现呢？通过表6-34可以分析得出，针对晚宴不能如期举行，对上司设法弥补的人比赛成绩最高，平均成绩达55.57分，即社交能力强比赛成绩偏高；而仅仅向上司说明原因的人得分明显偏低，平均成绩为52.52分；采取中庸方式的人，即跟上司约了下次晚宴时间的人，平均成绩介于两者之间，为53.27分。从方差分析的角度来看，社交能力的强弱与比赛成绩之间有一定相关性，不同社交能力的比赛成绩之间差异性显著。

表6-34 社交能力方面不同处理方式与比赛成绩相关分析

	有效值（人）	均值（分）	标准差（分）	最小值（分）	最大值（分）
表示歉意，说明原因	77	52.52	19.36879	5.90	90.56

续表

	有效值（人）	均值（分）	标准差（分）	最小值（分）	最大值（分）
表示歉意，下次再约	257	53.27	16.86205	5.70	91.48
表示歉意，设法弥补	28	55.57	14.10313	24.66	84.87
其他	8	33.72	22.70702	10.49	64.17
方差分析	F	3.527	关联度测度	Eta (η)	0.168
	Sig.	0.015		Eta (η^2)	0.028

5. 有创业意向者成绩居高，无意向者成绩明显低

不同创业意向的参赛者比赛成绩上有明显差异，方差分析显著性检验 P 值 < 0.05。选择条件允许会创业的人比赛成绩明显偏高，平均成绩达 59.11 分，比选择不创业的平均成绩 50.33 分高 8.78 分；选择暂时不会创业的和一定会创业的平均成绩居中，分别为 55.47 分和 52.31 分。充分说明有创业头脑的人比赛成绩还是偏高的，但是创业不是靠脑子发热就能实现的，需要各种外界因素的支持和内在因素的提升，所以先选择一个自己感兴趣或是有发展前景的行业工作，积累足够的经验、人脉和财力后再进行创业，成功的机会才会比较大（见表 6-35）。

表 6-35　创业意向与比赛成绩相关分析

	有效值（人）	均值（分）	标准差（分）	最小值（分）	最大值（分）
不会	174	50.33	17.41734	5.70	87.52
暂时不会，积累经验后会创业	92	55.47	18.55667	20.05	91.48
可能会，条件允许会创业	38	59.11	12.92230	17.78	81.30
会创业	66	52.31	17.64118	11.40	90.56
方差分析	F	3.589	关联度测度	Eta (η)	0.169
	Sig.	0.014		Eta (η^2)	0.029

6. 成绩公开持不赞同态度的参赛者成绩明显低

对于考试或比赛成绩公布这一问题，持不同态度的参赛者比赛成绩也呈现显著的差异，方差分析显著性检验 P 值 < 0.05。持不赞同态度的人比赛平均成绩最低，为 49.80 分，持赞同或比较赞同的人比赛成绩相当，这也从侧面反映出那些愿意公布成绩的人拥有更多的竞争心态，而处于保护

自己成绩隐私的人多为成绩偏低不愿公布的（见表 6-36）。

表 6-36　竞争能力方面不同态度与比赛成绩相关分析

	有效值（人）	均值（分）	标准差（分）	最小值（分）	最大值（分）
赞同	131	54.25	15.70657	11.87	91.48
比较赞同	109	54.85	19.11269	5.70	89.26
不赞同	130	49.80	17.61953	10.49	91.34
方差分析	F	3.120	关联度测度	Eta（η）	0.129
	Sig.	0.045		Eta（η^2）	0.017

7. 就业心理上做两手准备的人比赛成绩更高

当工作和家庭出现矛盾的时候，不同人采取不同的方式进行处理，比赛成绩也呈现差异性，方差分析检验结果显示 P 值 < 0.05，说明差异性显著。通过表 6-37 可以看出，采取两手准备的人比赛成绩偏高，平均比赛成绩最高的是先向领导说明情况并做请人照顾打算的一类人，平均成绩达 64.14 分，比选择直接辞职的人（平均成绩 43.41 分）高 20.73 分；说明情况做辞职打算和不做辞职打算的两类人分数大体相等。最笨的办法就是直接辞职，还没有跟领导沟通就直接辞职显然是不理智的做法，鲁莽行径，得分也是最低的。

表 6-37　就业心理方面不同态度与比赛成绩相关分析

	有效值（人）	均值（分）	标准差（分）	最小值（分）	最大值（分）
说明情况，征求领导理解，不做辞职打算	110	53.34	16.89061	5.90	90.56
说明情况，征求领导理解，做辞职打算	209	52.39	17.10876	5.70	91.48
辞职	17	43.41	19.92278	11.40	86.01
说明情况，征求领导理解，做请人照顾打算	16	64.14	19.06632	24.20	88.20
其他	18	54.37	18.81175	10.49	75.33
方差分析	F	3.048	关联度测度	Eta（η）	0.180
	Sig.	0.017		Eta（η^2）	0.032

8. 创业计划详细者比赛成绩更高，就业计划明确者比赛成绩略高

在就业计划上有些人明确，有些人模糊，还有些人没有就业计划。但是三者之间在比赛成绩上差异不是很显著，就业计划明确的人平均成绩为

61.58 分比就业计划模糊的人（平均成绩 55.59 分）仅高 5.99 分，比没有就业计划的人的（平均成绩 52.22 分）高 9.36 分，方差分析显著性检验也不是很显著（见表 6-38）。但是创业计划是否详细比赛者者之间表现出明显的成绩差异，创业计划详细者比赛平均成绩为 58.24 分，比创业计划笼统的人（平均成绩 51.00 分）高 7.24 分。从方差分析检验结果来看，$P < 0.05$，从关联度来看，创业计划与比赛成绩之间关系不太密切，Eta（η）= 0.181，能解释 3.3% 的成绩差异（见表 6-39）。

表 6-38　就业计划与比赛成绩相关分析

就业计划	有效值（人）	均值（分）	标准差（分）	最小值（分）	最大值（分）
明确	16	61.58	17.49984	23.75	86.21
模糊	26	55.59	18.04561	25.90	90.56
无	328	52.22	17.41638	5.70	91.48
方差分析	F	2.531	关联度测度	Eta（η）	00.117
方差分析	Sig.	0.081	关联度测度	Eta（η^2）	0.014

表 6-39　创业计划与比赛成绩相关分析

创业计划	有效值（人）	均值（分）	标准差（分）	最小值（分）	最大值（分）
详细	95	58.24	19.03470	18.69	91.48
笼统	275	51.00	16.62297	5.70	90.56
方差分析	F	12.393	关联度测度	Eta（η）	0.181
方差分析	Sig.	0.000	关联度测度	Eta（η^2）	0.033

第四节　参赛者的就业期待

一　参赛者对薪水的期待

1. 参赛者最低期望薪金仅千元

通过表 6-40 可以看出，不同就业率下参赛者的心理底薪中位数和众数均为 1000 元。从图 6-19 也可以看出，90% 就业率下心理底薪为 1000 元的有 139 人，占总参赛人数的 37.57%，低于 1000 元的累计达 16.76%；78% 就业率下，心理底薪为 1000 元的有 122 人，占总参赛人数的 32.97%，而低于 1000 元的累计达 21.1；65% 就业率下，心理底薪为 1000 元的有 123 人，占总参赛人数的 33.2%，低于 1000 元的累计达 22.4%。显然随着就业率的下降，参赛者也相应调低自己的心理底薪。

表 6-40　参赛者对薪水期望的描述统计分析

单位：元

统计量	心理底薪			期望起薪			乐观起薪		
	90%	78%	65%	90%	78%	65%	90%	78%	65%
均值	1465.95	1432.43	1402.49	2323.78	2246.76	2206.22	3276.76	3134.05	3087.30
中位数	1000	1000	1000	2000	2000	2000	3000	3000	3000
众数	1000	1000	1000	2000	2000	2000	3000	3000	3000
标准差	779.870	720.642	718.083	917.388	855.876	844.744	1277.723	1124.103	1100.050
最小值	0	0	0	800	800	800	1500	1400	1200
最大值	5000	4000	4000	7000	6800	6500	15000	12000	10000

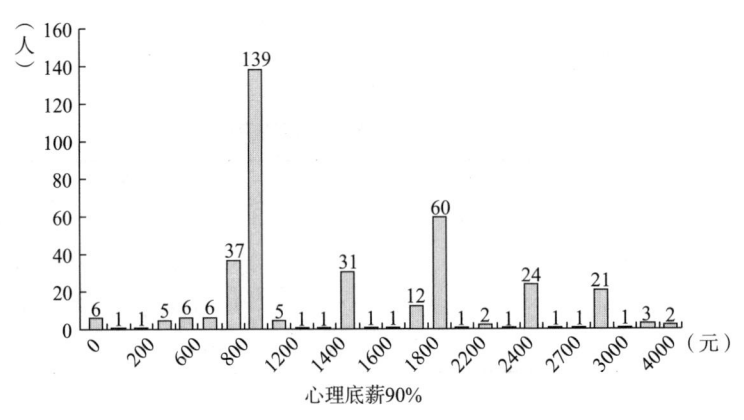

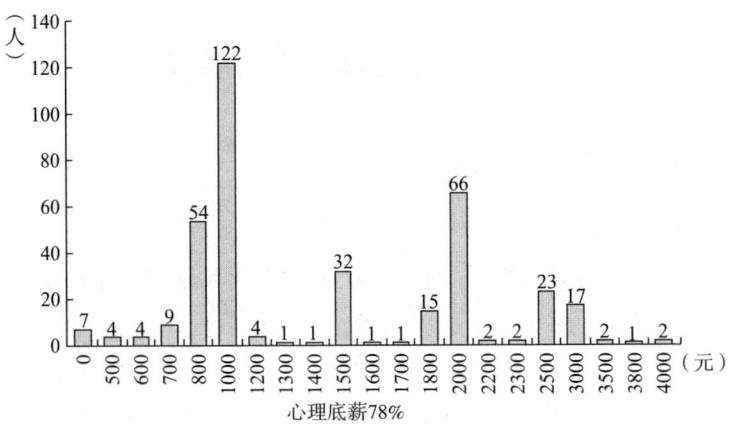

心理底薪90%

心理底薪78%

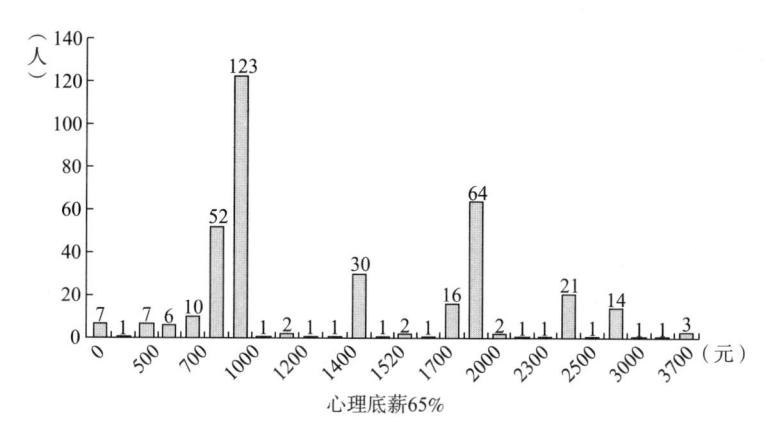

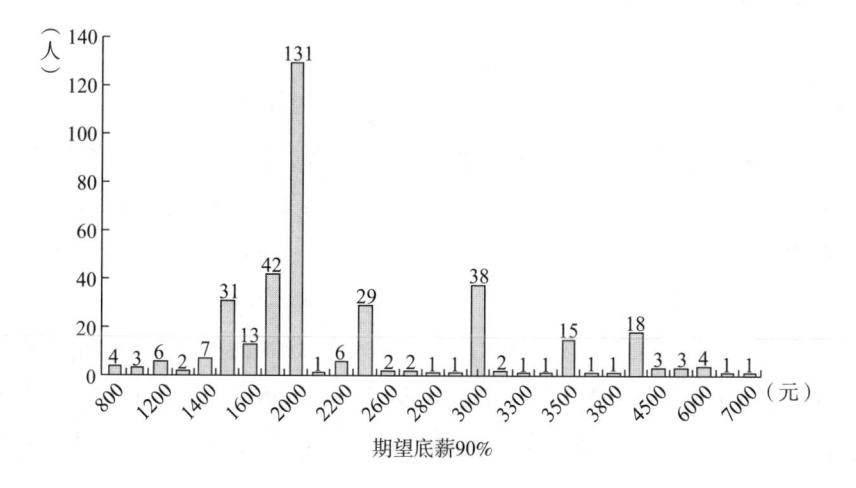

图 6-19　不同就业率下参赛者心理底薪分布

参赛者的期望起薪大约高出心理底薪 1000 元，90%、78% 和 65% 的就业率下中位数和众数都为 2000 元。从图 6-20 也可以看出，90% 就业率下期望起薪为 2000 元的有 131 人，占总参赛人数的 35.41%，低于 2000 元的累计达 29.19%，只有不足 2% 的人期望起薪超过 5000 元；78% 就业率下，期望起薪为 2000 元的有 114 人，占总参赛人数的 30.81%，而低于 2000 元的累计达 35.14%；65% 就业率下，期望起薪为 2000 元的有 110 人，占总参赛人数的 29.73%，低于 2000 元的累计达 36.49%。显然随着就业率的下降，参赛者也相应地调低自己的期望起薪。

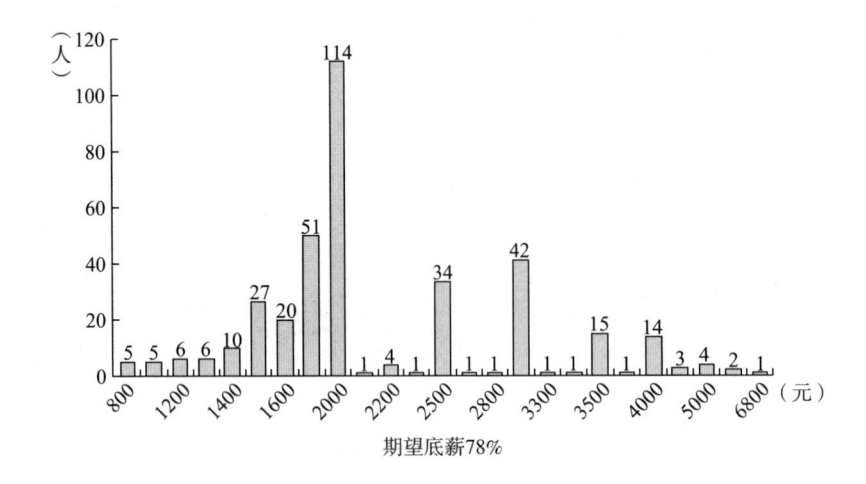

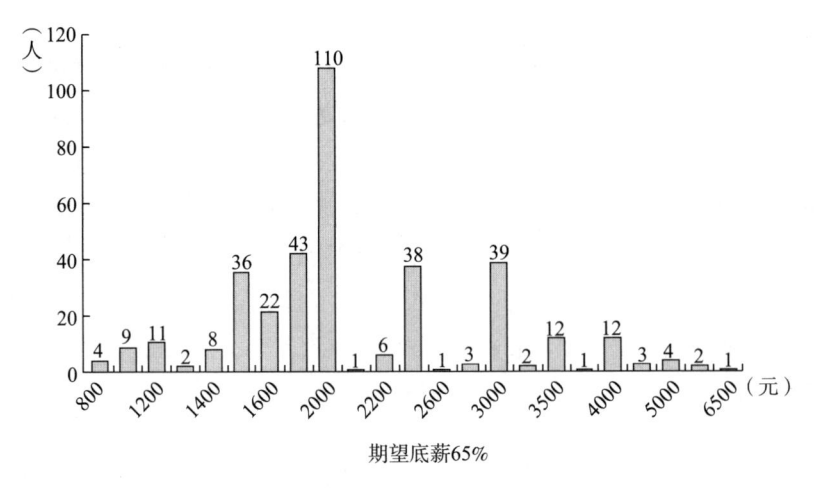

图 6-20 不同就业率下参赛者期望起薪分布

参赛者对于乐观起薪表现出很大的差异性,参赛者的乐观程度不同,乐观起薪与期望起薪的差距也不同。90%、78%和65%的就业率下中位数和众数都为3000元。从图6-21也可以看出,参赛者乐观起薪主要集中在2500元、3000元和4000元这几个数值上。90%就业率下,乐观起薪为2500元的有67人,占总数的18.11%;3000元的有110人,占总数的29.73%;4000元的有87人,占总数的23.51%,4000元以下的累计百分比达65.68%。78%就业率下,乐观起薪为2500元的有74人,占总数的

20%；3000 元的有 102 人，占总数的 27.57%；4000 元的有 85 人，占总数的 22.97%，4000 元以下的累计百分比达 68.92%。65% 就业率下，乐观起薪为 2500 元的有 79 人，占总数的 21.35%；3000 元的有 96 人，占总数的 25.95%；4000 元的有 81 人，占总数的 21.89%，4000 元以下的累计百分比达 70.54%。显然随着就业率的下降，参赛者也相应地调低自己的乐观起薪。

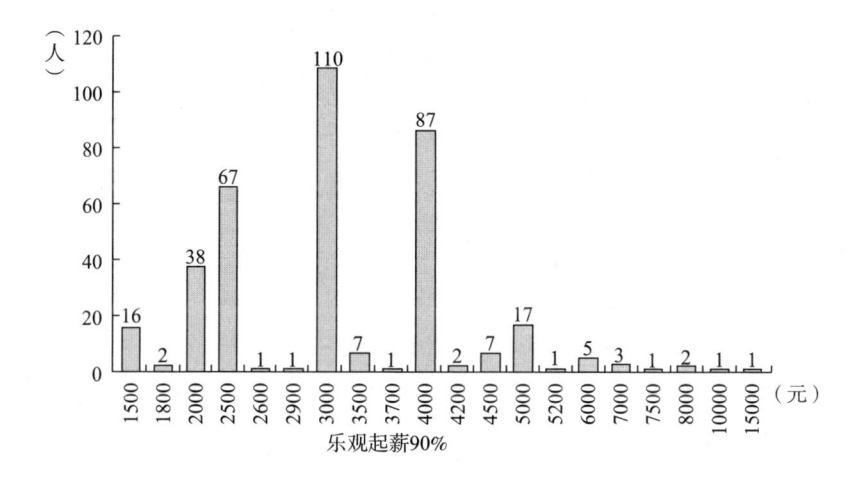

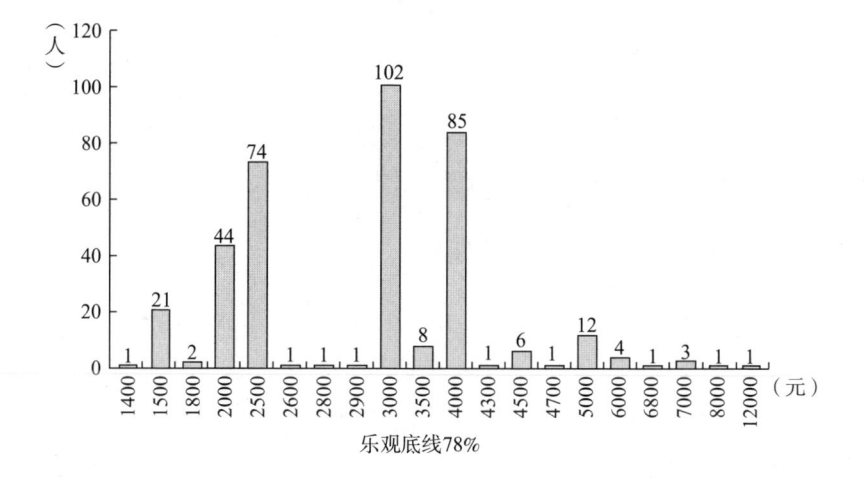

乐观起薪 90%

乐观底线 78%

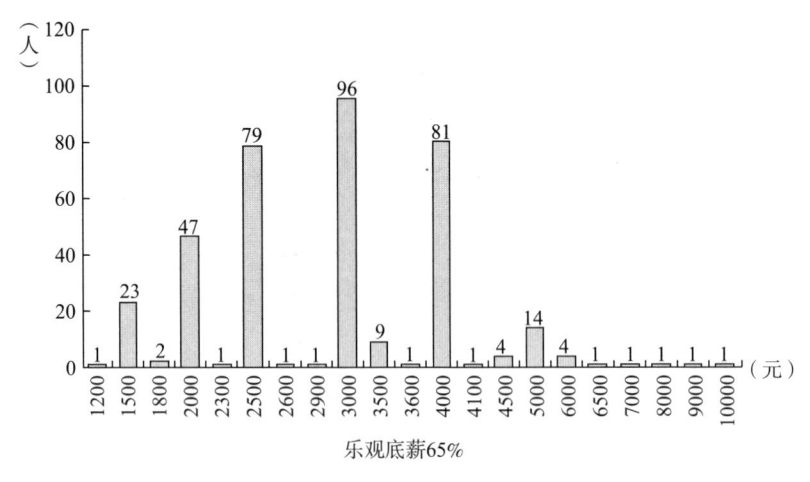

图 6-21 不同就业率下参赛者期望起薪分布

2. 就业率越好,期望薪水越高

通过表 6-40 还可以看出,随着就业率的上升,参赛者对薪水的期望值也相应地提高。90% 就业率下心理底薪平均值为 1465.95 元,比 78% 就业率下的平均值(1432.43 元)高 33.52 元,比 65% 就业率下的平均值(1402.49 元)高 63.46 元;90% 就业率下期望起薪平均值为 2323.78 元,比 78% 就业率下的平均值(2246.76 元)高 77.02 元,比 65% 就业率下的平均值(2206.22 元)高 117.56 元;90% 就业率下乐观起薪平均值为 3276.76 元,比 78% 就业率下的平均值(3134.05 元)高 142.71 元,比 65% 就业率下的平均值(3087.30 元)高 189.46 元。同时分析数据还能发现,从离散度上讲,薪水的期望程度越高,离散度也越大,反映了一种普遍存在的心理:悲观情况下比较谨慎,乐观情况下比较激进。

二 参赛者对就业环境的期待

1. 就业首要看重个人发展,就业率越低越看重工作稳定性

通过分析表 6-41 可得,不同就业率下大学生选择职业首要看重的是个人发展,90% 就业率下达 59.2%,随着就业率的下降,这个比例也相应下降,78% 就业率下为 54.6%,65% 就业率下为 57.8%。而大学生选择职业时对于父母意愿与老师建议却不太关注,不到 1% 的学生会首要看重父母意愿与老师建议,说明大学生在择业时还是有自己主见的。

仅次于个人发展的是工资水平和福利，约10%的学生表示择业时首要看重工资水平和福利。

表6-41 不同就业率下参赛者就业首要标准的描述统计分析

标准	90%就业率 频数（人）	90%就业率 百分比（%）	78%就业率 频数（人）	78%就业率 百分比（%）	65%就业率 频数（人）	65%就业率 百分比（%）
单位类型	18	4.9	21	5.7	23	6.2
单位所在地	10	2.7	11	3	13	3.5
对工作的兴趣	46	12.4	46	12.4	34	9.2
父母意愿与老师建议	1	0.3	3	0.8	1	0.3
工资水平和福利	30	8.1	44	11.9	38	10.3
工作环境	4	1.1	4	1.1	5	1.4
工作稳定性	20	5.4	18	4.9	26	7.0
个人发展	219	59.2	202	54.6	214	57.8
专业对口	22	5.9	21	5.7	16	4.3
合计	370	100	370	100	370	100

进一步分析可以看出，随着就业率的下降，大学生对于工作稳定性会越来越看重，90%就业率下5.4%的学生首要看重工作稳定性，78%就业率下为4.9%，65%就业率下为7.0%。但是大学生对工作的兴趣选择比例却呈下降趋势，90%就业率下为12.4%，78%就业率下为12.4%，65%就业率下为9.2%。

2. 就业首选多为经济发达地区，就业前景不好时才倾向去中、西部地区

通过分析表6-42可得，不同就业率下大学生选择就业地域均偏爱北京、上海，90%就业率下达42.7%，随着就业率的下降，这个比例也相应下降，78%就业率下为37.0%，65%就业率下为37.0%。这或许与参赛者就读学校所处地域有关，36.2%的参赛者来自北京、上海高校。而大学生选择就业地域时对于西部大中城市却不感兴趣，90%就业率下仅5.7%的大学生表示会选择去西部工作。仅次于北京、上海的则是东部沿海城市，选择人数约占总人数的34%。

表 6－42　不同就业率下参赛者就业地域选择的描述统计分析

地区	90%就业率 频数（人）	90%就业率 百分比（%）	78%就业率 频数（人）	78%就业率 百分比（%）	65%就业率 频数（人）	65%就业率 百分比（%）
北京、上海	158	42.7	137	37.0	137	37.0
东部沿海城市	126	34.1	127	34.3	122	33.0
中部大中城市	60	16.2	70	18.9	72	19.5
西部大中城市	21	5.7	26	7.0	32	8.6
不限或其他	5	1.4	10	2.7	7	1.9
合计	370	100.0	370	100.0	370	100.0

进一步分析可以看出，随着就业率的下降，大学生对于工作地域的选择稍微向中、西部大中城市倾斜，90%就业率下选择去西部工作的为5.7%，78%就业率下为7.0%，65%就业率下为8.6%。

3. 毕业生不愿去基层工作

通过分析表 6－43 可得，不同就业率下大学生在就业方向选择上均趋向去党政机关、事业单位或大型企业，90%就业率达 84.9%，随着就业率下降，这个比例也相应下降，78%就业率下为 71.1%，65%就业率下为 73.8%，仍占半数以上。而大学生选择去基层工作的却不足 10%，随着就业率的下降该比例有所增加，90%就业率下为 4.1%，78%就业率下上升为 5.4%，上升了 1.3 个百分点，65%就业率下为 6.2%，上又升了 0.8 个百分点。仅次于党政机关、事业单位或大型企业的则是考研或者留学，且随着就业率的下降该比例逐渐增加，90%就业率下为 8.1%，78%就业率下上升为 15.1%，65%就业率下为 12.7%。

表 6－43　不同就业率下参赛者就业方向选择的描述统计分析

就业方向	90%就业率 频数（人）	90%就业率 百分比（%）	78%就业率 频数（人）	78%就业率 百分比（%）	65%就业率 频数（人）	65%就业率 百分比（%）
党政机关、事业单位、大型企业	314	84.9	263	71.1	273	73.8
考研或者留学	30	8.1	56	15.1	47	12.7
到基层工作	15	4.1	20	5.4	23	6.2
到中小企业工作或自己创业	11	3.0	31	8.4	27	7.3
合计	370	100.0	370	100.0	370	100.0

第五节　参赛人员后期就业情况分析

比赛结束后对参赛者进行了后期跟踪访问，有效访问样本为 126 人，约占总参赛人数的 34%，其中就业者 88 人，未就业者 38 人，就业率达 69.8%，未就业者究其原因，仅有 3 人提及读研深造，1 人在做营销，其他人未提及原因。

一　就业基本情况

1. 毕业生就业行业分散，第三产业略受青睐，第一产业无人问津

通过表 6-44 可以看出，毕业生所从事的行业分布比较分散。其中第三产业的就业岗位备受青睐，尤其是租赁和商务服务业，占总就业人数的 35.23%，仅次之的是金融业以及信息传输、计算机服务和软件业，分别占总就业人数的 18.18% 和 9.09%，而无人选择第一产业。

表 6-44　毕业生就业行业分布

序号	三次产业	行业门类	频数（人）	百分比（%）	百分比（%）
1	第一产业	农、林、牧、渔业	0	0.00	0
2	第二产业	采矿业	2	2.27	12.50
3		制造业	2	2.27	
4		电力、燃气及水的生产和供应业	0	0.00	
5		建筑业	7	7.95	
6	第三产业	交通运输、仓储和邮政业	1	1.14	87.50
7		信息传输、计算机服务和软件业	8	9.09	
8		批发和零售业	2	2.27	
9		住宿和餐饮业	0	0.00	
10		金融业	16	18.18	
11		房地产业	0	0.00	
12		租赁和商务服务业	31	35.23	
13		科学研究、技术服务和地质勘查业	3	3.41	
14		水利、环境和公共设施管理业	3	3.41	

续表

序号	三次产业	行业门类		频数（人）	百分比（%）	百分比（%）
15	第三产业	居民服务和其他服务业		0	0.00	87.50
16		教育		0	0.00	
17		卫生、社会保障和社会福利业		0	0.00	
18		文化、体育和娱乐业		0	0.00	
19		公共管理和社会组织		5	5.68	
20		国际组织		0	0.00	
21		其他	销售	6	6.82	
			创业	2	2.27	
合计				88	100	100

注：①商务服务业包括：企业管理服务（企业管理机构、投资与资产管理、其他企业管理服务）、法律服务（律师及相关的法律服务、公证服务、其他法律服务）、咨询与调查（会计、审计及税务服务、市场调查、社会经济咨询）等。

究其原因，随着科学技术的发展，第一、第二产业所占比重呈逐年下降的趋势，对就业的吸纳能力也相应下降，而第三产业蓬勃发展，行业分类细，对就业的吸纳能力越来越强。此外，参加比赛的学生的专业大多集中于经管类，择业范围主要集中于第三产业，故从事第三产业的毕业生所占比例很大。

88名就业毕业生中仅2人选择创业，占总数的2.27%，其中一人选择的开网店。而在比赛时参赛者针对创业问题，17.84%的人表示会创业，这个比例不低，究竟毕业以后有多少人坚持了自己的选择，进行创业了呢？从后期跟踪访问的情况来看，访问成功的19个选择创业的毕业生没有一人进行创业或者说创业失败又重新择业了，其中8人还没有就业，其他人就业行业分布分散（见表6-45）。这正验证前面一个说法，大学生不是创业意向不浓，而是创业环境有待改善。

表6-45 选择创业者的后期就业行业分布

行业	频数（人）	百分比（%）
金融业	4	21.05
建筑业	1	5.26

续表

行业	频数（人）	百分比（%）
科学研究、技术服务和地质勘查业	1	5.26
销售	1	5.26
信息传输、计算机服务和软件业	1	5.26
租赁和商务服务业	3	15.79
未就业	8	42.11
合计	19	100

2. 毕业生就业对东部地区情有独钟，首都北京稳居第一

通过表6-46可以看出毕业生对就业地区的选择表现出强烈的偏好，87.21%的毕业生选择了东部，而去往中、西部就业的毕业生不足20%，其中选择中部地区的毕业生占总就业人数的5.81%，而选择西部地区的仅占6.98%。这主要是中国的经济中心在东部沿海，大型城市的分布也偏向于东部，东部拥有更多的资源和就业机会，毕业生的选择范围更加广，个人发展的空间更加大，尤其是首都北京，城市规模大、经济发达、就业机会广，自然成为毕业生首选。当然，参加比赛的学生大多来自东部学校（80%），选择就业地区自然会偏向于东部地区。

表6-46 毕业生就业城市分布

地区	城市	频数（人）	百分比（%）	频数（人）	百分比（%）
东部	北京	44	51.16	75	87.21
	上海	6	6.98		
	天津	3	3.49		
	深圳	1	1.16		
	河北	4	4.65		
	河北秦皇岛市	1	1.16		
	河北石家庄	1	1.16		
	河北张家口	1	1.16		
	山东	9	10.47		
	山东济南	3	3.49		
	山东青岛	1	1.16		
	广西	1	1.16		

续表

地区	城市	频数（人）	百分比（%）	频数（人）	百分比（%）
中部	山西	2	2.33	5	5.81
	湖南	1	1.16		
	湖南长沙	2	2.33		
西部	四川	1	1.16	6	6.98
	四川宜宾	1	1.16		
	新疆乌鲁木齐	1	1.16		
	重庆	3	3.49		
合计		86	100.00	86	100.00

注：东部地区包括12个省、直辖市、自治区，分别是辽宁、北京、天津、河北、山东、江苏、上海、浙江、福建、广东、广西、海南；中部地区包括山西、内蒙古、吉林、黑龙江、安徽、江西、河南、湖北、湖南9省、自治区；西部地区指陕西、甘肃、青海、宁夏、新疆、四川、重庆、云南、贵州、西藏10个省、直辖市、自治区。

3. 毕业生工资3500元左右，购房需40多年

通过表6-47可以看出，毕业生的就业平均工资水平在3500元左右，其中上海地区最高，平均工资达4000元，而西部地区最低，仅3183.33元，整体趋势上中部地区的平均工资（3960元）高于东部地区（这可能与样本量过少有关），仅次于上海，比北京地区高264.65元，比东部地区的平均工资高528元。除西部地区外，北京、上海和中部、东部地区收入差距不大，对大学生来说去中、西部发展是不错的选择。

表6-47 毕业生就业工资和3年后期望工资对比分析

地区	工资				期望工资				均值差（元）
	均值（元）	最小值（元）	最大值（元）	有效值（人）	均值（元）	最小值（元）	最大值（元）	有效值（人）	
北京	3695.35	1500	8000	43	6341.46	1000	15000	41	2646.11
上海	4000.00	3000	5000	6	9166.67	5000	15000	6	5166.67
东部	3432.00	1700	5000	25	6041.67	1000	10000	24	2609.67
中部	3960.00	2000	6000	5	6600.00	4000	9000	5	2640.00
西部	3183.33	2000	5600	6	5500.00	3000	8000	6	2316.67
总计	3618.82	1500	8000	85	6414.63	1000	15000	82	2795.81

注：①东部地区是指除北京和上海之外的城市；②均值差＝期望工资均值－工资均值。

从毕业生对于 3 年后的期望工资来看，普遍要比现有工资高一倍，平均工资约 6500 元，最高达 15000 元，这反映了毕业生对于未来的期望值很高，对于个人发展的自信心很强，但是高期望也反映了社会竞争的压力已经传递到了毕业生的身上。

房价在近 10 年的时间里不停上涨，尤其是反映在大型城市上。通过表 6-48 也可以看出，东部城市的房价平均为 12285.71 元/m²，明显高于中部城市，而北京、上海的房价更是远高过东部城市，其中北京房价达 23515.63 元/m²。这对于刚毕业的大学生来说无疑是一种压力，通过工资/房价的比值也可以看出，北京的比值是最低的（上海和西部地区样本量过少，不具有代表性），虽然在大城市就业拥有比较好的发展前景和薪资水平，但是相比高房价来说，生活压力远比其他地区大。如果按毕业生现在的工资水平和现在的房价计算，在北京买一套 90 平方米的住房大概需要 55 年（55.18 年），而东部城市仅需要 29 年（29.06 年）。平均来看，毕业生不吃不喝拥有一套自己的住房也需要 40 多年，这也侧面反映了中国房价过高的现状，政府对于房价的调控迫在眉睫。

表 6-48　毕业生就业城市房价与工资对比分析

地区	房价均值（元/m²）	房价最小值（元/m²）	房价最大值（元/m²）	有效值（人）	工资/房价均值	工资/房价最小值	工资/房价最大值	有效值（人）	购房年限（年）
北京	23515.63	3000	40000	32	0.19	0.0500	1.0000	32	55.18
上海	12500.00	10000	15000	2	0.28	0.2667	0.3000	2	26.56
东部	12285.71	8000	22000	14	0.28	0.1550	0.4000	14	29.06
西部	10000.00	10000	10000	2	0.20	0.2000	0.2000	2	37.50
总计	19390.00	3000	40000	50	0.22	0.0500	1.0000	50	46.01

注：①东部地区是指除北京和上海之外的城市；②购房年限 = 房价×90/（工资×12）。

4. 仅 50% 多毕业生就业对口，1/4 就业不对口

通过表 6-49 可以看出，毕业生的就业方向与其所学专业存在一定的差距，36.36% 的毕业生就业不太对口，其中完全不对口的毕业生达 26.14%。这说明现在的大学教育专业开设与社会需要的脱节，导致就业市场上需求和供给的不对等。调查显示，农民工的平均工资高于大学生，这说明，中国劳动市场就业难不是供给大于需求的问题，而是供给和需求不匹配。

表 6-49 毕业生工作对口情况分析

	百分比	频数（人）	百分比（%）	累计百分比（%）
不对口 ↓ 对口	0	23	26.14	26.14
	20	2	2.27	28.41
	30	3	3.41	31.82
	40	1	1.14	32.95
	50	3	3.41	36.36
	70	1	1.14	37.50
	80	6	6.82	44.32
	90	3	3.41	47.73
	100	46	52.27	100.00
合计		88	100.00	—
就业满意度均值		65.23	标准差	43.65

从另一个角度来讲，毕业生就业不对口与毕业生所学专业是不是兴趣所在也有关。高考报专业时很多学生并不知道各个专业的具体就业方向和所学内容，都是盲目报考，很多人是调剂的专业，他们所学的专业不一定适合自己，不一定是自己的兴趣所在，在择业的过程中重新选择自己的定位。这反映了中国学生普遍存在的问题，即职业规划过晚。

5. 毕业生就业看重个人提升、工资福利，工作环境次要

图 6-22 反映了毕业生择业时对个人提升、工资福利和工作环境重要性的排序。用百分比来表示，工资福利占 38.32%，个人提升平均占 38.08%，工作环境占 23.61%，这与表 6-41 中毕业生未就业时对就业首要标准看重的是个人发展有少许差异。没有就业时看重个人发展，等真正就业了对工资福利也很看重。这说明"理想很丰满，现实很骨感"，毕业生在选择工作时，一方面看中工作带给自己的学习机会和个人能力的提升，另一方面迫于生计，对工资福利也很看重，而工作环境相对就变得次要。

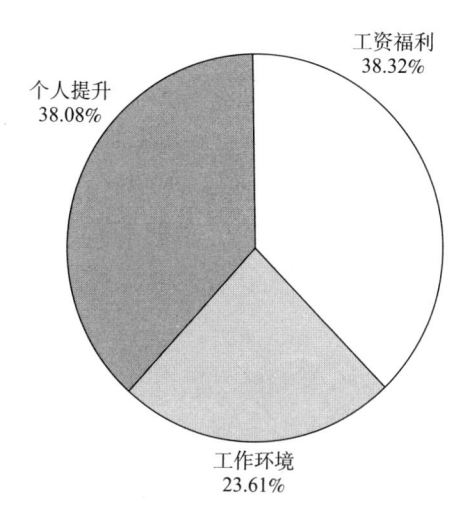

图 6-22 个人提升、工资福利和工作环境的就业重要性

毕业生在刚开始职业生涯时,应该把自己的长期利益放在一个更加重要的位置上。而个人能力的提升显然是左右他们整个未来的最主要的因素,所以毕业生在选择工作的时候,应把个人的提升放在头等重要的位置上,其次是工资福利。但是毕业生的择业地区大多选在了东部地区,而东部地区的生存压力相对于中、西部来说要大很多,所以工资福利超过了个人提升。工作环境被排在了最后,随着高校的扩招,高等学历的毕业生越来越多,就业市场上的竞争也越来越激烈。在这种情况下,毕业生牺牲了舒适的工作环境来换取更好的个人发展和工资福利。

6. 专业知识和认真负责是工作需要的重要素质

如表 6-50 所示,就本行业需要具备什么素质的问题,共有 88 人回答,其中 81.82% 的人认为专业知识和认真负责是最重要的素质,职业素养、人际沟通和踏实勤奋和所占比例均超过 10%。而学习能力、实践经验、创新精神、积极上进、语言表达能力和英语能力则不足 10%。参赛的毕业生认为专业知识最为重要,专业知识是毕业生就业后所有工作的基础,是学生智商的体现。而认真负责的工作态度则是毕业生情商的体现,毕业生在工作中的表现不仅仅取决于工作技能的发挥,工作态度和团队合作精神也很大程度上影响着毕业生在工作中的表现。人际沟通、踏实勤奋和职业素养均是个人素质的体现,更加说明了毕业生更看重情商在工作中的作用。仅有 1 人提到英语能力的重要性,这与毕业生所选行业有关,我们一直强调英语能力在择业时的重要性，其实不然，在实际工作中，英语并不是一项必备的素质，但如果掌握好了，英语可能对于个人的提升发展更有帮助。

表6-50 毕业生工作行业需要具备素质统计

本行业需要具备的素质	频数（人）	百分比（%）
专业知识	38	43.18
认真负责	34	38.64
职业素养（诚信、廉洁、规范、敬业，合作）	16	18.18
人际沟通（包括组织协调）	15	17.05
踏实勤奋	11	12.50
学习能力	5	5.68
实践经验	4	4.55
创新精神	4	4.55
积极上进	4	4.55
语言表达能力	2	2.27
英语能力	1	1.14

二 就业满意度分析

为评价毕业生的就业状况，从毕业生的主观角度出发调查了毕业生对于自己工作的满意程度。从图6-23可以看出，毕业生对于工作还是基本满意的，其中非常满意的占7.06%，比较满意的占57.65%，满意度为一般的占20%，三者加起来所占比例接近84.71%。而比较不满意和很不满意所占比例分别是10.59%和4.71%。

为探究毕业生工作满意度与哪些因素相关，分别从就业因素，客观因素和能力因素三个方面进行分析。针对名义变量和顺序变量，构建列联表进行皮尔逊卡方检验，当P值小于0.05时拒绝原假设，说明工作满意度与该因素相关，如果大于0.05则不拒绝原假设，即不能判断两者相关；针对数值变量，通过均值比较进行检验。检验结果显示，工作满意度与就业因素中的工作地域、专业是否对口、薪资水平、当地房价、现有工资与未来3年期望工资差额、心理底薪无关，只与其从事行业有关；工作满意度与

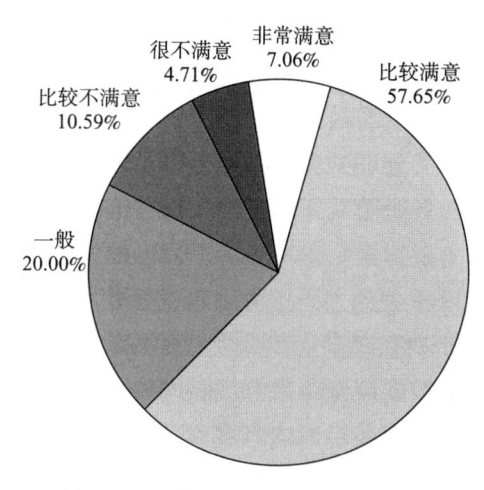

图 6 - 23　毕业生对工作满意度分布

客观因素的性别、所学专业、学校是否为"211"、户口、学历、学制、学费、月生活费、月其他支出、学生期间收入等因素均无相关性，密切相关的只有学校所处地域和支出回收年限；工作满意度与能力因素的比赛成绩、自信心、实际回收年限、竞争力得分、财富得分、诚信得分以及合作能力、创新能力、社交能力、竞争能力、综合能力无关，密切相关的是个人情商的合作意识和就业心理（后期跟踪访问数据成功就业的只有 88 人，分析结果可能与实际不相符，结果仅供参考）。

1. 工作满意度与所从事行业有相关性

通过表 6 - 51 可以看出，方差分析的显著性检验 P 值 < 0.05，说明不同行业工作的毕业生对工作的满意度差异显著。从事金融业的毕业生对工作非常满意的达 12.50%，比较满意的达 68.75%，没有很不满意的；其次是从事建筑业的，除一人不满意外，其余对工作都挺满意的；然后就是水利、环境和公共设施管理业以及信息传输、计算机服务和软件业，满意度也都集中在比较满意上；而对工作很不满意的共 4 人，分别是建筑业、批发和零售业、自主创业、租赁和商务服务业，占比最高的是自主创业。近年来十大高薪行业分别是销售、房地产业、金融业、物流业、IT 业、咨询业、网络游戏业、医药业、网络传媒和教师，分析结果与这基本吻合，同时也侧面反映了创业难的问题。

表 6-51　工作满意度与从事行业的列联表分析

从事行业	非常满意 频数(人)	非常满意 百分比(%)	比较满意 频数(人)	比较满意 百分比(%)	一般 频数(人)	一般 百分比(%)	比较不满 频数(人)	比较不满 百分比(%)	很不满意 频数(人)	很不满意 百分比(%)	合计 频数(人)	合计 百分比(%)
采矿业	0	0.00	1	50.00	0	0.00	1	50.00	0	0.00	2	100.00
公共管理和社会组织	0	0.00	2	40.00	2	40.00	1	20.00	0	0.00	5	100.00
建筑业	1	14.29	5	71.43	0	0.00	0	0.00	1	14.29	7	100.00
交通运输、仓储和邮政业	0	0.00	1	100.00	0	0.00	0	0.00	0	0.00	1	100.00
金融业	2	12.50	11	68.75	1	6.25	2	12.50	0	0.00	16	100.00
科学研究、技术服务和地质勘查业	0	0.00	2	100.00	0	0.00	0	0.00	0	0.00	2	100.00
批发和零售业	0	0.00	0	0.00	0	0.00	1	50.00	1	50.00	2	100.00
水利、环境和公共设施管理业	1	33.33	2	66.67	0	0.00	0	0.00	0	0.00	3	100.00
销售	1	16.67	1	16.67	3	50.00	1	16.67	0	0.00	6	100.00
信息传输、计算机服务和软件业	0	0.00	7	87.50	0	0.00	1	12.50	0	0.00	8	100.00
制造业	1	50.00	0	0.00	1	50.00	0	0.00	0	0.00	2	100.00
自主创业	0	0.00	0	0.00	0	0.00	0	0.00	1	100.00	1	100.00
租赁和商务服务业	0	0.00	17	56.67	10	33.33	2	6.67	1	3.33	30	100.00
合计	6	7.06	49	57.65	17	20.00	9	10.59	4	4.71	85	100.00
Pearson Chi-Square	Value	75.750[a]	df	48	Sig.(双侧)	0.006	—					

2. 工作满意度与工资无关，工资期望差额越大越满意

通过表 6-52 可以看出，不同工作满意度的毕业生工资均值差别不大，方差分析的显著性检验 P 值也远远大于 0.05，不同满意度的工资差异不显著，充分说明工资对于工作满意度没有太大影响。但是对工作比较满意的毕业生工资均值为 3847.92 元，明显高于其他满意度的毕业生工资，其他满意度的毕业生工资基本在 3200 左右。

表 6-52 工作满意度与工资额相关分析

工作满意度	工资				期望差额			
	均值（元）	有效值（个）	最小值（元）	最大值（元）	均值（元）	有效值（个）	最小值（元）	最大值（元）
非常满意	3166.67	6	1500	5000	3666.67	6	500	10000
比较满意	3847.92	48	2000	8000	2800.00	46	-4000	7000
一般	3229.41	17	1700	5000	2652.94	17	2000	6000
比较不满	3211.11	9	2000	4000	2637.50	8	500	6000
很不满意	3125.00	4	2500	4000	2375.00	4	2000	3000
相关分析	F	1.859	Eta (η)	0.293	F	0.353	Eta (η)	0.135
	Sig.	0.126	Eta (η^2)	0.086	Sig.	0.841	Eta (η^2)	0.018

注：期望差额 = 3 年后期望工资 - 现在工资。

然而不同工作满意度的平均期望工资差额不同，虽然方差分析的显著性检验 P 值 > 0.05，不能通过检验，但是从描述统计的角度来看期望工资差额差异还是比较显著的。满意度越差，期望工资的平均差额越小，对工作非常满意的毕业生 3 年后期望工资与实际工资平均差额为 3666.67 元，而很不满意的期望差额为 2375 元，比非常满意的低 1291.67 元。这种结论看似有悖常理，但不难解释，说明毕业生自己的工作满不满意并不取决于薪水多少，而取决于对这个工作的期待和发展空间。反映在期望工资差额上，就是差额越大的毕业生认为自己在这个职位上的发展空间更大，3 年后得到的工资更高所以对工作满意，而差额越小的毕业生则认为自己在这个职位上没什么前途，3 年后工资涨不了多少，对工作满意度较低。

同时，这也给企业管理层如何提高员工的工作满意度提供了建议：给员工足够的发展空间，并且明确职业晋升渠道，让员工能看到希望，看到自己的成长，如果一个公司不能让员工得到晋升和成长，那么将留不住人才。

3. 中部内陆的学生比其他地域的工作满意度低

通过表 6-53 可以看出，不同学校的毕业生对工作的满意度不同，卡方检验的显著性检验 P 值 < 0.1，充分说明学校所属区域对于工作满意度有一定影响。北京、上海高校毕业生对工作没有很不满意的，非常满意的

达9.76%，而中部内陆高校毕业生很不满意的达17.65%，非常满意的仅占5.88%。究其原因，学生毕业后首选地域倾向于毕业学校所在地，北京、上海学生基本留在学校本地工作，去中、西部地区的可能性较小，北京、上海的就业机会多，自然工作相对满意，而中、西部地区就业机会少，就业环境不佳，导致该地的毕业生工作满意度下降。

表6-53 工作满意度与学校所处地域分析

工作满意度	东部沿海 频数（人）	百分比（%）	中部内陆 频数（人）	百分比（%）	北京、上海 频数（人）	百分比（%）	合计 频数（人）	百分比（%）
非常满意	1	3.70	1	5.88	4	9.76	6	7.06
比较满意	16	59.26	11	64.71	22	53.66	49	57.65
一般	7	25.93	0	0.00	10	24.39	17	20.00
比较不满	2	7.41	2	11.76	5	12.20	9	10.59
很不满意	1	3.70	3	17.65	0	0.00	4	4.71
合计	27	100.00	17	100.00	41	100.00	85	100.00
Pearson Chi-Square	Value	13.845[a]	df	8	Sig.（双侧）	0.086	—	

这主要是中国经济发展不均衡造成的，国家一直呼吁毕业生去中、西部地区就业，引进人才，但是当地如果工资低，就业环境差，毕业生还是不愿意去。所以政府在呼吁毕业生去中、西部的同时，应该同步发展中、西部经济。

4. 支出回收年限越长，对工作满意度越高

通过表6-54的检验结果可以看出，P值<0.05，说明工作满意度与支出回收年限相关。毕业前认为支出回收年限越短的毕业生，对工作反而越不满意，对工作非常满意的毕业生认为支出回收年限的均值为5.67年，而很不满意的均值为3年，这说明就业前期待越大，对工作满意度越差，正所谓"期望越大，失望越大"，毕业前感觉自己对未来充满信心，3年内可以将自己的教育投入回收，但是往往"梦想很丰满，现实很骨感"，刚刚就业连自己的生活费都不够，还得靠父母接济。所以建议大学生对于自己的定位不要过高，要对就业做好心理准备。

表 6-54　工作满意度与支出回收年限相关分析

工作满意度	均值（年）	有效值（人）	标准差（年）	最小值（年）	最大值（年）
非常满意	5.67	6	7.26	1	20
比较满意	2.69	49	1.58	0	8
一般	2.41	17	1.33	1	5
比较不满	2.44	9	1.13	1	5
很不满意	3.00	4	1.41	2	5
方差分析	F	2.505		Eta（η）	0.334
	Sig.	0.049		Eta（η^2）	0.111

5. 智商、情商、胆商与工作满意度无关，情商重合作意识

为进一步了解智商和情商中具备何种能力的人在工作满意度上有差别，分别就情商和智商的各种基本能力和工作满意度进行了列联表分析，并进行了卡方检验。检验结果显示，10%显著性水平下，除情商中的团结合作意识外，其他基本能力指标均不能通过检验。

通过表 6-55 可以看出具备团结合作意识的人对工作很不满意的百分比为 0，高于一般满意度的百分比为 89.28%，而未提及的人对工作很不满意的为 7.02%，高于一般满意度的百分比为 82.45%，差距还是很明显的。工作中往往需要一个团队合作完成，"一木为树，三木为森"，所以有团结合作意识的人不仅从情感上对工作满意，更能找到好的工作。

表 6-55　工作满意度与团结合作意识的列联表分析

工作满意度	未提及 频数（人）	百分比（%）	有团队合作意识 频数（人）	百分比（%）	合计 频数（人）	百分比（%）
非常满意	5	8.77	1	3.57	6	7.06
比较满意	35	61.40	14	50.00	49	57.65
一般	7	12.28	10	35.71	17	20.00
比较不满	6	10.53	3	10.71	9	10.59
很不满意	4	7.02	0	0.00	4	4.71
合计	57	100.00	28	100.00	85	100.00
Pearson Chi-Square	Value	8.264[a]	df	4	Asymp. Sig.（双侧）	0.082

6. 工作满意度与就业心理正相关

比赛中共涉及参赛者的六项能力，方差检验显示合作能力、创新能力、社交能力、竞争能力、综合能力与工作满意度均不相关，密切相关的是就业心理（方差检验 P 值 < 0.05）。

通过表 6-56 可以看出，对工作非常满意的就业心理得分为 41 分，比比较满意、一般和比较不满的参赛者就业心理得分要低，而对工作很不满意的就业心理得分则很高，高达 51.25 分，比较不满意的得分则最低，为 33.67 分。从某种程度上讲，就业心理越充分或是越不充分对工作反而不满意，究其原因，可能是由于就业心理越充分，定位太高，对工作越失望，相反就业心理越不充分，没有定位，工作也不太满意。所以说建议毕业生要做好就业打算，但不能定位过高。

表 6-56 工作满意度与就业心理相关分析

	均值（分）	有效值（人）	标准差（分）	最小值（分）	最大值（分）
非常满意	41.00	6	13.94	28	60
比较满意	44.49	49	11.96	28	82
一般	44.47	17	6.88	28	58
比较不满	33.67	9	8.62	20	50
很不满意	51.25	4	3.30	48	55
方差分析	F	2.626	关联度测度	Eta (η)	0.341
	Sig.	0.041		Eta (η^2)	0.116

7. 毕业生越忠诚于工作，对工作满意度越高

就业心理的不同处理方式的毕业生在毕业后工作满意度有显著差异，$P < 0.05$。从表 6-57 可以看出，不打算辞职的毕业生对工作满意度较高，非常满意的达 16.67%，比打算辞职的（1.89%）高 14.78 个百分点；不打算辞职的毕业生对工作比较满意的达 62.50%，比打算辞职的（52.83%）高 9.67 个百分点。这说明对工作越忠诚、不轻易提出辞职的人，对工作相对满意，而有辞职打算的，也就是对工作不忠诚的，对工作的满意度下降。所以无论从事什么行业，不要轻易辞职，别总想着跳槽，才能工作得开心。

晚宴不能如期举行的处理方式、毕业生是否创业、对成绩公布不同态

度、合作伙伴工作不积极处理方式以及就业、创业计划的详细与否与后期就业工作满意度情况进行了相关分析，检验结果显示，不同态度对工作满意度基本没有影响，或者说持不同态度者的工作满意情况没有显著性差异。

表 6-57　工作满意度与就业心理的不同处理方法的分析

	说明情况，征求领导理解，不做辞职打算		说明情况，征求领导理解，做辞职打算		辞职		说明情况，征求领导理解，做请人照顾打算		其他		合计	
	频数（人）	百分比（%）	频数（人）	百分比（%）	频数（人）	百分比（%）	频数（人）	百分比（%）	频数（人）	百分比（%）	频数（人）	百分比（%）
非常满意	4	16.67	1	1.89	1	33.33	0	0.00	0	0.00	6	7.06
比较满意	15	62.50	28	52.83	1	33.33	2	100.00	3	100.00	49	57.65
一般	1	4.17	16	30.19	0	0.00	0	0.00	0	0.00	17	20.00
比较不满	4	16.67	5	9.43	0	0.00	0	0.00	0	0.00	9	10.59
很不满意	0	0.00	3	5.66	1	33.33	0	0.00	0	0.00	4	4.71
合计	24	100.00	53	100.00	3	100.00	2	100.00	3	100.00	85	100.00
Pearson Chi-Square	Value	26.411a	df	16	Sig.（双侧）	0.049						

三　就业优劣分析

分析毕业生就业情况的优劣仅仅依靠毕业生对工作的满意程度来衡量是不够的，这主要是基于毕业生的一种主观感受，从客观角度来评价毕业生就业情况的优劣，用毕业生薪水和当地的消费水平两个指标比较合理。为此我们计算了各个毕业生的工资房价比指标，该值越大说明就业情况越好，通俗一点讲就是性价比越高，该值越小就业情况越差，性价比越低。据此分析了各个因素对就业情况的影响。

1. 比赛成绩与就业情况优劣无关

通过图 6-24 可以看出，参赛者的比赛成绩与工资房价比率散点图基本呈散乱状态，可能是样本量过少的原因。表 6-58 给出了比赛成绩与工资房价比的相关分析结果，两者之间的相关系数为 0.12，检验 $P > 0.05$，说明两者之间没有相关关系。

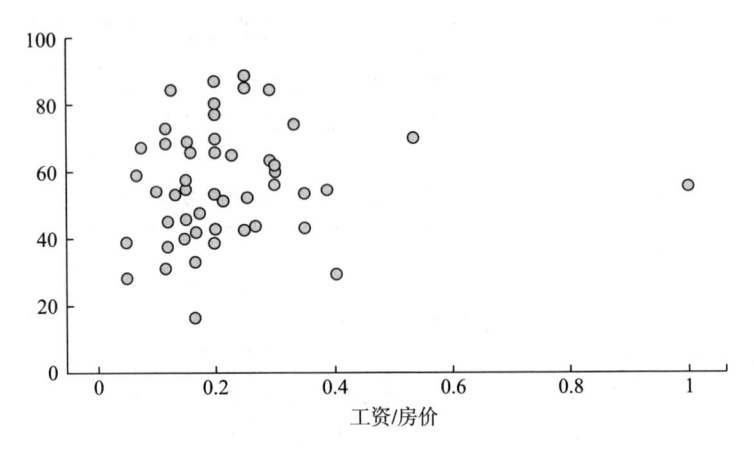

图 6-24　比赛成绩与工资房价比散点图

表 6-58　工资房价比与比赛成绩相关分析

			工资/房价	比赛成绩
肯德尔秩相关系数	工资/房价	相关性	1.00	0.12
		Sig.（双侧）	0.00	0.217
		N	50	50
斯皮尔曼等级相关系数	工资/房价	相关性	1.00	0.18
		Sig.（双侧）	0.00	0.218
		N	50	50

2. 专业不对口，就业情况反而好

通过表 6-59 可以看出，肯德尔秩相关和斯皮尔曼等级相关系数的显著性检验 P 值 <0.1，说明工作是否对口与就业好坏有一定相关性，肯德尔相关系数为 -0.283，斯皮尔曼等级相关系数为 -0.374，相关系数都为负，即专业越不对口，工作反而越好。现在择业范围广，对于专业的挑剔也在弱化，俗话说"良禽择木而栖"，毕业生择业也是哪工作好，就去哪就业。

表 6-59　工资房价比与工作对口百分比相关分析

			工资/房价	工作对口百分比
肯德尔秩相关系数	工资/房价	相关性	1.00	-0.283*
		Sig.（双侧）	0.00	0.022
		N	50	42

续表

			工资/房价	工作对口百分比
斯皮尔曼等级相关系数	工资/房价	相关性	1.00	-0.374*
		Sig.（双侧）	0.00	0.015
		N	50	42

3. 男性就业情况较女性好

通过表 6-60 可以看出，方差分析的显著性检验 P 值 < 0.05，说明不同性别的毕业生就业情况差异显著，男性的工资房价比为 0.2584，明显比女性的 0.1965 高 0.0619，而且最大比值也出现在男性当中。这说明男性就业状况比女性要好，这从侧面反映了现在企业招聘时对女性的歧视，不得不引起重视。从关联度上看，性别与工资房价比的关系并不十分密切，Eta（η）= 0.2079，能够解释 4.32% 的工资房价比的差异，也就是说性别对就业状况有一定影响，但影响有限。

表 6-60　工资房价比率与性别相关分析

性别		均值	有效值（人）	标准差		最小值	最大值
男		0.2584	21	0.1944		0.0667	1.0000
女		0.1965	29	0.0990		0.0500	0.5333
方差分析	F	2.1689		关联度测度	Eta（η）	0.2079	
	Sig.	0.1474			Eta（η^2）	0.0432	

4. 农村生源比城市生源就业情况好

通过表 6-61 可以看出，方差分析的显著性检验 P 值 < 0.1，说明不同生源毕业生就业情况差异显著，农村生源毕业生的工资房价比为 0.2567，明显比城市生源的毕业生（0.1790）高 0.0777，而且最大比值也出现在农村生源毕业生中。这说明农村生源毕业生就业状况比城市生源毕业生要好，择业上更加理性，这给广大农村生源的毕业生们更大的信心。究其原因，可能农村生源的毕业生从小出生农村，对于艰苦的工作环境更能适应，更倾向于去中、西部地区就业，那里房价更低，生存压力更小。从关联度上看，生源与工资房价比的关系不十分密切，Eta（η）= 0.2629，仅能够解释 6.91% 的工资房价比的差异。

表 6-61　工资房价比与学生来源相关分析

学生来源	均值	有效值（人）	标准差	最小值	最大值
城市	0.1790	22	0.0796	0.0500	0.4000
农村	0.2567	28	0.1794	0.0500	1.0000
方差分析	F	3.5650	关联度测度	Eta（η）	0.2629
	Sig.	0.0651		Eta（η^2）	0.0691

5. 非"211"学校毕业生就业情况较好

通过表 6-62 可以看出，方差分析的显著性检验 P 值 = 0.4115 > 0.1，说明学校是否为"211"的毕业生的就业情况差异不显著，从关联度上看，毕业生毕业学校是否为"211"与工资房价比的 Eta（η）= 0.1187，关联性不是很强。但是从描述统计的角度来看，非"211"学校的毕业生的工资房价比为 0.2318，比"211"学校的毕业生（0.1897）高 0.0421，最大比值也出现在非"211"学校的毕业生中。说明学校好坏对后期就业没什么影响，现在很多企业就业歧视，非"211"学校毕业生不要等，这都是不合理的。

表 6-62　工资房价比与学校等级相关分析

学校是否为"211"	均值	有效值（人）	标准差	最小值	最大值
否	0.2318	39	0.1645	0.0500	1.0000
是	0.1897	11	0.0575	0.1333	0.3000
方差分析	F	0.6865	关联度测度	Eta（η）	0.1187
	Sig.	0.4115		Eta（η^2）	0.0141

6. 工科学生较经管学生就业情况好

通过表 6-63 可以看出，工学毕业生的工资房价比为 0.2902，比经济学专业的毕业生（0.2320）高 0.0582，比管理学专业的毕业生（0.1847）高 0.1055。虽然方差分析的显著性检验 P 值 > 0.1，不能说明不同专业的毕业生就业情况差异显著，但是工科学生明显比经管学生就业情况好。

这说明工科背景的毕业生就业状况比经管背景的毕业生要好，虽说经济管理专业近几年比较热门，各个高校都努力扩招，但是实际就业情况不一定这样。经济管理专业的学生就业的确很广，但是工资不是很高，而且

表 6 – 63　工资房价比与专业相关分析

专业	均值	有效值（人）	标准差	最小值	最大值
经济学	0.2320	14	0.0775	0.1500	0.4000
理学	0.1550	1	—	0.1550	0.1550
工学	0.2902	12	0.2504	0.0667	1.0000
管理学	0.1847	22	0.1010	0.0500	0.5333
艺术学	0.1750	1	—	0.1750	0.1750
方差分析	F	1.0826	关联度测度	Eta (η)	0.2963
	Sig.	0.3765		Eta (η^2)	0.0878

经管专业毕业生倾向于去北京、上海这样的大城市，生活压力更大。所以建议学校开设专业时要充分了解社会的需求，使毕业生更好地就业。

7. 就业优劣与情商负相关

通过表 6 – 64 可以看出，情商与工资房价比的肯德尔秩相关系数为 – 0.197，斯皮尔曼等级相关系数为 – 0.258，并且在 10% 显著性水平，两个系数均通过检验，充分说明情商低的工资房价比更高，也就是说情商高的人工作不一定好。而且智商和胆商与工资房价比也呈负相关，虽然相关系数检验不能通过，但是也至少可以说明，智商和胆商高对工作的影响不是正向的。

表 6 – 64　工资房价比与三商的相关分析

			智商	情商	胆商
肯德尔秩相关系数	工资/房价	相关性	– 0.085	– 0.197	– 0.118
		Sig.（双侧）	0.443	0.070	0.326
		N	50	50	50
斯皮尔曼等级相关系数	工资/房价	相关性	– 0.113	– 0.258	– 0.140
		Sig.（双侧）	0.436	0.070	0.331
		N	50	50	50

表 6 – 65 对个人的不同优势是否具备在工作优劣上是否有差别进行了均值比较分析，并进行了方差检验。检验结果显示，没有任何一项个人优势通过显著性检验。说明个人的不同优势不影响后期工作的好坏。

表 6-65　不同个人优势的工资房价比均值比较分析

个人优势	是否参与	有效值（人）	标准差	均值	方差分析	
英语水平	未提及	43	0.15	0.234	F	1.919
	提及	7	0.07	0.151	Sig.	0.172
专业知识掌握	未提及	37	0.16	0.227	F	0.117
	提及	13	0.09	0.210	Sig.	0.734
实践实习经验	未提及	35	0.17	0.238	F	1.246
	提及	15	0.08	0.187	Sig.	0.270
学习思维能力	未提及	37	0.17	0.216	F	0.248
	提及	13	0.08	0.240	Sig.	0.621
文字语言表达能力	未提及	48	0.15	0.222	F	0.011
	提及	2	0.09	0.233	Sig.	0.917
计算机软件水平	未提及	44	0.15	0.234	F	2.147
	提及	6	0.07	0.140	Sig.	0.149
适应新环境能力	未提及	40	0.15	0.238	F	2.238
	提及	10	0.10	0.161	Sig.	0.141
人际沟通能力	未提及	25	0.19	0.246	F	1.258
	提及	25	0.09	0.199	Sig.	0.268
勤奋上进心理	未提及	27	0.18	0.215	F	0.167
	提及	23	0.10	0.232	Sig.	0.685
组织领导能力	未提及	39	0.16	0.232	F	0.766
	提及	11	0.10	0.188	Sig.	0.386
团结合作意识	未提及	30	0.18	0.244	F	1.556
	提及	20	0.07	0.191	Sig.	0.218
认真负责敬业	未提及	33	0.17	0.240	F	1.421
	提及	17	0.09	0.188	Sig.	0.239
积极乐观心态	未提及	34	0.16	0.227	F	0.096
	提及	16	0.13	0.213	Sig.	0.758
爱好兴趣广泛	未提及	40	0.16	0.237	F	2.040
	提及	10	0.08	0.163	Sig.	0.160
开拓挑战	未提及	48	0.15	0.226	F	0.681
	提及	2	0.09	0.138	Sig.	0.413

续表

个人优势	是否参与	有效值（人）	标准差	均值	方差分析	
创新思维	未提及	47	0.15	0.225	F	0.201
	提及	3	0.03	0.185	Sig.	0.656
探索求知	未提及	48	0.15	0.224	F	0.211
	提及	2	0.04	0.175	Sig.	0.648
合计		50	0.15	0.223	—	—

但是忽略检验结果，简单地从具备某项优势与不具备某项优势的工资房价比均值来看除"学习思维能力"、"文字语言表达能力"和"勤奋上进心理"外，其他优势都是没有具备比具备的工资房价比高，更进一步说明情商、智商和胆商与工资房价比是负相关的。可能是因为工作中需要复合型人才，具备某项才能已经不是就业优势，也可能是样本量过少。

8. 学费越高，就业反而越差

表 6-66 给出了学生收支与工资房价比的相关分析结果，只有学费与就业优劣相关，检验 P 值 << 0.05，肯德尔秩相关和斯皮尔曼等级相关系数分别为 -0.240 和 -0.324，说明两者之间存在负相关关系，但相关性不是很大。这说明教育费用投资得多，就业不一定好，学费高的不如学费低的，这可能是由于选择学费低的学校的学生家庭情况一般，而这类学生反而更努力，就业标准相对较低，工作找得就好。

表 6-66 工资房价比与学生收支的相关分析

			学费	月生活费	月其他支出	学生期间收入
肯德尔秩相关系数	工资/房价	相关性	-0.240*	0.038	-0.106	-0.037
		Sig.（双侧）	0.022	0.719	0.322	0.717
		N	50	50	50	50
斯皮尔曼等级相关系数	工资/房价	相关性	-0.324*	0.055	-0.148	-0.057
		Sig.（双侧）	0.022	0.704	0.304	0.692
		N	50	50	50	50

9. 就业心理越差，就业反而更好

表 6-67 给出了就业心理得分与工资房价比的相关分析结果，肯德尔秩相关显著性检验通过，P 值 <0.1，但是斯皮尔曼等级相关显著性检验没

有通过，说明两者有一定相关性，但是相关性不大。肯德尔秩相关系数为 -0.17，说明两者之间是负相关，即就业心理越充分，就业反而越差，这与表 6-54 的结论基本一致，可能是由于就业心理越充分的，定位太高，对工作越失望。

表 6-67 工资房价比与就业心理的相关分析

			工资/房价	就业心理
肯德尔秩相关系数	工资/房价	相关性	1.00	-0.17
		Sig.（双侧）	0.00	0.096
		N	50	50
斯皮尔曼等级相关系数	工资/房价	相关性	1.00	-0.23
		Sig.（双侧）	0.00	0.113
		N	50	50

10. 去社会历练比在校园实践有助于后期就业

表 6-68 列出了学生参加社会实践是否有助于后期就业的相关分析结果，显然没有任何一项通过检验，说明在校期间是否参加社会实践对后期就业没有影响。但从工资房价比来看，参加过兼职打工、公益活动和社会调研的比没有参加过的平均工资房价比要高，而参加专业实习和校园活动的比没有参加的平均工资房价比低，这说明参加一些校园实践不如去社会上历练。大学生生活在象牙塔，很多事情想得太过美好，专业已经与实际脱钩，毕业后可能一下子不能适应社会工作。这一结论给毕业生和高校一个指导性的建议：大学生多参加一些社会实践对后期就业情况很有帮助。

表 6-68 社会实践与后期就业优劣情况相关分析

社会实践	是否参与	有效值（人）	标准差	均值	方差分析	
兼职打工	未参加	21	0.10	0.20	F	0.550
	参加	29	0.18	0.24	Sig.	0.462
专业实习	未参加	27	0.17	0.23	F	0.390
	参加	23	0.11	0.21	Sig.	0.535
公益活动	未参加	33	0.17	0.22	F	0.015
	参加	17	0.10	0.23	Sig.	0.903

续表

社会实践	是否参与	有效值（人）	标准差	均值	方差分析	
社会调研	未参加	48	0.15	0.22	F	0.001
	参加	2	0.25	0.23	Sig.	0.981
校园活动	未参加	41	0.16	0.23	F	0.712
	参加	9	0.07	0.18	Sig.	0.403
自主创业	未参加	50	0.15	0.22	F	—
	参加	0	—	—	Sig.	—
合计		50	0.15	0.22	—	—

11. 太有原则或是无原则的人，就业反而不好

竞争能力方面的不同处理方式对后期就业情况也是有影响的，从表6-69可以看出，对比赛成绩公开持比较赞同态度的，平均工资房价比达0.32，明显比持赞同态度的平均工资房价比0.21高0.11，比持不赞同态度的平均工资房价比0.19高0.13。从关联度上看，不同态度与后期就业情况的关系不是很密切，Eta（η）=0.323，能够解释10.4%的工资房价比的差异。充分说明特别讲原则（不赞同）或是无原则（赞同）的人不如有原则但也会变通的人，中国人讲究"中庸"，太极端的人在工作中容易碰壁，要学会坚持原则的前提下变通。

表6-69 竞争能力方面不同态度与后期就业情况相关分析

	有效值（人）	均值	标准差	最小值	最大值
赞同	17	0.21	0.13	0.07	0.53
比较赞同	10	0.32	0.25	0.16	1.00
不赞同	23	0.19	0.08	0.05	0.40
方差分析	F	2.729	关联度测度	Eta（η）	0.323
	Sig.	0.076		Eta（η^2）	0.104

第七章
结论与建议

第一节　主要结论

1. 就业潜规则日益渗透

参赛者们对自我优势的评价中提到了家庭背景、形象气质、京籍户口、院校出名等，这些都属于就业潜规则。的确，很多企业招聘时明确对户籍、学校、身高、形象气质提出要求，这无疑是一种就业歧视。但是分析结果显示是否为"211"学校的参赛者对比赛成绩没有影响，后期就业情况非"211"学校的毕业生反而比"211"学校的毕业生好，而且农村户口的参赛者在比赛成绩和后期就业情况上都比城镇户口的参赛者要好。

2. 就业歧视确实存在

虽说现在这个社会一再强调男女平等，但事实的确如此吗？其实不然，男生的比赛成绩和就业状况都比女生要高，这绝非偶然，现在就业中性别歧视仍然存在，不过差距不是很明显。

3. 学历无用论不成立

现在高考报考人数连年递减，一方面与中国人口年龄分布有关，另一方面是大学生就业难，因此社会上存在一种学历无用论的理念。但是分析结果显示，本科生在比赛成绩上比专科生要高，后期就业情况上本科生和专科生没有明显区别，这说明所谓的学历无用论不成立。

4. 学生能力的提高与经济投入无关

俗话说父母都是"望子成龙，望女成凤"，所以对于孩子的教育费用投入也毫不吝啬，认为只要多投入资金孩子就能培养得更好，而分析结果确得出相反的结论。月生活费和月其他支出与模拟大赛的比赛成绩呈负相关，虽然不能片面地说投入的越多，比赛成绩越低，但至少说明学生能力的提高与家长的经济投入无关。后期就业优劣分析，学费越高，就业反而不好，更进一步验证了学习能力、就业能力的提高与经济投入无关。

5. 大学生智商一般、情商较高、胆商不足

现在社会就业环境日益激烈，许多外资企业更看重的是人才的"三商"，即智商、情商和胆商。专家认为，在成功商数中，智商是成功的必要而非充分条件，情商是成功的心理基础，胆商是成功的前提。要事业有成，三者一个都不能少。

根据参赛者对个人优势的陈述，将个人能力和优势分为情商、智商和胆商三大类。分析结果显示参赛者情商明显占优，尤其是人际沟通能力；在智商上，最强的是学习思维能力；在胆商方面，参赛者明显不足。

从比赛成绩来看，三商与比赛成绩均呈正相关，其中情商相关性最大。从后期就业情况来看，情商越高，工作满意度越明确，尤其是合作意识上；工资房价比与情商正相关，与智商负相关。这充分说明，情商的高低对于毕业生的后期就业有影响。

6. 合作能力不仅对比赛有帮助，对后期就业也有益

团结合作意识是个人情商的一部分，同时也是个人工作中所必备的一项能力，与团队合作、与企业合作、与政府合作等。分析结果也显示合作能力强的人，比赛成绩更高，后期就业情况也更好，对工作满意情况也偏高。

7. 大学生沟通能力不错，社交能力不足

毕业生认为专业知识和人际沟通能力是工作中的重要素质，而且相关分析也显示沟通能力强的比赛成绩均值更高，说明人际沟通能力对工作的影响还是比较大的。从参赛者对个人优势的描述可以归纳出，大多数学生的人际沟通能力还是不错的。

人际沟通能力不完全等同于社交能力，很多人的人际沟通没问题，但

是社交能力不足。虽然从数值上来看参赛者的社交能力还是不错的，但是在题目假设情境下处理问题的方式来看，在校生还是不善社交之道，处理方式比较中庸。

8. 大学生创新能力参差不齐，创业不能盲目

参赛者在创新能力方面参差不齐，从个人优势描述中也可以看出，在创新能力方面有优势的人寥寥无几。创新能力属于胆商，胆商对于个人的创业影响至关重要。

从创业情况来看，毕业前大学生有创业想法的人还是有一定比例的，但是从后期就业情况来看，仅有一人创业，所以是否要创业一定不能盲目，现在不是胆大就能发财的时代，创业不仅仅需要一腔热情，还涉及资金、人脉、经验、规划等多方面因素。相关分析也显示，先择业后创业的人比赛成绩更高，有详细创业计划的人成绩更高。所以要理性选择创业，不能盲目。

9. 大学生社会实践丰富，专业实习有助于后期就业

大学生的在校社会实践比较丰富，归纳汇总主要有六个方面：兼职打工、专业实习、公益活动、社会调研、校园活动和自主创业。有过专业实习经历的学生不仅比赛成绩偏高，后期的就业状况也更好，所以说大学生在校期间要多参加一些专业实习，了解一下用人单位对个人工作能力的需求情况，同时也更能清楚地认识到自身的不足，由此及时补充能量，为后期就业打基础。

10. 择业理想与现实相近，毕业生生活压力大

从参赛者的就业期待来看，参赛者对工资的期望不高，心理底薪约为1000元，期望起薪约为2000元，乐观起薪约为3000元，比较偏爱去东部发达地区就业，尤其是北京、上海，去中、西部地区的比较少，而且不愿意去基层工作，就业主要看中的是个人发展，开始就业对于薪水福利的要求不是很高。根据后期的跟踪访问的结果来看，参赛者大部分如愿选择了去东部地区工作，工资大概3000元，仍然看重个人发展，但是现在东部地区房价飞涨，按现有的薪资水平计算，不吃不喝买一套房子平均需要40年，无形增加了毕业生的压力。

11. 期望越高，失望越大

从毕业生对工作的满意情况来看，心理底薪越高的人对工作越不满

意，实际工资与期望工资的差额越大，工作越不满意。毕业生对于自己的工作满不满意并不取决于薪水的多少，薪水高并不一定满意，而是取决于个人能力是否充分发挥，个人价值是否实现。反映在期望工资差额上，就是差额越大的毕业生越认为自己的能力被低估，价值没有实现，所以对工作不满意。

六大能力中，就业心理的得分较低，说明现在大学生的就业心理还不足，有待进一步提高，但是相关分析结果显示，就业心理越差，就业反而越好，从某种程度上讲，就业心理越充分或越不充分对工作反而不满意，究其原因，可能是就业心理越充分，对工作定位太高，而现实越失望。相反就业心理越不充分，对工作没有定位，自己对现实工作也不太满意。所以说建议毕业生要做好就业打算，但不能对工作定位过高。

12. 专业影响从业，从业影响就业满意度

从后期就业情况分析得出，大部分人的工作专业并不对口，这在一定程度上影响了他们后期工作的优劣情况，专业越不对口，工作反而越好。这说明现在的大学教育专业开设与社会需要存在一定的脱节，导致部分就业市场上需求和供给的不对等。从毕业生所从事行业来看，从事金融、建筑、水利等的毕业生对工作的满意度高，说明现在国内各行各业的平均工资水平和就业环境等不同，导致失业人员的工作满意度不同。

从另一个角度来讲，毕业生就业不对口与毕业生所学专业是不是自己兴趣所在也有关。高考报专业时很多学生并不知道各个专业的具体就业方向和所学内容，多是盲目报考，很多人是调剂的专业，他们所学的专业不一定适合自己，不一定是自己兴趣所在，所以在择业的过程中重新选择自己的定位。比如，很多人认为经济管理专业就业好，因此每年经管报名人数很多，但分析结果显示，工科学生无论是比赛成绩还是后期就业情况都比经管学生的要好。这反映了中国学生普遍存在的问题，即职业规划过晚，不了解就业情况和自己的兴趣所在就盲目报考，导致后期就业满意度低。

13. 要充分提高大学生的综合能力，尤其是社交能力

相关分析结果显示，参赛者的六大能力越高，比赛成绩越高，说明要想提高比赛成绩，需要提高参赛者的合作能力、社交能力、创新能力、竞争能力和综合能力，尤其要提高的是社交能力。社交能力越强，比赛成绩

越高。但是在题目假设情境下处理问题的方式来看，在校生还是不善社交之道。

在提高社交能力的同时，最主要的提高自己的综合能力，相关分析结果显示，从工资房价比均值来看，除"学习思维能力强"、"文字语言表达能力强"和"勤奋上进心理"外，其他优势都没有比工资房价比高，更进一步说明情商、智商和胆商与工资房价比是负相关的。说明工作中需要复合型人才，具备某项才能已经不是就业优势。虽然毕业生认为专业知识和认真负责能力是工作中的重要素质，但是仅仅依靠这一点优势是不够的，要全方面提高自己的综合能力。

14. 毕业生就业更看重个人发展

无论是参赛者的就业期待，还是毕业生的就业情况，毕业生更看重的是个人的发展，其次才是工资福利。相关分析也显示，工作满意度与工资无关，但工资期望差额越大反而越满意，这说明毕业生自己的工作满不满意并不取决于薪水多少，而取决于对这份工作的期待和工作的发展空间。反映在期望工资差额上，就是差额越大的毕业生认为自己在这个职位上的发展空间更大，3年后得到的工资更高所以对工作满意度较高，而差额越小的毕业生则认为自己在这个职位上没什么前途，3年后工资涨不了多少，对工作满意度较低。

15. 忠于工作，做事有原则，工作较满意

就业心理中不同处理方式的毕业生在毕业后工作满意度有显著差异，不打算辞职的毕业生对工作满意度较高。这说明对工作越忠诚、不轻易提出辞职的人，对工作相对满意，而有辞职打算的，也就是对工作不忠诚的，对工作的满意度低。所以无论从事什么职业，不要轻易辞职，别总想着跳槽。

竞争能力方面的不同处理方式对后期就业情况也是有影响的，对比赛成绩公开持比较赞同态度的，比持赞同态度的平均工资房价比高，比持不赞同态度的平均工资房价比也高。充分说明特别讲原则（不赞同）或是无原则（赞同）的人不如有原则且也会变通的人，中国人讲究"中庸"，太极端的人在工作中容易碰壁，要学会在坚持原则的前提下变通。

第二节　对策建议

1. 从个人角度

第一，要树立正确的就业价值观，不要受不正确社会就业观念的误导。要相信这个社会还是公平的，有能力的人还是能够得到重用，是金子总会发光的。

第二，做好充分的就业心理准备。择业时不要好高骛远，现在这个社会的年轻人都比较自信，对自己很有信心，自信固然是好的，但是自信过头就是自负。不要总想着去央企、去事业单位、去北京，而不愿意去西部地区，不愿意去基层，不愿意去民营企业。拈轻怕重是不可取的，要充分做好下基层的准备。

第三，扎实专业知识的同时，要全方面发展。学生还是应该以学习为主，不管你选择的专业是不是喜欢的，都应该掌握一种就业技能，可以是自己本专业的，也可以是自己感兴趣的。但是大学培养的不是技工，在学好专业知识的同时，还应该全面发展，多参加一些学校活动、企业的实习等，在与人沟通中培养自己的情商。

第四，早做职业规划。不积极、不主动，这是找工作成功率低的学生身上最普遍的问题。所以多去参加校外实践，通过实践去了解自己、了解社会。在大三就应该进入就业状态，在校时应尽早做职业规划，明确求职方向。另外，在求职过程中一定要积极主动，利用手头的一切资源包括网络、招聘会、人际关系等去争取更多的机会。

第五，培养创业意识。大学生普遍胆商不足，这恰恰是创业急需的一种能力，有创业意识的人无论是毕业时立即创业，还是先工作后创业，学习和工作中都会有目的性、创造性，现在社会发展正需要这样的人才。

2. 从学校角度

第一，要设置合理的专业和课程体系，使其更贴近社会需求，尽量避免学生就业不对口的情况。

第二，充分注重学生情商和胆商培养。高智商是一种优势，高情商也利于拓展空间，但是许多高智商、高情商的人，往往不能充分发挥潜能、把握机会，就是因为缺少胆商。胆商对于成功的重要性，从某种意义上说，超过智商和情商。智商、情商、胆商，一个不能少，这是一种全新的人才理念。情商高有助于就业，胆商高有助于创业，这就需要学校多给予师生交流的机会，多举办一些活动，比如篮球赛、运动会、联谊会等。充分注重学生的情商和胆商培养。

第三，专业知识传授的同时，注重培养学生的自我学习能力。别人教和自己学完全是两种概念，要给予学生一定的自我学习空间和时间，锻炼学习思维能力，学习思维能力能使人终身受益。另外，工作中也要求毕业生具备自我学习能力，大学有老师教，但是工作中往往没有老师，或者说别人根本不可能无私地传道授业，所以提高大学生的自我学习能力是关键。

第四，多给予学生自我展示的平台，如创意大赛，模拟沙盘，辩论赛等，注重培养学生的团队合作能力。俗话说，"人心齐，泰山移"，所以，学会与他人合作往往可以达到事半功倍的效果。首先要培养学生对团队的忠诚度、责任心和个人意志力，其次要使团队成员有集体荣誉感和使命感，最重要的是彼此之间要开诚布公，互相交心，做到心心相印、毫无保留。学校提供这样的平台和评判规则，逐渐使学生在活动中提高团队合作能力，为将来就业打基础。

第五，鼓励学生参加校外实践，使理论与实践相结合。参加过社会实践的学生后期就业情况更好，这说明提前体验工作对于大学生就业还是有帮助的。同时参加社会实践还有助于提高学生的社交能力，现在大学生生活在象牙塔内，普遍社交能力不足，有些人说大学生刚参加工作时"呆滞、木讷"，换句话说就是缺少一种社交能力。所以学校要充分给予学生多种社会实践的机会，尽早走出校园，接近社会，不仅能巩固学生的专业知识，还能使学生在实践中培养社交能力，可谓双赢。

第六，给大学生充分选择专业的权利。大学生在高中的时候对专业根本不甚了解，盲目选择专业或学校调剂专业，学习过程中发现它并不是自己的兴趣所在，但已经骑虎难下，只能硬着头皮学，只有个别学生转专业或辍学复读。所以建议大学第一年不分专业或是只划分大类，因为第一年的基础课程基本一致，可以在学生充分了解专业的基础上再选择专业。

3. 从政府的角度

第一，要多提供大学生就业岗位，尽量避免出现"毕业等于失业"的状况，同时要制定合理的薪资标准，保证大学生的最低工资水平。

第二，要加快第三产业的发展，在第一、第二产业逐渐衰退的情况下，第三产业对于就业具有很强的吸纳能力。所以政府要继续加快第三产业的发展，比如旅游、餐饮、娱乐、咨询等行业的发展，并给予政策支持。

第三，鼓励大学生去中、西部地区就业，现在东部沿海地区就业压力和生活压力都很大，但大学生不愿意去中、西部地区，主要是因为对就业环境和工资薪水不满意。所以，政府不能单纯地鼓励大学生去西部发展，应该给予个人发展更大的空间、给予更多的工资，同时还应该提高西部的基础设施建设，在工作环境方面缩小与东部地区的差距。

第四，给予大学生更多的创业支持。对大学生创业政府应该给予一定创业指导、资金支持和贷款优惠等。但是考虑到大学生一毕业就创业的状况不太现实，所以政策优惠应该延长，毕业生毕业两三年内都可以享受该优惠政策，将大大提高大学生的创业成功率。

4. 从企业的角度

第一，企业有义务给大学生提供一个实习机会，现在很多用人单位在招聘员工的时候都要求有工作经验。但是工作经验不是凭空捏造出来的，企业应该为大学生提供更多的就业实习机会。

第二，企业要充分发挥员工价值，注重个人发展。现代大学生就业看的不再是工资，最重要的是个人发展，而且提高工资并不一定能提高员工对工作的满意度，而是要充分发挥员工的能力，完善员工晋升机制，让员工感觉自己对企业有价值，个人有发展。

第三，避免就业歧视，倡导正确的就业价值观。现在很多企业招聘时明确提出只要男生，或是只要"211""985"学校的学生，这明显是一种就业歧视，一种不平等待遇。男生不一定比女生强，好学校也有学渣，所以企业应该充分考核学生的能力，而不是出台一些硬性条件将一部分学生拒之门外。

5. 从家长的角度

第一，家长要合理控制孩子的生活费用，并不是投入的资金越多，孩子的能力就培养的越好，有时候恰恰是相反的。尤其是那些富有的家庭，更要控制好孩子的生活费，满足基本吃饭、生活所需即可，不要攀比炫耀，这样容易使孩子形成个人优越感，不利于同学之间的沟通和交流，也不利于孩子的后期就业。

第二，要尽早帮助孩子完成个人规划。在现在应试教育的背景下，学生们容易形成迷茫心理，家长应该尽早与孩子沟通，在充分尊重孩子个人意愿的同时帮助其完成就业和人生规划，使孩子尽早能明确自己的目标，做到有的放矢。

第三，家长少为孩子就业"走后门"。很多家长过早地给孩子灌输混文凭的思想，一方面这使孩子形成一种依赖心理，没有学习压力和动力，另一方面带坏了社会风气。所以家长应该鼓励孩子自己奋斗。

参考文献

董志勇，2008，《实验经济学》，北京大学出版社。

杜宁华，2008，《实验经济学》，上海财经大学出版社。

〔美〕弗农·史密斯，2008，《实验经济学论文集》，李建标等译，首都经济贸易大学出版社。

高鸿桢，2003，《实验经济学导论》，中国统计出版社。

葛新权、王国成，2006，《实验经济学引论：原理·方法·应用》，社会科学文献出版社。

金学军、杨晓兰，2006，《实验经济学》，首都经济贸易大学出版社。

赖德胜、田永坡，2005，《对中国"知识失业"成因的一个解释》，《经济研究》第11期。

李雪松、Heckman，2004，《选择偏差、比较优势与教育的异质性回报：基于中国微观数据的实证研究》，《经济研究》第4期。

王国成，2005，《基于实验方法的经济行为特征研究：当代经济学发展新特点》，《数量经济技术经济研究》第10期。

岳昌君、丁小浩、文东茅，《求职与起薪：高校毕业生就业竞争力的实证分析》，《管理世界》第11期。

曾湘泉，2004，《变革中的就业环境与中国大学生就业》，《经济研究》第6期。

张跃平：《维农·史密斯对实验经济学的贡献》，《经济学动态》2000年第10期。

Acemoglu, D. 1998. "Why Do New Technologies Complement Skill? Directed Technical Change and Wage Inequality." *Quarterly Journal of Economics*,

Vol. 113, pp. 1055 – 1089.

Allais. 1953. "Behavior of the Rational Man before Risk-Criticism of American School Postulates and Axioms." *Econometrica*, Vol. 4, pp. 503 – 546.

Bowles, S. 2004. *Microeconomics: Behavior, Institutions, and Evolution.* NJ: Princeton University Press.

Davis, Douglas D. and Charles A. Holt. 1994. "Equilibrium Cooperation in Three-Person." *Choice-of-Partner Games*, pp. 6 – 8.

Edwards, Ward. 1954. "The Theory of Decision Making." *Psychological Bulletin*, Vol. 4, pp. 380 – 417.

Falk, Armin, Ernst Fehr. 2003. "Why Labour Market Experiments?" *Labour Economics*, Vol. 10, pp. 399 – 406.

Flood, Merrill M. 1958. "Some Experimental Games", *Management Science*, Vol. 1, pp. 5 – 26.

Flood, P. A. Samuelson. 1950. "Foundations of Economic Analysis." *Bulletin of the American Mathematical Society*, Vol. 3, pp. 266 – 267.

Friedman, Daniel, and Sunder, Shyam. 1994. *Experimental Methods: A Primer for Economists Cambridge.* UK., and New York: Cambridge University Press.

Friedman, Milton. 1953. "The Methodology of Positive Economics." in *Essays in Positive Economics*, Chicago: University of Chicago Press.

Friedman. 1942. "A Second Experiment on Interviewer Bias." *Sociometry*, Vol. 4, pp. 378 – 381.

Gode, Dhananjay K., Sunder, Shyam. 1993. "Allocative Efficiency of Markets with Zero-Intelligence Traders: Market as a Partial Substitute for Individual Rationality." *Journal of Political Economy*, Vol. 1, pp. 119 – 137.

Heckman, J. 2001. "Micro Data, Heterogeneity, and the Evaluation of Public Policy: Nobel Lecture." *Journal of Political Economy*, Vol. 109, No. 4, pp. 673 – 748.

Holt, Charles A., Langan, Loren W., Villamil, Anne P. 1986. "Market Power in Oral Double Auctions." *Economic Inquiry*, Vol. 1, p. 107.

Julian, R., Betts. 1996. "What Do Students Know about Wages? Evidence from a Survey of Undergraduates." *The Journal of Human Resources*, Vol. 31, pp. 27 – 56.

Kahneman, D., Tversky, A. 1979. "Prospect Theory: An analysis of Decisions under Risk." *Econometrica*, Vol. 47, No. 2, pp. 263 – 291.

Kahneman, D. 2003. "Maps of Bounded Rationality: Psychology for Behavioral Economics." *American Economic Review*, Vol. 93, No. 6, pp. 1449 – 1475.

Lave, Lester B. 1962. "An Empirical Approach to the Prisoners' Dilemma Game." *Quarterly Journal of Economics*, Vol. 76, No. 3, pp. 424 – 436.

McCall, J. J. 1965. "The Economics of Information and Optimal Stopping Rules." *Journal of Business*, Vol. 38, pp. 300 – 317.

Mosteller, Frederick, Nogee, Philip. 1951. "An Experimental Measurement of Utility." *Journal of Political Economy*, Vol. 5, pp. 371 – 404.

Roth. 2001. "The Economist as Engineer: Game Theory, Experimentation, and Computation as Tools for Design Economics." *Econometrica*, Vol. 4, pp. 1341 – 1378.

Rousseas, Stephen W., Hart, Albert G. 1951. "Experimental Verification of a Composite Indifference Map." *Journal of Political Economy*, Vol. 4, pp. 288 – 318.

Schelling, Thomas C. 1957. "Bargaining, Communication, and Limited War." *Journal of Conflict Resolution*, Vol. 1, pp. 19 – 36.

Siegel, Fouraker. 1960. "A Nonparametric Sum of Ranks Procedure for Relative Spread in Unpaired Samples." *Journal of the American Statistical Association*, Vol. 291, pp. 429 – 445.

Simon, Herbert A. 1976. "From Substantive to Procedural Rationality." *Years of Economic Theory*, Vol. 25, pp. 65 – 86.

Smith, V. 1962. "An Experimental Study of Competitive Market Behavior." *Journal of Political Economy*, Vol. 70, pp. 111 – 137.

Smith, V. 1982. "Microeconomic Systems as an Experimental Science." *The American Economic Review*, Vol. 12, pp. 923 – 955.

Smith, V. 1994. "Economics in the Laboratory." *Journal of Economic Perspectives*, pp. 113 – 131.

Smith, V. 2003a. "Constructivist and Ecological Rationality in Economics." American Economic Review, Vol. 93, No. 3, pp. 465 – 508.

Smith, V. 1987. *The New Palgrave: A Dictionary of Economics.* J. Eatwell, M. Milgate and P. Newman, Macmillan Press Inc.

Smith, V. 2003b. "Experimental Methods in Economics." *Encyclopedia of Cognitive Science.* Lynn Nadel (ed-in chief). Nature Publishing Group, Macmillan Publishing, New York, pp. 1070 – 1079.

Stigler, G. 1961. "The Economics of Information." *Journal of Political Economy*, Vol. 69, pp. 213 – 225.

Tengs, Tammy, O., Graham, John, D. 1996. "The Opportunity Costs of Haphazard Social Investments in Life-saving." In Robert W. Hahn, ed., *Risks, Costs and Lives Saved*, p. 167.

Thaler, Richard. 1980. "Toward a Positive Theory of Consumer Choice." *Journal of Economic Behavior and Organization*, Vol. 1, pp. 39 – 60.

Thaler, R. 1987. "The Psychology and Economics Conference Handbook: Comments on Simon, on Einhorn and Hogarth, and on Tversky and Kahneman." In *Rational Choice: The Contrast Between Economics and Psychology*, edited by R. Hogarth, and M. Reder. Chicago: University of Chicago Press, pp. 95 – 100.

Thiele, S., Weiss, C. 2003. "Consumer Demand for Food Diversity: Evidence from Germany." *Food Policy*, Vol. 28, pp. 99 – 115.

Thurstone. 1931. "Multiple Factor Analysis." *Psychological Review*, Vol. 38, No. 5, pp. 406 – 427.

Tirole, J. 1985. "Asset Bubbles and Overlapping Generations." *Econometrica*, Vol. 53, pp. 1499 – 1528.

Tversky, A., Kahneman, D. 1974. "Judgment under Uncertainty: Heuristics and Biases." In *Judgment Under Uncertainty: Heuristics and Biases*, edited by D. Kahneman, P. Slovic, and A. Tversky. Cambridge: Cambridge University Press, pp. 3 – 20.

Tversky, A., Kahneman, D. 1987. "Rational Choice and the Framing of Decisions." In *Rational Choice: The Contrast between Economics and Psychology*, edited by R. Hogarth, and M. Reder. Chicago: University of Chicago

Press, pp. 1 – 23.

Tversky, A., Kahneman, D. 1991. "Loss Aversion in Riskless Choice: A Reference-dependent Model." *Quarterly Journal of Economics*, Vol. 106, pp. 1039 – 1061.

Tversky, A., Slovic P., and Kahneman, D. 1990. "The Causes of Preference Reversal." *American Economic Review*, Vol. 80, pp. 204 – 217.

Wallis and Friedman. 1942. "Compounding Probabilities from Independent Significance Tests." *Econometrica*, Vol. 3 – 4, pp. 229 – 248.

Young, Jeffrey, T. 1997. "Economics as a Moral Science: The Political Economy of Adam Smith." *Edward Elgar: Cheltenham.*

图书在版编目(CIP)数据

大学生就业模拟体系研究：基于实验经济学的视角 / 刘伟著． -- 北京：社会科学文献出版社，2019.7
　ISBN 978 - 7 - 5201 - 4188 - 8

　Ⅰ.①大… Ⅱ.①刘… Ⅲ.①大学生 - 就业 - 研究 Ⅳ.①G647.38

　中国版本图书馆 CIP 数据核字（2019）第 017069 号

大学生就业模拟体系研究
——基于实验经济学的视角

著　　者 / 刘伟

出 版 人 / 谢寿光
组稿编辑 / 周　丽　冯咏梅
责任编辑 / 冯咏梅
文稿编辑 / 张萌萌

出　　版 / 社会科学文献出版社·经济与管理分社（010）59367226
　　　　　　地址：北京市北三环中路甲29号院华龙大厦　邮编：100029
　　　　　　网址：www.ssap.com.cn
发　　行 / 市场营销中心（010）59367081　59367083
印　　装 / 三河市尚艺印装有限公司

规　　格 / 开　本：787mm × 1092mm　1/16
　　　　　　印　张：15.5　字　数：256千字
版　　次 / 2019年7月第1版　2019年7月第1次印刷
书　　号 / ISBN 978 - 7 - 5201 - 4188 - 8
定　　价 / 118.00元

本书如有印装质量问题，请与读者服务中心（010 - 59367028）联系

▲ 版权所有 翻印必究